HERMENÊUTICA E EPISTEMOLOGIA

— 50 Anos de Verdade e Método —

Conselho Editorial
André Luís Callegari
Carlos Alberto Molinaro
Daniel Francisco Mitidiero
Darci Guimarães Ribeiro
Draiton Gonzaga de Souza
Elaine Harzheim Macedo
Eugênio Facchini Neto
Giovani Agostini Saavedra
Ingo Wolfgang Sarlet
Jose Luis Bolzan de Morais
José Maria Rosa Tesheiner
Leandro Paulsen
Lenio Luiz Streck
Paulo Antônio Caliendo Velloso da Silveira

H553   Hermenêutica e epistemologia: 50 anos de Verdade e Método / Alexandre
Morais da Rosa ... [et. al.]; organizadores Ernildo Stein, Lenio Streck. –
2. ed. rev. Porto Alegre: Livraria do Advogado Editora, 2015.

191 p.; 23 cm.

ISBN 978-85-7348-928-6

1. Hermenêutica (Direito). 2. Epistemologia. 3. Direito - Filosofia.
I. Rosa, Alexandre Morais da. II. Stein, Ernildo. III. Streck, Lenio.

CDU 340.132
CDD 340.326

Índice para catálogo sistemático:
1. Hermenêutica (Direito)   340.132
2. Direito - Filosofia   340.12

(Bibliotecária responsável: Sabrina Leal Araujo – CRB 10/1507)

ERNILDO STEIN
LENIO STRECK
(Organizadores)

HERMENÊUTICA E EPISTEMOLOGIA

— 50 Anos de Verdade e Método —

Alexandre Morais da Rosa
Ernildo Stein
Lenio Luiz Streck
Marcelo Andrade Cattoni de Oliveira
Marco Aurélio Marrafon
Nythamar de Oliveira
Paulo Rudi Schneider
Rafael Tomaz de Oliveira
Róbson Ramos dos Reis
Wálber Araujo Carneiro

2ª EDIÇÃO
revista

Porto Alegre, 2015

©

Alexandre Morais da Rosa, Ernildo Stein, Lenio Luiz Streck,
Marcelo Andrade Cattoni de Oliveira, Marco Aurélio Marrafon,
Nythamar de Oliveira, Paulo Rudi Schneider,
Rafael Tomaz de Oliveira, Róbson Ramos dos Reis,
Wálber Araujo Carneiro
2015

2ª edição finalizada em agosto/2014

Projeto gráfico e diagramação
Livraria do Advogado Editora

Capa
Clarissa Tassinari
Pintura de Hans-Georg Gadamer (1900 - 2002) por Dora Mittenzwei
"Der Philosoph selbst", 2000

Revisão
Rosane Marques Borba

Direitos desta edição reservados por
Livraria do Advogado Editora Ltda.
Rua Riachuelo, 1300
90010-273 Porto Alegre RS
Fone/fax: 0800-51-7522
editora@livrariadoadvogado.com.br
www.doadvogado.com.br

Impresso no Brasil / Printed in Brazil

Sumário

Apresentação 7

1. Gadamer e a consumação da hermenêutica
   Ernildo Stein 9

2. Experiência e linguagem
   Paulo Rudi Schneider 25

3. Hermenêutica e Ciência Jurídica: gênese conceitual e distância temporal
   Rafael Tomaz de Oliveira 41

4. Historicidade e mudanças relacionais: os limites da compreensão
   Róbson Ramos dos Reis 59

5. A Questão da Consciência Histórica na Obra "Verdade e Método" e suas Implicações na (Teoria da) Decisão Judicial
   Marco Aurélio Marrafon 73

6. Gadamer, a hermenêutica e a crítica ao naturalismo: Antirrealismo moral e construcionismo social
   Nythamar de Oliveira 91

7. Histórica e hermenêutica. Um ensaio sobre o debate Koselleck-Gadamer
   Marcelo Andrade Cattoni de Oliveira 109

8. O hiato entre a Hermenêutica Filosófica e a Decisão Judicial
   Alexandre Morais da Rosa 127

9. O Direito e As Possibilidades Epistemológicas do Paradigma Hermenêutico
   Wálber Araujo Carneiro 133

10. Hermenêutica e Decisão Jurídica: questões epistemológicas
    Lenio Luiz Streck 153

Epílogo
Hermenêutica e relevância epistemológica 173
Sobre uma hermenêutica da hermenêutica – *Alphonse De Waelhens* 176

Apresentação

Este livro surge como marco dos 50 anos da publicação de *Verdade e método*, de Hans-Georg Gadamer. Vai nele a intenção de fixar a memória de uma obra que mudou os horizontes da compreensão da hermenêutica no século vinte. Acompanha, ao mesmo tempo, a manifestação de um grupo de professores que terminaram incorporando em seus estudos, de diversas formas, a leitura da obra de Gadamer. O Colóquio revela alguns dos caminhos sugeridos pela hermenêutica filosófica. Tratou-se, nos trabalhos, de uma contribuição interdisciplinar em que predomina a relação entre a hermenêutica filosófica e o Direito.

Os autores que dedicaram parte de seu tempo para desenvolver uma perspectiva marcada pelas suas experiências individuais estão conscientes dos limites de seus trabalhos, mas, ao mesmo tempo, sabem que, com o evento concluído, foi estabelecido um início importante. A difusão da influência de *Verdade e Método* em todas as universidades do mundo, e sua penetração nas mais diversas áreas do conhecimento, não pode ser apenas registrada como um conjunto de iniciativas dos estudiosos diante de uma obra inovadora na filosofia. O encontro realizado empenhou-se em reproduzir uma miniatura dos empenhos que deveriam multiplicar-se em profundidade no universo da reflexão universitária.

Estamos apenas no começo de uma segunda etapa dos estudos de *Verdade e Método*. Primeiro, os trabalhos de interpretação se concentraram no esforço de compreensão da obra. Mas esta etapa, depois de 50 anos, ainda não foi concluída, tal a amplitude das intuições que Gadamer acrescentou aos problemas da hermenêutica. Estamos, portanto, ainda aprendendo a descerrar os bastidores de um pensamento que já nos causou tantas surpresas. A segunda etapa em que estamos entrando realizou-se concomitante com a primeira, mas foi reduzida em sua marcha pela rapidez com que os leitores pensaram ter encontrado respostas para as suas inquirições. Trata-se, no entanto, agora, de situar a obra num contexto teórico por ela mesma sugerido e, talvez, mesmo, exigido, mas cuja abertura desafia a paciência de filósofos e pensadores. Ainda não se encontrou uma moldura teórica que fosse capaz de corresponder ao tamanho das questões levantadas por Gadamer.

O Colóquio sentiu-se envolvido em problemas da primeira etapa do movimento gadameriano, mas, ao mesmo tempo, já ousou pensar no significado teórico de *Verdade e Método*. Talvez a isso se deva o fato de se aproximarem hermenêutica e epistemologia. Já foi entendido que a segunda etapa da recepção do livro ousa enveredar pelos sensíveis campos dos problemas do conhecimento implicados na hermenêutica filosófica. Mas falar em epistemologia nos dias de hoje apresenta uma diversidade muito grande. Onde propriamente começa a se definir o lugar da hermenêutica nas questões do conhecimento representa o desbravamento de atividades específicas de indivíduos ou grupos de pesquisadores. É estudando seus campos particulares que os intérpretes irão testar o que foi acrescentado ao conhecimento pela hermenêutica filosófica.

O Colóquio de Hermenêutica e Epistemologia resolveu converter em livro as apresentações, para diminuir a transitoriedade do discurso e fazer participar das propostas discutidas um público leitor.

Os organizadores

— 1 —

GADAMER E A CONSUMAÇÃO DA HERMENÊUTICA

Ernildo Stein[1]

I

Para dispormos de um âmbito adequado de análise e discussão, quero esclarecer alguns aspectos que, além de ajudarem a situar melhor certas questões que irão surgir em nosso trabalho, também são importantes para evitar equívocos que aparecem muitas vezes nas discussões atuais da hermenêutica. Temos que ter a capacidade de separar certos conceitos que foram aparecendo na filosofia para que fossem respeitadas as fronteiras de campos de análise. Na filosofia não dispomos de objetos materiais pelos quais pudessem ser garantidos limites objetivos de conhecimento. Os objetos da filosofia são sempre de caráter conceitual, e é por isso que é de importância separar os campos de conceitos que pretendemos abordar.

Não podemos ter sempre presentes todas as distinções que deveriam ser feitas para termos menos problemas em nossas discussões, mas quando nos movemos em domínios da filosofia contemporânea, não podemos deixar de distinguir, entre a multiplicidade de tendências e de correntes que definem novos temas a partir de conceitos importantes. Na filosofia podemos falar de transformações dos modos de pensar que acabam marcando épocas diferentes, tão inovadoras são as perspectivas que se apresentam. Mesmo quando falamos de um conceito como o da fenomenologia, temos que distinguir entre várias significações do conceito e até escolas diferentes que vão tomando forma a partir de modos de compreensão conceituais. Como nossa análise irá tratar do problema da hermenêutica, convém, desde logo, insistir na ligação entre fenomenologia e hermenêutica, assim como foi compreendida, desde os anos vinte, por Heidegger.

As discussões em torno da hermenêutica que se desenvolveram no século XX podem ser compreendidas de duas maneiras. O conceito de fenomenologia hermenêutica passa, assim, a ter, de um lado, o efeito de levar a uma revisão

---

[1] Professor do Programa de Pós-Graduação em Filosofia da PUC/RS; e-mail: stein.ernildo@gmail.com.

de obras e autores anteriores que passaram a ser vistos sob uma nova luz, em suas concepções de hermenêutica. Isto significa que os autores foram criticados sob uns aspectos e deles se filtraram elementos positivos sob outros aspectos. Se, por outro lado, olharmos prospectivamente a fenomenologia hermenêutica, iremos descobrir a influência que ela vai exercendo na recepção dos autores da época, e das décadas seguintes. É assim que o conceito de hermenêutica passa a ser empregado de formas novas. O que nos interessa particularmente são duas coisas: De um lado, a hermenêutica é apenas integrada em posições filosóficas receptivas para o conceito, sem que elas mesmas deixem de manter as suas características predominantes. De outro lado, o conceito de hermenêutica inaugura estilos novos de análise, alguns dos quais se tornam predominantes, quando não excludentes de outras posições.

Foram muitos os novos modos de trabalhar com a hermenêutica que desembocaram numa descoberta relativamente surpreendente. Esse conceito foi levando diversos autores a verem nele a abertura de um âmbito da filosofia que certamente era pressuposto, mas ao qual se acenava apenas de um modo fragmentário. A hermenêutica, com alguns de seus conceitos mais conhecidos como compreensão, interpretação, círculo hermenêutico, antepredicativo e pré-compreensão, abrira um novo espaço na filosofia que tinha diversos lados que o aproximavam da questão do conhecimento. Pela sua procedência da fenomenologia, ela representava uma crítica dos traços modernos da teoria do conhecimento, como a questão da subjetividade, o fundamento, a razão compreendida como absoluta. Mas, de outro lado, traria uma contribuição não apenas de complementaridade na questão do conhecimento, mas também uma forma nova de expor certos pressupostos do conhecimento tal como era apresentado na modernidade.

A hermenêutica, compreendida desde o horizonte da fenomenologia hermenêutica, não era mais simplesmente um método de interpretação ou de compreensão, mas apontava para condições de possibilidade que acompanham qualquer tipo de conhecimento como era entendido pela teoria do conhecimento. Essa deveria deixar de ser entendida como portadora de pretensões de fundamentação última, como se apresentava a razão moderna. Na hermenêutica vinha se revelando uma forma de conhecimento prévio, que não podia ser elevado a uma teoria do conhecimento, mas que revelava uma ligação básica entre conhecimento e aspectos contingentes e históricos, ligados a um modo de ver abrangente, histórico e operacional. Era assim que a hermenêutica atingia os mesmos objetivos da crítica ao mito do dado. Com isso, a hermenêutica não significava um ataque à razão como a compreendiam os modernos, mas representava a dimensão da historicidade em que essa razão se apoiava, na medida em que sempre já pressupunha a dimensão do compreender. O alcance dos efeitos dessas descobertas era muito mais amplo do que se poderia imaginar, sobretudo pela amplitude que aparecia nas novas formas de pensar as condições de como funciona o entendimento. Surgia efetivamente um novo paradigma na filosofia que não vinha com pretensões imperiais de substituir outros paradigmas, mas que, certamente, não escondia o fato de não se poder mais recusar o caráter de historicidade das condições do conhecimento. É assim que podemos falar numa mudança na filosofia da segunda metade do século XX. E é isso que podemos chamar de uma descoberta de um campo novo de exploração do problema do conhecimento e, portanto, uma epistemologia hermenêutica, o que significa uma virada hermenêutica na questão do conhecimento.

II

A virada hermenêutica na filosofia é uma expressão que está se tornando uma espécie de anúncio de uma mudança na concepção tradicional de conhecimento. Um dos modos de interpretar esse fenômeno de transformação na filosofia pode ser descobrir o modo como a hermenêutica se opõe à dialética. Aliás, pode-se dizer que a hermenêutica nasceu do contexto, quando não, do ocaso da dialética. Schleiermacher foi o autor que deixou muitas passagens em sua obra onde se observa o nascimento da hermenêutica, na passagem do modo de pensar da dialética para novas formas de pensamento. Mas a obra do autor foi certamente o palco de muitos conflitos, que se apresentavam da aproximação e mesmo da contraposição desses dois conceitos. A dialética, no entanto, continuava a forma predominante na filosofia, principalmente por causa do caráter difuso da compreensão da hermenêutica. Somente com o surgimento da Escola Histórica, na segunda metade do século XIX, muda o cenário em que se desenha uma afirmação mais determinada da hermenêutica no contexto dos problemas da história. E mesmo Dilthey acrescenta, como apêndice de seu principal livro, sobre a questão do conhecimento histórico, uma análise, de poucas páginas, intitulada *Hermenêutica*. E, ao lado de Dilthey, aparece uma particular afirmação da hermenêutica, através de um texto e da correspondência do Conde York.

Tudo que dissemos nesse parágrafo merece, naturalmente, um detalhamento, em lugar apropriado. Trata-se, agora, de perceber o esforço de afirmação da hermenêutica na determinação da própria filosofia. E isso se dá de maneira absolutamente nova na obra de Heidegger em que, já no começo dos anos vinte, aparece pela primeira vez o adjetivo "hermenêutico", como descrição de algo profundamente diferente na compreensão da filosofia. Mesmo que estudemos a história da hermenêutica até este momento, não encontraremos nenhum tipo de compreensão do conceito como tomou forma na *filosofia hermenêutica* de Heidegger. Esta expressão será acompanhada por outra que será mais explicitadora da radical inovação trazida por *Ser e tempo:* fenomenologia hermenêutica.

Não encontraremos na obra de Heidegger, em momento algum, a hermenêutica adjetivada com o termo *filosófica*. Portanto, quando Gadamer passa a falar de *hermenêutica filosófica,* ele realizou uma mudança na compreensão da hermenêutica, que produziria um cenário muito diferente daquele que aparece

GADAMER E A CONSUMAÇÃO DA HERMENÊUTICA

em Heidegger. Podemos afirmar que a hermenêutica filosófica de Gadamer recuou diante das pretensões da filosofia hermenêutica de Heidegger, mas, ao mesmo tempo, ampliou a compreensão de hermenêutica, dando-lhe uma envergadura extraída da própria filosofia, e ao mesmo tempo, tornando-a menos exigente no que se refere à sua diferenciação diante das hermenêuticas científicas. Filosofia se tornara um adjetivo da hermenêutica, assim como existiam outros adjetivos para hermenêutica, como as hermenêuticas bíblica, jurídica, literária, histórica. Mas é claro que o adjetivo *filosófico* passa a ter uma envergadura nova tirada da filosofia e, portanto, também vinha com uma pretensão bem mais ampla que as outras hermenêuticas. Qual seria a relação dessa nova hermenêutica com as hermenêuticas anteriores terminaria sendo o objetivo principal de *Verdade e método*. Denominar a hermenêutica de filosófica dava a Gadamer dois tipos de liberdade. Em primeiro lugar, o autor poderia introduzir uma maneira de compreender diferente daquela das ciências do espírito. Mas, de outro lado, Gadamer, por assim dizer, se libertara do uso estrito de hermenêutica, como aparecia em Heidegger, o que lhe permitia modificar também o seu conceito de compreensão. Com esta manobra, de libertar-se para um uso diferente da hermenêutica nas ciências, e de submeter a filosofia à hermenêutica, Gadamer abrira o espaço onde iria desenvolver sua hermenêutica filosófica.

A ampliação da hermenêutica, de certa forma, para além de qualquer limite, com a adjetivação "filosófica", traz em si uma pretensão de universalidade. Como determinar essa universalidade será uma das tarefas que se devem enfrentar para compreender *Verdade e método*. Podemos interpretar esta universalidade como sendo uma forma de criar uma disciplina que englobe toda e qualquer atividade do ser humano no campo da interpretação. Isso levaria a uma situação em que tanto o trabalho das ciências humanas que se ocupam com textos quanto o próprio trabalho da filosofia passam a ser englobados numa visão abrangente que envolve toda a pesquisa histórico-filológica, mesmo a da filosofia. Historiadores da filosofia e intérpretes de textos das ciências do espírito são envolvidos num tipo de história que acontece para além deles. Gadamer talvez queira dizer isso com a expressão *história da ação dos textos*. Temos, assim, uma espécie de saber omni-abrangente que se ocupa com o acontecer do sentido, em sua forma mais ampla, que também inclui a filosofia. Que tipo de filosofia é a hermenêutica filosófica que vem com essa pretensão?

III

Para responder a diversas questões que foram levantadas até agora, temos que retroceder para alguns contextos históricos onde foram geradas diversas formas de entendimento da fenomenologia. Mas, para isso, é preciso fazer antes algumas observações sobre as influências que pesam sobre Gadamer nos anos vinte, e tentar entender qual era a sua concepção de filosofia. O filósofo tivera, em seus anos de Marburgo, uma proximidade muito intensa com os neokantianos e a fenomenologia de Husserl, enquanto preparava a sua tese na área da literatura grega. Quando iniciou um contato mais intenso com o trabalho de Heidegger, foi por este levado a fazer a sua tese de livre docência em filosofia, sobre a questão da ética no *Filebo*. O autor também lembra do impacto que tivera com o projeto sobre a interpretação de Aristóteles que Heidegger enviara para Natorp, candidatando-se para uma vaga na área de filosofia em Marburgo. Trata-se do manuscrito *Interpretações fenomenológicas de Aristóteles: indicações da situação hermenêutica,* de 1922. Nesse texto já aparecera um conceito de situação hermenêutica que Heidegger procurava descrever como condição para qualquer interpretação.

De todo esse contexto, podemos tirar uma conclusão sobre os processos de elaboração da compreensão da fenomenologia e da hermenêutica como Gadamer iria compreendê-las. Havia, certamente, uma elaboração muito pessoal do filósofo, da questão de como esses dois conceitos deveriam ser compreendidos na filosofia, sendo provavelmente predominante este contexto literário e ético que lhe interessava no estudo do pensamento grego. Gadamer direcionava sua compreensão de fenomenologia para um campo de análise de questões filosóficas que lhe vinham dos neokantianos. É deles que recebe influência também o conceito de compreensão e de sentido. Isso já pode ser visto como um quadro teórico que se distanciava da maneira de Heidegger desenvolver seu conceito de fenomenologia e seu projeto de ontologia hermenêutica. É preciso acentuar que a intenção de Heidegger era desenvolver com a fenomenologia uma nova filosofia, no sentido de encontrar condições de possibilidade de perguntar pelo sentido do ser. Mas tal projeto de Heidegger, como podemos deduzir de sua formação fortemente escolástica e, sobretudo, marcada pela presença de Suárez, trazia em si também uma influência kantiana, diversa da de Gadamer, pois Heidegger resistia muito à influência neokantiana na interpretação de Kant. Desse modo, os anos de preparação de *Ser e tempo* traziam a herança da problemática ontológica e da questão transcendental de Kant. É desse modo que a determinação provisória do conceito de fenomenologia já se distingue em dois níveis que teriam como objeto o fenômeno, no sentido fenomenológico e no sentido vulgar. Isso já apontava para uma distinção de caráter transcendental, pela qual Heidegger introduziria os dois níveis com que ele separava a fenomenologia em seu sentido propriamente filosófico: a fenomenologia hermenêutica, e a fenomenologia que se ocuparia com o nível puramente apofântico.

A filosofia, para Heidegger, consistia nessa forma de pensamento que dependia, em sua radicalidade, da distinção entre o propriamente hermenêutico, da analítica existencial, e aquele âmbito que investigava as questões lógicas e da enunciação. Assim, o filósofo introduzira um conceito de transcendental ligado ao problema do compreender que era, ao mesmo tempo, um existencial do *ser-aí* como modo de ser no mundo, e remetia para a compreensão do ser. Esta tinha como função primeira deslocar a questão do ser do contexto da tradição metafísica para o campo da fenomenologia e da analítica existencial. Podemos, assim, ver que a intenção de Heidegger era introduzir, além do nível do ente e do outro nível, ligado ao ser, um terceiro nível que, através do *ser-aí*, conduzia à ideia da compreensão do ser. Desse modo, a fenomenologia tem, como hermenêutica da facticidade e da existência, a tarefa de preparar uma nova compreensão do ser, a partir de um conceito de tempo repensado a partir da temporalidade e da historicidade.

Ao contrário desse desenvolvimento de Heidegger, o pensamento de Gadamer não se propunha à tarefa de acompanhar Heidegger no seu modo de usar a fenomenologia hermenêutica para pensar a compreensão do ser. Em *Verdade e método,* Gadamer afirma que acolheu o conceito de facticidade, mas, deixando de lado a questão transcendental, o aplicaria ao todo da cultura e da história. Portanto, se o conceito de compreensão de Heidegger visava chegar ao problema do ser, no nível da transcendentalidade como a compreendia a analítica existencial, a compreensão em Gadamer é desenvolvida no contexto de um projeto que procura recuperar a historicidade da cultura e do mundo vivido.

Do que analisamos, já decorre a profunda diferença que existe entre o conceito de compreensão nos dois filósofos, e, como consequência, o conceito de hermenêutica. Para Heidegger, a hermenêutica será, basicamente, um adjetivo, cuja função é qualificar a fenomenologia e, em sentido mais amplo, a filosofia. Em Gadamer, ao contrário, o que importará é afirmar o substantivo *hermenêutica* na linha de sua tradição histórica, acrescentando-lhe o adjetivo *filosófica*. Desse modo, a hermenêutica filosófica se coloca mais numa linha husserliana, se lembrarmos o conceito de mundo vivido que se aproxima, inegavelmente, do conceito de historicidade da cultura, de Gadamer.

As observações feitas até agora revelam, portanto, dois caminhos diferentes de entender a questão fundamental da filosofia. Para Heidegger, trata-se de preparar, através da fenomenologia hermenêutica, um novo modo de conceber a questão do ser como um conceito, com que opera a compreensão. Para Gadamer, a tarefa da filosofia, como hermenêutica filosófica, consistirá na questão do sentido, ligado à compreensão da historicidade do mundo vivido. Podemos perceber a diferença decisiva entre Heidegger e Gadamer, observando que no primeiro se apresenta, como âmbito de pensamento, a filosofia hermenêutica, enquanto em Gadamer surge a hermenêutica filosófica. Ainda que tenhamos que reconhecer a vizinhança da obra dos dois filósofos, mostrou-se, de maneira irrecusável, que os dois projetos se distanciam na questão central, e que é preciso encontrar, em meio à proximidade de linguagens teóricas, uma situação muito distinta no contexto da filosofia.

IV

Se, de um lado, Heidegger põe a sua concepção da hermenêutica em contraste com a concepção husserliana de fenomenologia, podemos descobrir, no projeto de Gadamer, um modo diverso de pensar a hermenêutica, com relação a Heidegger. Realmente, a tarefa da hermenêutica passa a ser pensada de maneira diversa, a partir do momento em que o compreender se desliga da questão do sentido do ser. Disso resultava uma questão para cuja solução Heidegger desenvolvera o seu conceito de fenomenologia. Trata-se de superar o naturalismo através de um passo que fora dado pelo modo transcendental, como Heidegger compreendia a fenomenologia hermenêutica. Uma vez desligada a compreensão do conceito de ser, como poderia Gadamer, com sua hermenêutica filosófica, garantir a superação da imediatidade, que poderia torná-la presa do empirismo? Tratava-se de descobrir, para a sua concepção de hermenêutica, um movimento que Heidegger realizara através da facticidade do *ser-aí*, onde se impunha o problema do ser, agora livre do objetivismo ingênuo. Gadamer fala dessa interpretação heideggeriana, como de um novo horizonte que se descerrava em meio ao racionalismo da reflexão transcendental:

> A possibilidade de anular (fazer retroceder) essa passagem da intenção imediata e direta para a intenção reflexiva, parecia, então, naquela época, um caminho que se abria para a liberdade. Era a promessa da libertação do inevitável círculo da reflexão. A reconquista do poder evocador do pensamento conceitual e da linguagem filosófica a qual era capaz de garantir, à linguagem do pensamento, uma posição digna ao lado da linguagem da poesia (Gadamer, *apud* Stein, 2001,152).

Heidegger descobrira nos *actus exerciti* do mundo da vida uma profundidade que não existia nos *actus signati,* isto é, uma coisa era um simples acontecer não reflexivo de um ato psíquico e outra coisa era a remissão desses atos a uma consciência reflexa. Tratava-se da diferença entre percepção interior e observação interior. Gadamer acrescenta ainda:

> Que, com isso, entretanto, se impunha uma tarefa ontológica de pensar o ser, que não era objeto. Isso a consciência filosófica em geral passou a notar apenas através da crítica de Heidegger ao conceito da pura subsistência (*Vorhandenheit*) em *Ser e tempo* (Gadamer, *apud* Stein, 2001,152).

O autor deve ter percebido que era preciso manter, através da compreensão do ser, uma barreira que impedisse a queda na postura natural. Como, entretanto, se afastara mais na compreensão do sentido, era necessário encontrar um modo que lhe garantisse a superação da imediatidade. Deve ter percebido a dificuldade advinda da desconsideração da diferença ontológica para a sua possível hermenêutica. O caminho que irá encontrar para superar a imediatidade, na questão da vida fática ou na questão do mundo vivido, consistirá num recurso a Hegel. Ainda que tenha realizado uma crítica à autotransparência do pensamento em Hegel, se servirá do movimento hegeliano para pensar a questão da historicidade. Isto aparece de maneira clara quando ele compara seu modo de proceder com o de Hegel. Gadamer formula o núcleo de seu programa hermenêutico da seguinte forma:

GADAMER E A CONSUMAÇÃO DA HERMENÊUTICA

Todo saber de si emerge a partir do elemento histórico previamente dado que denominamos, com Hegel, 'substância', porque esse elemento suporta, pré-lineia e delimita toda opinião e todo comportamento subjetivos, e, com isso, toda a possibilidade de compreender uma tradição em sua alteridade histórica. A partir daí, a tarefa da hermenêutica filosófica pode ser caracterizada da seguinte forma: Ela tem de percorrer de volta o caminho da *Fenomenologia do espírito* hegeliana, na medida em que se mostra em toda a subjetividade a substancialidade que a determina (Gadamer, 1972, 307).

Substância significa, para Gadamer, a história enquanto tradição. Ele quer, portanto, dizer que em toda subjetividade existe uma dimensão de historicidade de sentido que deve ser interpretada, mas que não pode ser tornada inteiramente transparente. Esta será, talvez, o motivo principal da presença de Hegel em todo o livro *Verdade e método*. A partir daí serão introduzidos conceitos como consciência histórica, experiência hermenêutica, história da efetuação, e outras expressões semelhantes.

Estamos tratando de uma questão central da hermenêutica filosófica, e que devemos tornar mais clara. Na medida em que Gadamer afasta o conceito 'transcendental' já num sentido não clássico, como fora subentendido na fenomenologia hermenêutica de Heidegger, ele tinha que encontrar um outro fator que o libertasse da queda na pura imediatidade. Para isso lhe servira a dialética hegeliana, interrompida no seu movimento para o absoluto, e substituída pela historicidade do sentido. Assim, o filósofo terá à sua disposição vários recursos hegelianos que substituem aquilo que deixara da hermenêutica no sentido de Heidegger, e tinha como ampliar o alcance de sua hermenêutica filosófica, de tal modo que incluísse os múltiplos horizontes de sentido, que lhe traziam a história e o mundo vivido. A dúvida que permanece é se o abandono do nível transcendental da fenomenologia hermenêutica de Heidegger recebera um substituto adequado na dialética hegeliana truncada de seu movimento absoluto.

Sabemos que Gadamer substituiu a dialética pelo jogo da pergunta e da resposta, pela relação entre o todo e a parte, e outras expressões que perpassam *Verdade e método*. Mas uma vez perdida a dupla estrutura que Heidegger introduzira com a fenomenologia hermenêutica, temos que nos perguntar pelo estatuto teórico com o qual Gadamer é capaz de fugir da queda numa espécie de experiência empírica. Teremos que analisar isso com mais cuidado, enquanto avançarmos nossa análise, mas não deixa de ser significativa a dúvida que nos surge quando observamos os enunciados de *Verdade e método*.

V

Se quisermos caracterizar o lugar de meu trabalho no âmbito da filosofia de nosso século (séc. XX), então, devia-se justamente partir do fato de que procurei trazer uma contribuição mediadora entre a filosofia e as ciências, e levar produtivamente adiante particularmente as questões radicais de Martin Heidegger às quais devo coisas essenciais no amplo campo da experiência científica, tanto quanto eu consegui de algum modo alcançar com meu olhar (Gadamer, 1972, 504).

Como vemos, Gadamer procurou desenvolver para além do pensamento de Heidegger as questões da hermenêutica filosófica, o que significa que não devemos procurar qualquer tipo de concordância dessas novas questões com a obra de Martin Heidegger, naquilo que elas trazem de novo, o que não quer dizer que Gadamer tenha utilizado de modo diferente inspirações heideggerianas que vão além da concepção da fenomenologia hermenêutica do primeiro Heidegger. Podemos ler, no prefácio da segunda edição de *Verdade e método,* a seguinte afirmação:

O enunciado 'ser que pode ser compreendido é linguagem' deve ser lido neste sentido. Não significa o domínio absoluto de quem compreende sobre o ser, mas, ao contrário, significa o fato de que ser não é experimentado onde algo pode ser produzido por nós e, nessa medida, entendido, mas pode ser compreendido simplesmente ali onde algo acontece. (...) A partir daí levanta-se uma questão da metodologia filosófica. (...) Gostaria de denominá-la o problema da imanência fenomenológica. É realmente verdade que meu livro se situa metodicamente na base fenomenológica. Pode soar paradoxal se, por outro lado, justamente a crítica de Heidegger à postura transcendental, e seu pensamento da 'viravolta', estão situados na base do desenvolvimento do problema hermenêutico universal que estou empreendendo. (Gadamer, 1972, XIV)

Esta confissão de Gadamer mostra o quanto esse pensador afastou o horizonte de sua hermenêutica filosófica, da maneira como Heidegger concebia a hermenêutica. Justamente, como podemos ver em sua obra, ali onde o filósofo abandona o conceito de hermenêutica, Gadamer encontra as bases de sua hermenêutica filosófica. Trata-se, portanto, de uma escolha arbitrária, de consequências muito mais profundas do que em geral pensamos. Ele abandona, precisamente, a postura transcendental, sem a qual, não faria sentido a fenomenologia hermenêutica de Heidegger. Esta se situa no primeiro Heidegger, e Gadamer encontra os fundamentos da hermenêutica filosófica no segundo Heidegger, em seu pensamento da viravolta.

Como vimos acima, Gadamer queria tornar produtiva sua continuação de Heidegger. Esta produtividade é o conjunto de análises que encontramos em *Verdade e método*. Como podemos ver, o resultado desta obra conduz para longe de Heidegger, o que quer dizer, para um campo de interesses teóricos que toma uma configuração claramente original e própria. É assim que Gadamer se vê situado na filosofia do século XX.

Afirma o autor:

A hermenêutica filosófica se insere deste modo num movimento filosófico de nosso século que superou a unilateral orientação no fato da ciência, que era evidente, tanto para o neokantismo como para o positivismo da época. (Gadamer, 1972, 514)

Parece que não precisamos acrescentar mais nada para entendermos o modo como deve ser vista a obra principal de Gadamer. Por mais que insista na sua dívida com Heidegger, sua obra produziu um elemento novo na tradição hermenêutica, que ele descreve da seguinte maneira:

> Minha pretensão propriamente dita, no entanto, foi e é de caráter filosófico: Não o que fazemos, nem o que deveríamos fazer, mas aquilo que, para além de nosso querer e fazer, acontece conosco, está em questão. (Gadamer, 1972, XVI)

Observemos aqui o verbo 'acontecer'. Num primeiro momento, ele pode nos levar a pensar num *a priori,* num processo de pré-compreensão, mas na verdade, aponta muito mais longe, para o terreno do segundo Heidegger. Neste, o 'acontecer' passa a ser o elemento determinante que substitui a posição transcendental (existencial), que, através de um modo novo de compreendê-la, sustentava todos os enunciados de *Ser e tempo.* Podemos ver que o que parecia uma simples manobra de incorporar influências de Heidegger teve duas consequências decisivas para o hermeneuta de Heidelberg. A primeira afasta o seu modo de pensar dos elementos fundamentais que marcam o pensar de Heidegger. A segunda abre um universo teórico e temático que passa a ter uma estrutura descritiva e omni-abrangente de um processo de acontecer ligado à história da ação (efetuação), que marca a universalidade da hermenêutica. Encontramos, portanto, um filósofo que passou a ocupar um lugar particular na tradição fenomenológica. Seu modo de tornar produtiva a inspiração heideggeriana lhe possibilitou levar a hermenêutica a uma situação que a converteu num conceito incorporado pela filosofia e, ampliando-a, levou-a às suas últimas consequências possíveis. Agora estamos, com *Verdade e método,* no escoadouro das potencialidades de uma longa tradição. Muitos conceitos, vindos de dois séculos de história, chegaram à sua produtividade possível e se esgotaram em sua aplicação. Estamos agora diante de uma paisagem de cujos horizontes surgiram e surgirão apenas epígonos. Gadamer nos deixou como obra máxima a consumação da hermenêutica.

> Muitas vezes manifestou-se, contra minhas investigações, a crítica de que sua linguagem era imprecisa. Não posso ver nisso apenas o apontar de uma falha que muitas vezes pode ter havido. Ao contrário, parece adequado à tarefa da linguagem filosófica conceitual, deixar valer com sacrifício da exata delimitação de conceitos, o imbricamento no todo do saber linguístico do mundo, e, com isto, manter viva a relação com o todo. (Gadamer, 1972, 525)

VI

Por mais respeito e consideração que mereça uma obra da grandeza de *Verdade e método,* chegou o momento de aplicarmos ao seu conteúdo alguns padrões importantes para avaliá-lo. Estamos diante de um estilo de trabalho que resultou de uma experiência filosófica de mais de trinta anos, em um dos períodos mais criativos e ao mesmo tempo mais cercados pela incerteza e pelo risco. Os anos entre as duas grandes guerras são também o período do nascimento de algumas vertentes filosóficas que marcaram todo o século XX. Os padrões dentro dos quais se fazia o trabalho filosófico estavam se transformando no meio do tumulto do aparecimento das chamadas neofilosofias. O neo-aristotelismo, o neokantismo, o neohegelianismo, neotomismo, o neomarxismo, o neopositivismo, e outros ressurgimentos da filosofia, revelavam a insegurança diante de iniciativas novas que estavam se gestando na atividade filosófica. A maneira de trabalhar com a filosofia ligava-se fortemente à pressão de uma nova organização do pensamento influenciado pelo cenário trazido pela afirmação das ciências do espírito. Em vez de os filósofos disporem de modelos de trabalho teórico e de determinados recursos metodológicos, estavam fortemente ligados às individualidades e ao gênio de cada pensador. Enquanto as neo-filosofias ressurgiam nas instituições universitárias, e fora da universidade em grupos heterodoxos, algumas obras afirmaram-se como fenômenos individuais determinantes. Basta lembrarmos *História e consciência de classe*, de Lukàcs, o *Tractatus logico-philosophicus*, de Wittgenstein, e *Ser e tempo*, de Heidegger, para perceber que, nos anos vinte do século passado, três livros revolucionaram a filosofia. Ainda que as três obras tivessem origem em uma inspiração pessoal, elas ao mesmo tempo, revelam uma inconfundível marca dos debates da época.

Depois da segunda guerra mundial, o trabalho filosófico foi retomado por autores que se inspiraram na criatividade dos deprimidos anos vinte. Estamos fazendo estas considerações históricas para percebermos qual o clima intelectual enfrentou a subjetividade de Gadamer até publicar, em 1960, *Verdade e método*. Nessa obra se reflete, de um modo muito inusitado, o conjunto de influências dos autores em evidência até os anos cinquenta, e o estudo de uma tradição humanista que se desenvolvera na segunda metade do século XIX. Mas isso não é suficiente para podermos fazer o quadro em que se formou o conteúdo daquela obra. Para o leitor atento, torna-se claro que o autor conseguira a façanha de projetar, ao fim de um longo período de criação e recepção teórica, uma espécie de painel das tendências mais profundas de todas aquelas décadas. Não era uma avaliação ideológica, nem significava uma avaliação moral e política. Pelo contrário, a obra de Gadamer nos dá a impressão de ter sido gerada num silêncio em que foram expressas questões latentes de toda essa época. O livro, portanto, é ao mesmo tempo uma avaliação muito particular de linhas teóricas desenvolvidas em seu passado recente, e representava também um novo sinal da presença da filosofia para além das preocupações puramente científicas. Gadamer estava enraizado num conhecimento do mundo da ciência como poucos filósofos, e queria descobrir nas ciências humanas uma moldura de racionalidade que as sustentava. Daí resulta a questão do método no título. E, paradoxalmente, junto com ela, uma nova forma de pensar a verdade como um acontecer. Assim visto, o trabalho da hermenêutica filosófica traça o panorama de um mundo para cuja descoberta se exigiam ao mesmo tempo um conhecimento muito amplo da filosofia e o gesto corajoso de alinhar traços convergentes de uma visão unitária.

E apesar disso, podemos ouvir, como uma espécie de desculpa, a forma como o filósofo construiu a linguagem conceitual, muito própria para, através de uma delimitação menos exata de conceitos, apanhar numa rede linguística a relação de seu pensamento com o todo. O que está em questão, em sentido profundo, é que estamos diante de uma obra para onde confluíram elementos de todo o clima teórico da filosofia até os anos sessenta, visto por um homem maduro, mas com a insegurança de uma obra que quase veio tarde. Isso significa que *Verdade e método* terminou sendo um divisor de águas. Depois dele não se podem mais levantar certas pretensões sem que se escute a sábia palavra que nos admoesta, para não passarmos por cima de um todo que só podia ser apanhado com muita sensibilidade teórica. Tem-se, no entanto, a impressão de que, ainda que o filósofo apresente um quadro bem definido do conteúdo de seu trabalho, sentimos a ausência de certo rigor teórico que nem teria lugar num projeto como esse. Ouvimos de Gadamer, em vários momentos do livro, a afirmação de que ele tem pretensão filosófica, como se tivesse um escondido temor diante de trabalhos construídos com um método teórico muitas vezes predominante sobre o conteúdo.

Vamos tentar adivinhar de onde vem essa aparente hesitação, em meio à ousadia de todo o trabalho. Gadamer talvez nos explicasse melhor as questões que vamos expor com a pretensão de entendermos ainda mais as intenções do autor. Em primeiro lugar o filósofo procede de um modo descritivo na apresentação progressiva de seu pensamento. Não se trata propriamente de uma tese com começo, meio e fim. Aliás, não é sem razão que o filósofo publicou um segundo volume, *Verdade e método* II, com trabalhos complementares a *Verdade e método* I. E, além disso, encerra a sua Obra Completa com um precioso volume intitulado *Hermenêutica em retrospectiva*. Quem junta esses três volumes, num projeto de leitura compreensiva, saberá, em pouco tempo, o quanto o filósofo não tinha conseguido dizer na sua obra-prima. Tem-se a impressão de um professor zeloso que vai acrescentando, a um magistral semestre de preleções, outros semestres para explicá-las.

Mas, observado tudo isso, temos que reconhecer algumas coisas fundamentais. Em primeiro lugar, Gadamer não produziu um paradigma filosófico que lhe servisse de matriz teórica para justificar sua linguagem, seu modo de apresentar a verdade, e sua concepção própria de filosofia. Talvez a beleza do texto surja justamente desse fluir sem limites de uma sabedoria que atropela conceitos e os mistura com o oceano linguístico do mundo ou de um todo. No entanto, não podemos deixar de perceber que o filósofo mantém aberto um âmbito em que se move na sua reflexão e, por isso, recorre a um autor que lhe traz uma unidade, ainda que essa seja apenas uma metáfora de seu próprio movimento. Surpreende-nos, em verdade, a presença de Hegel que percorre toda a obra *Verdade e método*. Mas há nela presente uma concepção hegeliana do saber. Temos uma verdade que acontece na história da hermenêutica, e ao mesmo tempo, nas três partes que compõem o livro: a verdade na arte, a verdade na história e a verdade na linguagem. Esse saber de modo algum é absoluto. Entretanto, não podemos desconhecer a aproximação que Gadamer faz entre a sua hermenêutica e a dialética hegeliana privada de sua infinitude. Há um fascínio diante desse movimento da fenomenologia de Hegel, como se Gadamer quisesse por em movimento a sua fenomenologia, isto é, a hermenêutica filosófica.

Hegel também é importante para Gadamer, para garantir sua luta contra o imediatismo e para afirmar a constante presença da mediação no movimento da verdade assim como o autor a compreende. E esse movimento que percorre a hermenêutica filosófica, através da relação entre parte e todo, entre a compreensão e a historicidade, tem algo da circularidade hegeliana. Não é, certamente, a circularidade de que Hegel fala quando diz que, na verdade, o resultado deveria ser o começo. O mundo onde vivemos não está jamais acabado, e é por isso que a verdade, de que ele está pleno, não pode eclodir. Estamos aqui diante da circularidade da hermenêutica, solicitando a presença de uma amplitude para a qual apenas serve a metáfora hegeliana de circularidade, e não ela em sua realidade.

Gadamer, no prefácio da segunda edição de *Verdade e método,* justifica essa presença de Hegel. Depois de dizer que concorda com Kant de que unir com o pensamento, de modo dialético, o infinito ao finito, o ente em si ao humanamente experimentado, o eterno ao tempo, e ainda que considere essas determinações apenas como determinações-limite, a partir das quais não se deixa desenvolver, através da força da filosofia, nenhum conhecimento próprio, continua:

> Contudo, a tradição da metafísica e, particularmente, sua última grande figura, a dialética especulativa de Hegel, mantém uma constante proximidade. A tarefa, 'relação infinita', permaneceu. Mas o modo de mostrar isso procura se libertar do cerco, através da força sintética da dialética de Hegel, e mesmo, da 'lógica' resultante da dialética de Platão, e tomar seu lugar no movimento do diálogo, no qual palavra e conceito realmente se tornam o que eles são (Gadamer, 1972, XXIV).

Gadamer reconhece que não aceita a exigência da autofundação reflexiva como ela é apresentada em Fichte, Hegel e Husserl, mas acrescenta:

> Mas será sem fundamento o diálogo com o todo de nossa tradição filosófica no qual estamos postos, e que nós, como filosofantes, somos? Necessita de uma fundamentação aquilo que desde sempre nos carrega? (Gadamer, 1972, XXIV)

Apesar de estranharmos esse recurso tão insistente a Hegel, temos que reconhecer que tudo aquilo que de Hegel, sem saber absoluto, atravessa o pensamento de Gadamer, não é apenas uma forma de expressar o processo da compreensão e da interpretação com uma metáfora hegeliana de movimento e circularidade. Pois, com isso, Gadamer tenta extrair de Hegel um movimento de sua hermenêutica filosófica enquanto 'acontecer' (*Geschehen),* aproximando assim a universalidade da ontologia da interpretação como fio condutor de uma teoria universal do 'compreender' (*Verstehen).* Entretanto, esse compreender (*Verstehen)* é genuinamente próprio da filosofia hermenêutica de Heidegger. Não tenho certeza se é intenção de Gadamer aproximar dessa maneira *Geschehen* e *Verstehen*, ainda que me pareça inevitável que isso seja interpretado assim. Já vimos, acima, que é justamente o acontecer, como *Geschehen,* que o filósofo utiliza para desenvolver a sua teoria do compreender, a partir do *Verstehen* do primeiro Heidegger. Se for assim, há uma aproximação insustentável de Hegel e Heidegger, através de dois conceitos que Gadamer, aliás, queria que fossem o primeiro título de *Verdade e método: Geschehen und verstehen,* não aceito pelos editores. Não teria esse título sem êxito escondido uma latente vontade de fundir os dois filósofos, onde, justamente, são a origem de duas posições filosóficas absolutamente incompatíveis? De Waelhens já nos dizia que Gadamer fora, em *Verdade e método,* menos totalitário que Hegel e mais ousado que Heidegger.

Podemos perguntar-nos se a obra *Verdade e método* não se tornou, justamente, essa espécie de desaguadouro, aparentemente harmonioso, de um universo conceitual que pretende estar imbricado com o mundo e com o todo, por aproximar, de uma maneira, no mínimo, comprometedora, palavras, conceitos, problemas e expressões linguísticas de universos teóricos incompatíveis porque constituindo paradigmas filosóficos autônomos. É de se pensar se a falta de um quadro referencial teórico, o que não pode escapar a um leitor inteligente, fez com que Gadamer se sentisse autorizado a aproximações filosóficas de difícil aceitação. É por isso que 'a crítica de que sua linguagem era imprecisa' pode ter motivos procedentes. Aliás, somos muitas vezes demasiadamente indulgentes com a falta de rigor conceitual da linguagem, quando estamos diante de certas obras que nos envolvem.

Quando nos referimos a uma possível consumação da hermenêutica na hermenêutica filosófica, fizemos uso de uma expressão linguística que pode ter um sentido diferente de fim ou término de algo. Na própria palavra 'consumação' vem sugerida a palavra 'soma'. Não se trata simplesmente de uma soma final. Isso não faria sentido em filosofia. Procuramos interpretar *Verdade e método* como um todo, partindo da ideia de que nela confluíram importantes posições históricas e conceitos de hermenêutica. Mas isso não aconteceu nem de modo inercial nem sem movimentos de transformação.

A hermenêutica como filosofia hermenêutica irá ocupar na história da filosofia um lugar importante na tradição fenomenológica começada por Heidegger. Enquanto uma tentativa de desenvolver uma teoria filosófica da compreensão, a partir da analítica existencial, Heidegger inaugurou um novo paradigma filosófico. Esse não deveria apenas se contrastar a outros projetos de fundamentação filosófica, como as teorias da substância, as teorias do ser da escolástica, as teorias da subjetividade e da representação da modernidade. Mas a filosofia hermenêutica não pretende resolver e descartar os problemas do conhecimento, ela descerra apenas um âmbito não explorado, as condições prévias que o compreender traz para todo o conhecimento e dessa maneira funda um elemento de historicidade em que se apoia qualquer teoria de racionalidade. Essa intuição, que Heidegger desenvolve na analítica existencial, trouxe consequências inovadoras para a filosofia no século XX. Isso não significa que estamos diante de uma nova teoria filosófica como se apresentavam as teorias metafísicas da tradição. A fenomenologia hermenêutica encontrou, como novo paradigma filosófico, uma inserção no pensamento ocidental, como descrição de uma dimensão que outros filósofos já tinham tocado com recursos menos adequados. Mas o âmbito desenvolvido em *Ser e tempo* trouxe uma formulação, certamente, contingente, na história da filosofia, mas que foi reconhecida como uma inovação essencial.

Quando falamos da hermenêutica filosófica, temos diante de nós o desenvolvimento de uma ideia que pretende dar conta da historicidade do compreender ligado ao universo da cultura humana e do mundo vivido. Gadamer trata, em seu livro, de três aspectos principais de uma análise muito mais ampla que são o acontecer da verdade na arte, na história e na linguagem. Essa enumeração não é exaustiva e poderia ser acrescentada por outros universos temáticos em que fosse possível analisar a forma do acontecer da verdade. Trata-se, portanto, de explorar as três instâncias do mundo vivido que mais se prestam para servir de exemplo do acontecer da verdade. De acordo com a hermenêutica filosófica, o todo da cultura humana deve ser compreendido como envolvido num acontecer da historicidade de um sentido que nunca recuperamos em sua plenitude. Gadamer acertou com esse seu projeto a mais coerente interpretação de como devemos compreender a condição humana na história e na natureza.

Entretanto, não podemos deixar de perceber essa visão do filósofo como uma tentativa de apresentar uma meta-teoria de todas as hermenêuticas. É por isso que De Waelhens assinala, com razão, quando comenta *Verdade e método* como uma *hermenêutica da hermenêutica*. Essa espécie de teoria geral da hermenêutica é chamada por Gadamer de hermenêutica filosófica porque implica num segundo nível, acima das hermenêuticas particulares, mas o termo 'filosófica' não pretende aqui representar uma filosofia com uma matriz teórica própria. A hermenêutica se insere, neste sentido, na empresa comum das análises de diversos conhecimentos feitas pela filosofia. Não há dúvida que a originalidade de Gadamer consiste no fato de ele, antes de qualquer filósofo, ter produzido uma complexa descrição do modo como deve ser compreendida nossa experiência da historicidade em que estamos inseridos, muito além do que conseguimos recuperar, em sentido pleno.

Ao realizar este empreendimento, de uma *hermenêutica da hermenêutica*, Gadamer extraiu, de todas as hermenêuticas particulares, os traços fundamentais que regem seu método. O fato de o autor recorrer a uma análise específica do acontecer da verdade da obra de arte, a partir de um privilegiado conhecimento do humanismo e das ciências do espírito, representa um modelo particular de hermenêutica elevado a uma compreensão de como operamos como seres humanos na relação com a obra de arte. São possíveis outros modos de ampliar essa interpretação do acontecer da verdade da obra de arte, mas a eles sobra apenas o recurso de escolher outros contextos históricos ou outras épocas e culturas. O que acontece de inovador nesse projeto filosófico é ter explorado momentos fundamentais da compreensão e da explicitação que são os modos pelos quais nos aproximamos da criação humana. Ele não apresenta a filosofia como um sistema, ou como uma teoria. Nessa obra, a filosofia se transforma em explicitação, isto é, em hermenêutica universal da existência humana na cultura.

Com os pontos analisados até agora, podemos chegar mais perto da ideia de que nesse autor nos topamos com a consumação da hermenêutica. Compreender e interpretar, enquanto um acontecer do sentido, cuja historicidade jamais esgotamos, confluem para um vasto painel numa época histórica determinada. Podemos trabalhar de modo semelhante, tendo dele aprendido a lição fundamental de que todo o saber racional se enraíza numa compreensão que nunca pode ser levada a um termo definitivo. Gadamer não nos oferece um paradigma novo na filosofia. Sua intenção fundamental é tornar produtiva uma intuição da analítica existencial de Heidegger. Aliás, quem seríamos nós se apenas dispuséssemos de uma matriz de racionalidade, sem a sua inserção numa realidade, como o filósofo Gadamer fez com a hermenêutica filosófica? Ele nos instruiu que a hermenêutica se baseia no jogo da pergunta e resposta, e por isso, sempre está num acontecer, em que ela não pretende ter a última palavra.

Referências

GADAMER, H.-G. *Wahrheit und Methode*. Tübingen: J.C.B. Mohr, 1960.

STEIN, E. J. *Compreensão e finitude*. Ijuí: Editora Unijuí, 2001.

— 2 —

EXPERIÊNCIA E LINGUAGEM

Paulo Rudi Schneider[1]

Em *Verdade e método* chama a atenção o fato de Hans-Georg Gadamer referir-se quatro vezes ao físico Werner Heisenberg, parecendo querer dar a impressão de que o princípio da incerteza na mecânica quântica não é capaz de atrapalhar ou invalidar a novidade da tese da universalidade da experiência hermenêutica em realização efetiva na experiência da compreensão no *medium* da linguagem.

Como se sabe, Gadamer propõe a universalidade da experiência hermenêutica baseada na experiência da arte, da história e da linguagem como sendo mais abrangente do que a experiência elaborada de conforme o método da ciência moderna. Mesmo que a ciência moderna tenha tido o enorme sucesso resultando em sua importância social e histórica relacionada ao sistema produtivo e afetando a todos profundamente, a experiência hermenêutica seria mais fundamental e mais universal pelo fato de se referir ao todo da experiência da compreensão humana. "Originalmente o fenômeno hermenêutico de modo algum é um problema de método". Nele "não se trata de modo algum em primeiro lugar da construção de um conhecimento assegurado que satisfizesse o ideal de método da ciência". "O fenômeno da compreensão não somente perpassa todas as relações humanas de mundo. Também em meio às ciências tem validade autônoma e se contrapõe à tentativa de ser reinterpetrada como método." (Gadamer, 1990,1)

Trata-se do todo da compreensão evidenciado no fenômeno da arte, da história e da linguagem. São experiências de compreensão imediata possíveis de expressão no *medium* da linguagem. Há a impossibilidade de compreensão que se expresse fora do *médium* da linguagem.

---

[1] Doutorado pela Pontifícia Universidade Católica do Rio Grande do Sul – PUCRS e Eberhard-Karls-Universitaet Tübingen da Alemanha; Professor da Universidade Regional do Noroeste do Estado do Rio Grande do Sul – UNIJUÍ.

De acordo com o seu ponto focal a ciência moderna substituiu todo o tipo de subjetividade anterior deslocando-a para o indivíduo. O sujeito, o *subjectum*, o chão de sustentação, o suporte, o fundamento de qualquer discurso passou a ser o indivíduo em determinada ocupação ativando algumas capacidades a ele subjacentes, incorporadas ou inatas, isso é, em geral a razão expressa nas faculdades aliadas da análise, do cálculo e da observação de um determinado objeto. A análise, a observação e o cálculo, ativados por qualquer indivíduo em direção a algum objeto, conferem a este o estatuto de *subjectum*, sujeito, fundamento do seu saber resultante do seu esforço de entendimento. O indivíduo pode ser *sujeito* à medida que produza conhecimento sobre o *obiectum*, algo a sua frente, objeto de seu interesse e não espere que a verdade lhe seja simplesmente revelada pelas autoridades responsáveis pelo anúncio das exigências do além numa interpretação monopolizada. Essa produção de conhecimento sobre o objeto, por sua vez, lhe dá condições de transformá-lo, manipulá-lo, movimentá-lo segundo os seus interesses, desde que respeite as regularidades, as leis que sobre ele descobriu. Pela experimentação pesquisante na atividade analítica, calculadora e observadora direcionada a um objeto e elucidando as suas leis o indivíduo, por isso agora sujeito é capaz de dominá-lo, manipulá-lo e movimentá-lo. A técnica resultante do *subjectum* racionalmente ativo constitui o seu poder tendo a sociedade e a natureza como *obiectum*. A produção da verdade do conhecimento agora concorre com a verdade como revelação.

Maquiavel talvez tenha sido o primeiro que compreendeu a essência da nova subjetividade muito bem expressando-a na possível eficiência pesquisadora e manipulativa do indivíduo-sujeito Príncipe, direcionada ao objeto sociedade, isto é, ao conjunto da ação humana, à relação entre fala e ação, no intuito de construção do estado e da sua manutenção por meio do poder inerente ao saber. Analisando, calculando e observando a relação entre fala e ação dos humanos, o objeto escolhido por Maquiavel, até o discurso da verdade provinda por revelação é digno da sua atenção pesquisadora na construção da técnica do poder. Maquiavel pode ser considerado o patriarca de todas as ciências humanas envolvidas da elaboração de metodologias de análise, cálculo e observação, e instauradoras do sujeito eficiente na produção e aplicação prática de teorias para a movimentação de grupos sociais e edificação de poder. Na época o estranho beirando a heresia foi que o conjunto das expressões do ser humano pudesse ser objeto de estudos de modo programático em proveito da construção e manutenção do estado. Chamamos a atenção para a pretensão de Maquiavel de produzir conhecimento científico e técnico sobre ações humanas, portanto, referido às ciências humanas e suas possibilidades de descoberta, descrição e aproveitamento técnico-manipulativo em favor da construção e manutenção do poder.

Bacon, admirador de Maquiavel, compreendeu as possibilidades da força e do poder da nova subjetividade elegendo como objeto de análise, cálculo e observação a natureza em geral. Esta se expressa em suas regularidades a serem descobertas pela atenção às causas eficientes que possibilitam a regularidade do seu movimento. A divisa de Bacon *vere scire por causas scire*, ou seja, saber de verdade é saber pelas causas, leva-o a criticar acerbamente a teleologia aristotélica, que com a sua pergunta "para que" induz a construções imaginárias na elaboração da causa final impedindo a descoberta de regularidades da natureza que se deixa desvendar pela consistência das causas eficientes nela inerentes. À fantasmagoria resultante das respostas à pergunta no sentido "para que" ele direciona a pergunta "por que" a fim de produzir o conhecimento sobre as causas eficientes de toda a movimentação da natureza e, com isso, dominar o setor de objetos de acordo com e a favor dos interesses humanos.

De modo programático, portanto, instituía-se daí por diante nas pesquisas científicas em geral a separação entre o sujeito, capaz de entendimento analítico, calculador, observador e fundamentador de conhecimento produzido, de um lado, e, de outro lado, o objeto escolhido, abstraído e apartado do todo percebido no intuito de desvendar-lhe as regularidades e utilizá-lo como instrumento possível na construção do poder e de suas comodidades decorrentes. Parece evidente que ainda hoje somos todos profundamente modernistas em todas as nossas pesquisas em institutos e sistemas educacionais, sem que haja alguma diferença de propósito fundamental entre as ciências do espírito e as ciências da natureza. Até hoje se instaura a pesquisa em todas as áreas direcionado-a a determinados objetos com o propósito do domínio nas aplicações do saber produzido. Como já o sabiam Maquiavel e Bacon, *tantum possumus quantum scimus,* isto é, tanto podemos quanto sabemos independentemente de considerações morais, pois inclusive estas podem ser objeto de estudo e pesquisa sobre motivações regulares subjacentes para posterior aproveitamento e aplicação eficiente.

Quando Gadamer, em *Verdade e método,* apresenta a maior abrangência de experiência da hermenêutica em relação ao método científico, parece referir-se repetidamente ao viés modernista, incluindo nele também as abordagens contemporâneas da física quântica. Teria ele razão nessa decisão compreensiva quando se sabe da grande crise instalada no seio das ciências desde o início do século 20?

Em *Ser e tempo,* Martin Heidegger descreve o movimento científico como dividido em regiões (história, natureza, espaço, vida, linguagem) comandadas previamente por "conceitos fundamentais" à base da experiência e interpretação pré-científica. O progresso possível em cada ciência dependeria do questionamento e da revisão da constituição fundamental de cada setor, da crise possível no que se refere aos seus conceitos fundamentais. Menciona diversos setores das ciências em que a crise estaria instalada, inclusive a física e sua transformação teórica pela teoria da relatividade. A crise em todas as áreas estaria acontecendo ao nível das transformações nos conceitos fundamentais de todas as ciências, mas sem indicar uma mudança no esquema sujeito-objeto da concepção científica tradicional e costumeira. Em *Ser e tempo* Heidegger curiosamente não menciona a teoria quântica e o princípio de incerteza de Werner Heisenberg. Sa-

EXPERIÊNCIA E LINGUAGEM

bemos, porém, do diálogo entre ambos e da menção constante e preocupada de Heidegger sobre a questão em jogo em seus posteriores textos de *Vorträge und Aufsätze*, isso é, sobre a questão da possibilidade da quebra do modelo científico sujeito-objeto tradicional na teoria quântica e a compreensão da vigência de uma concepção mais fundamental e universal do já sempre dado no todo da experiência humana. Em resumo, qual a concepção geral de Heisenberg sobre a questão da experiência científica na mudança pretendida do seu estatuto e a contrapartida de Heidegger, cujos rastros Gadamer ao seu modo segue em *Verdade e método*? Poderia a explicação da teoria da universalidade quântica competir, superar ou igualar-se com a proposição da universalidade hermenêutica?

Heisenberg em diversos textos menciona o seu espanto pela falta de explicação sobre a emergência das novas concepções de totalidade que as ciências sempre necessitam supor. Uma das suas questões recorrentes é: de onde surgem as grandes ideias revolucionárias, os grandes paradigmas, modelos, matrizes, ou visões de totalidade que por surgimento brusco possibilitam um salto de qualidade nas explicações científicas? Há para ele uma diferença fundamental entre a emergência de uma intuição de nova totalidade compreensiva ao modo das ideias platônicas e a prática decorrente de detalhamento explicativo das mesmas em suas minúcias. A sua questão é: qual a explicação da emergência do modelo, da matriz, da ideia, do horizonte geral que posteriormente possibilita o detalhamento explicativo num jogo lógico e praticamente eficiente de dedução e indução? Como se escapa do paradoxo do regresso infinito? Como se explica a genialidade que possibilita o surgimento de uma compreensão totalizante e que depois, ao modo aristotélico, instiga todo o mundo científico à verificação dos seus detalhes, mapeando em minúcias um horizonte já predefinido em que todos se compreendem como se fosse natural? Há explicação possível?

Em suas reflexões Heisenberg parece querer aproximar o fenômeno da emergência das grandes ideias totalizantes com a concepção kantiana da beleza, a qual por seu próprio estatuto é desinteressada em apenas explicações científicas ou morais à base de conceitos. Há beleza na relação entre as grandes intuições e as ciências exatas que elas possibilitam e instigam? Há beleza nessa relação, a qual pudesse ser ao mesmo tempo uma ocorrência compreensiva? Heisenberg pensa que sim. Ele confessa o seu fascínio encantado em tempos de menino com as relações geométricas e matemáticas, sem que alguém lhe explicasse por conceitos o porquê desse sentimento. Agora como físico, porém, pergunta: O que é que constituía e ainda constitui a beleza das relações matemáticas e geométricas e dos grandes horizontes intuitivos que se sucedem na história?

O físico pensador encara a questão lembrando que já desde a Antiguidade até a Renascença existiam duas concepções de beleza. A primeira, a mais determinante delas, definia o belo como a exata correspondência de todas as partes com a totalidade que as abrangia. A segunda, provinda de Plotino, definia a beleza como o transluzir eterno do Uno na aparição material, ou, enquanto aparência material.

A primeira concepção parece a mais determinante, porque leva diretamente às ideias de Platão. Ela provém de Pitágoras, que relacionava a filosofia com música e matemática.

Pitagoricamente há, então, a indicação de que a infinita e multiforme variedade dos fenômenos do mundo deve ser compreendida por meio de princípios formais uniformes articulados matematicamente. Para Heisenberg, o interessante é que surge aí a relação entre o compreensível e o belo: a compreensão plena de tudo agora só ocorre por meio de uma relação formal, *a experiência do belo conjuga-se com a experiência da compreensão*. E é por este caminho que Platão teria enveredado.

Platão formulou a doutrina das ideias como formas matemáticas perfeitas que possibilitam a compreensão de todas as formas imperfeitas e puramente materiais. As coisas materiais, então, são cópias, são sombras sempre imperfeitas das figuras ideais e efetivas. As figuras, as intuições ideais são realmente efetivas, isto é, em efetuação, pois elas se encarnam como determinação formal nas coisas materiais. Neste ponto constitui-se a possibilidade de captar um ser corporal acessível aos sentidos, por um lado, e, por outro, um ser ideal apenas perceptível por um ato espiritual. A intuição das ideias pelo espírito humano se dá mais por uma captação artística, mais por uma premunição, mais por um pressentimento, do que um conhecimento pelo entendimento. É uma recordação, o reencontro das formas que foram inoculadas na alma antes da sua existência na terra. Heisenberg explica: "A ideia central é a do belo e bom, na qual o divino se torna visível e com cuja visão as asas da alma crescem".

A multiforme multiplicidade dos fenômenos pode ser compreendida como uma vivência de beleza quando são reconhecidos os princípios formais que lhe subjazem e que são articuláveis matematicamente. Para Heisenberg, essa concepção de Pitágoras e Platão prefigura essencialmente todo o programa das ciências exatas contemporâneas da natureza. Naquela época, porém, faltavam-lhes os conhecimentos das minúcias dos processos da natureza para que pudessem realizar algo mais.

Aristóteles foi o primeiro a se interessar pelo mapeamento e pela descrição das minúcias dos processos naturais, determinando os interesses dos pesquisadores durante muito tempo, tanto que a reflexão sobre as formas matemáticas subjacentes à maneira de Pitágoras e Platão durante muito tempo entrou em *desuso*. Hoje parece claro que as descrições corretas dos fenômenos da natureza são oriundas da *tensão* entre estes dois modos milenares de pesquisa, ou seja, a emergência de princípios formais ao modo de Platão por um lado, e, por outro, a coleção e o ordenamento da plenitude dos fatos empíricos pelos mesmos princípios.

EXPERIÊNCIA E LINGUAGEM

Apenas mais tarde com Galileu e com a redescoberta da filosofia platônica a importância do belo para a compreensão da natureza reaparece. Galileu se voltou contra a concepção aristotélica de que todos os corpos em movimento chegariam ao repouso se não sofressem a influência de forças externas. Galileu parte do princípio contrário, isto é, de que todos os corpos permaneceriam num movimento retilíneo contínuo se não sofressem a influência de forças externas a si. Desobedecendo às indicações de Aristóteles, Galileu tentava encontrar formas matemáticas para os fatos, os fenômenos. Assim chegou às leis da queda dos corpos.

Alguns anos mais tarde, o astrônomo Kepler trilha pelo mesmo caminho de encontrar fórmulas matemáticas para as órbitas dos planetas, desvendando as famosas três leis que têm o seu nome. Dizia ele: "A beleza é a correta correspondência das partes entre si e com o todo".

O mesmo estado de coisas nós encontramos posteriormente na mecânica newtoniana de modo eminente. As partes são os processos mecânicos singulares que são identificados e especificados pelos aparelhos, e o todo é o princípio formal unitário, que fenômenos e processo obedecem e que se expressa por um sistema de axiomas. A beleza do reconhecimento do todo é o esplendor da verdade, ou seja, o pesquisador reconhece primeiramente a verdade num brilho súbito que se lhe impõe.

Esse brilho súbito, de acordo com Heisenberg, aconteceu mais duas vezes nas ciências exatas da natureza na área da física: o surgimento da teoria da relatividade e da teoria quântica. Ambas as teorias conseguiram ordenar uma enorme e caótica quantidade de fenômenos, os quais durante anos se mostravam arredios a qualquer entendimento, mas que agora se conjugam e se relacionam numa beleza abstrata e compreensiva. A questão de Heisenberg retorna: como se explica que por meio desse súbito, brilhante e belo surgimento teórico se conjugue a compreensão do grande conjunto, bem antes que se possa prová-lo em seus detalhes? O que é que vem à luz nesse súbito brilho capaz de explicação da totalidade dos fenômenos? Heisenberg está convencido de que esse reconhecimento imediato do todo não ocorre pelo pensamento discursivo racional. Curiosamente, porém, tenta uma forma de explicação referindo-se ao astrônomo Kepler e ao físico atômico Wolfgang Pauli, amigo do psicólogo Jung.

Kepler referia-se à capacidade vital da alma. Reconhecer seria comparar os dados dos sentidos que se dão a partir do exterior com as formas originais já preexistentes no interior do espírito humano, a exemplo das plantas que crescem desenvolvendo-se de acordo com um princípio original, organicamente fundamental e inerente a elas mesmas. Pauli defendia que o processo da compreensão na natureza em geral, bem como a felicidade que o ser humano sente na vivência do compreender, deveria atribuir-se à correspondência de figuras preexistentes na psique humana com objetos exteriores. As ideias seriam arquétipos preexistentes no espírito de Deus e, por isso, também na alma humana que lhe é semelhante. Pauli se refere especificamente a Jung que na psicologia introduziu a compreensão do instinto da representação por meio do funcionamento de figuras originais ou arquétipos. Assim, antes de qualquer formulação racional de algum conteúdo, todo esforço compreensivo dirige a sua atenção para uma camada pré--conciente, carregada de emoções e na qual não há conceitos claros, pois lá tudo é intuído como que numa visão pictórica. Expressões de um conteúdo desconhecido e apenas adivinhado, tais visões figurativas podem ser denominadas símbolos, como se fossem pontes que servem de comunicação entre os dados dos sentidos e a possibilidade da emergência de uma totalidade como teoria científica.

Desde a descoberta do efeito quântico por Max Planck, no ano de 1900, instalou-se um estado de perturbação na física, pois os pressupostos conceituais de Newton não conseguiam dar conta do que acontecia nas experiências da física atômica. O entendimento geral não mais funcionava para a compreensão de novos fenômenos e a beleza da uniformidade da física com seu horizonte newtoniano parecia destruída.

Assim, as intuições já efetivadas, de Copérnico, de Kepler e de Newton, tiveram que se tornar parte das novas intuições mais ampliadas da teoria da relatividade e da mecânica quântica. Heisenberg destaca a concepção de beleza resultante do brilho, da felicidade, do esplendor da compreensão que conjuga as partes entre si num todo, *com* a concepção de beleza expressa por Plotino: "A beleza é o transluzir do brilho eterno do Uno por meio da manifestação material".

Heisenberg, na *Festschrift* a Martin Heidegger por ocasião dos seus 70 anos, apresenta sucintamente os supostos fundamentais da física contemporânea. São os seguintes:

No centro da física atômica estriam as partículas elementares. Trata-se das últimas estruturas da matéria que levam a formulação de leis da natureza de caráter extremamente geral. Por isso, é difícil decidir se elas expressam afirmações sobre o comportamento empírico do mundo, sobre formas do nosso pensar, ou formas da linguagem com que procuramos captar o mundo. O assunto está, sem dúvida, relacionado com supostos fundamentais que desde sempre pertenceram à reflexão filosófica.

Com base nos experimentos empíricos podemos dizer: as partículas elementares não são imutáveis, mas pelo choque entre si podem ser transformadas umas nas outras, podem ser criadas ou destruídas desaparecendo por completo. São formas fundamentais da matéria que surgem e desaparecem, formas pelas quais o elemento fundamental "energia" deve passar para poder transformar-se em matéria. O elemento fundamental energia pode ser comparado ao elemento fundamental "fogo" da antiga filosofia de Heráclito. Heisenberg apresenta a Heidegger os supostos imprescindíveis da teoria:

a) A possibilidade de diferenciar algo e nada, ou "ser" e "não-ser". Assim há a necessidade de um operador matemático que indique "nada", vácuo, e "algo", a matéria;

b) Relacionada a isso há a necessidade da suposição de tempo e espaço num ordenamento quadridimensional. O operador matemático depende de tempo e espaço para definir/produzir algo do nada;

c) Necessidade de se pautar pela pergunta sobre quais propriedades simétricas deve ter aquele algo produzido, ou seja, a matéria;

d) O suposto de que há leis na natureza que relacionam situações futuras e passadas com o presente. Mesmo assim, isso é impreciso, pois o mundo como um todo é um processo único. O mundo todo é um experimento que não pode ser repetido. Partes do mundo são passíveis de consideração experimental. Quando nessas partes a situação original parece repetir-se, então, temos regularidades;

e) O suposto de que há efeitos recíprocos, isto é, de que não pode haver superposição dos estados de algo/matéria: não pode haver num determinado espaço simultaneamente uma pedra e uma árvore;

f) Suposto da causalidade, não no sentido simples tradicional de sequência unidimensional, mas no sentido de que há efetivamente uma relação entre acontecimento num ponto espacial temporal e outro imediatamente ao lado. Para esta suposição elementar há que ter uma fórmula matemática "simples", o que significa a possibilidade de descrição simétrica que torne compreensível as muitas e diversas formas da matéria;

g) As suposições e as fórmulas devem ser investigadas experimentalmente à exaustão até nos mínimos detalhes. O estatuto da experimentação/experiência nos mínimos detalhes é a última instância na avaliação dos fundamentos, ou axiomas supostos sobre a filosofia da natureza hoje. E isso nos diferencia dos tempos passados.

A relação milenar que ele cultivava com a filosofia pitagórica e platônica testemunham que Heisenberg tinha consciência do fato de que a física e a técnica contemporâneas são diretamente relacionadas com gestos idealizadores, oriundos da filosofia metafísica grega. Em outros textos ele cita Demócrito, Heráclito, Parmênides e Epicuro, demonstrando a firme convicção de que a civilização ocidental é um todo conjugado em possível evolução, na qual o homem sempre se reconhece a si mesmo em cada detalhe elaborado pelas intuições possíveis que lhe subjazem. O ser humano elabora a si mesmo de acordo com um destino e este, por sua vez, obedece aos modelos já subjacentes e pré-conscientes no mesmo ser humano e pelos quais determina a compreensão de si mesmo e do seu próprio mundo. O pensador está imbuído da confiança de que o ser humano soluciona as suas dificuldades de compreensão pelas condições que lhe são inerentes. Há sempre a possibilidade de objetivar compreensivamente um todo que conjuga a infinidade de fenômenos de modo uniforme, resultando em beleza, a vibração subjetiva que é a contemplação de um todo objetivado pelo ser humano e, portanto, totalidade objetiva, em que o homem reconhece a sua produção e, assim, se reconhecendo a si mesmo.

Heidegger, por sua vez, define a essência da ciência com a frase: "A ciência é a teoria do real" (Heidegger, 2000). Das *Wirkliche*, o real, também pode ser traduzido por "o que está em efeito", "o que está no comando", "o que reina". Desse modo, a frase pode ser entendida no sentido de que "a ciência é uma teoria *sobre* o real, que tematiza objetivamente o real", ou, de outro modo, dando *ênfase ao real*, àquilo que reina, de modo que a ciência estaria desde sempre sob o comando efetivo de algo outro que desconhece e que Heidegger denomina das Wirkliche, o que de fato está em atuação. Nós evidentemente estamos acostumados a compreender que a ciência constitui os seus objetos, as suas explicações objetivamente racionais, que a ciência é obra humana a partir de uma subjetividade que instaura a realidade como objeto nas pesquisas e na aplicação dos seus resultados. Heidegger, porém, inverte tal modo de pensar, perguntando: será que ainda não reina algo Outro do que a vontade autônoma de um *sujectum* como indivíduo constituidor? Efetivamente afirma: Algo Outro permanece em vigência, *wirklich*, e só não é percebido pelo fato de nos deixarmos levar pelas nossas representações costumeiras dependentes do esquema compreensivo da modernidade, ou seja, de que o indivíduo *sujeito* é base, fundamento, *arché* de tudo, porque constitui, manipula, analisa, calcula o *objectum* de acordo com a sua perspectiva. Esse Outro é um estado de coisas que por meio das e nas ciências está em vigor, mas elas mesmas não o percebem como o seu destino de ser, como a sua tarefa de acordo como foi mandado pelos desígnios do ser: é o que lhes está encoberto, está oculto. Há uma força vigente que comanda desde sempre todo esse processo científico técnico anterior a ele e ao mesmo tempo acompanhando-o, força vigente cuja essência apenas pode ser vislumbrada numa conversa, num diáogo, num *Gespräch*, com o pensamento grego. Apenas deste modo a *Besinnung* (o pensamento do sentido) em direção ao que é pode prosperar. *Besinnung* aqui não é reflexão ou meditação *sobre* algo, mas quer dizer o dar-se conta da situação compreensiva em que já desde sempre se está; é como um perder-se na sensibilização pela atenção às palavras do pensamento grego encontrando os rastros do caminho que já andamos em andanças milenares e que ainda estamos a trilhar. E Heidegger afirma:

> Essa conversa ainda está por se iniciar. (...) O que foi pensado e poetado no início da antiguidade grega ainda hoje está presente, tão presente que a sua essência, para ela mesma ainda encoberta, espera por nós em todos os lugares, e vem ao nosso encontro precisamente ali, onde menos supomos, a saber, no *domínio* da técnica moderna... (Heidegger, 2000, p. 43).

Heidegger, portanto, pede que se dê atenção à *linguagem* que nos compromete fatalmente em nossa compreensão, tanto que a ela pertencemos diretamente. Ele também nos solicita a abandonar a concepção de história com a qual estamos acostumados como tempo em sequência atulhado de fatos explicados causalmente. A história não pode mais ser compreendida como um objeto em que apenas observamos processos em mudança contínua: É pela linguagem que aquilo que desde cedo foi inaugurado em pensamento ainda hoje é destino, mando efetivo no tempo de agora, pois a maneira de pensar e compreender estão presentes ao modo de efetuação na compreensão ocorrente de todos.

De acordo com a *Besinnung* as *palavras* apenas *falam* quando relacionadas com as significações pelas quais a coisa nomeada se desenvolve ao longo da história do pensar e do poetar. Interessam, pois a origem e o desenvolvimento das palavras e das concepções que elas carregam. Heidegger, como também Gadamer, promove um estudo acurado de algumas palavras e do seu desenvolvimento histórico pondo em prática o que indicou como *Besinnung*, dar-se conta pelas palavras em uso. Por exemplo, quando menciona a palavra grega *Tesis*, com o sentido de "colocação, posição, situação", logo adverte que este fazer não é apenas relativo à atividade humana *objetivando* algo, pois ela também significa "crescimento em geral, vigência da natureza, a *Fysis*, que é um fazer igual à *Tesis*. Exemplifica isso radicalizando com a célebre expressão que parece tautológica: "*Das Wirkliche ist das Wirkende Berwirkte:*" "O efetivo é o que foi efetuado em efetuação". Não quer, porém, que se entenda algo como efeito no tempo dito real e percebido pelo princípio da causalidade, mas sim que o efetivo é *algo sempre em obra*, descoberto, desvelado e encontrando-se simplesmente assim até nos afazeres explicativos da ciência e da técnica. Ele menciona o próprio Heisenberg que em sua teoria teria entendido a causalidade como um simples problema de metrificação matemática sem conseguir desvencilhar-se da representação do factual objetivo, certificado pela subjetividade modernista. Tudo se torna *Gegen-stand*, *obiectum*. E essa forma de compreender tudo como objeto presente em frente, articulável, metrificável, calculável, aplicável e manuseável, é por Heidegger denominada por *Gegenständigkeit*, ou seja, oposicionalidade, objetificação. Heidegger menciona diversas palavras que denotam a origem, a mutação pelos séculos afora, e o comprometimento da nossa compreensão com esse modo de ver da *Gegenständigkeit*, mas que ao mesmo tempo significam acenos para a possibilidade do desvelamento da sua essência. A ciência moderna em sua maneira de ser *Gegenständigkeit* é dependente, obediente de um mando e comando geral, um *Geschick*. Trata-se de um desdobrar-se de uma compreensão ao longo dos séculos que não é obra do homem, nem uma imposição absoluta do que é efetivo em efetuação, precisamente porque há obediência conformada à compreensão instalada. A compreensão por oposicionalidade, objetificação, é uma efetuação do ser vigente ativando a essência da ciência, o que é um modo de Heidegger dizer que há apenas acenos e não explicações definitivas, pois estas já significariam comprometimento com a objetivação esquecida da sua condição fundamental. Por outro lado, é claro que sem essa objetivação não haveria ciência, nem desenvolvimento técnico. A ciência seria traída se a objetivação pela meta da certificação pelos cálculos não fosse insistentemente desejada e buscada. Nesse sentido, compreende-se por que Heisenberg afirma que a física atômica não liquida a física clássica de Galileu e Newton, mas a incorpora, pois se trata do mesmo gesto teórico desejoso de cálculo, objetivação e certificação.

Conforme Heidegger, apesar de a física contemporânea ser diferente da clássica, ela permanece na mesma perspectiva, isto é, a de *prescrever* uma fórmula fundamental geral, da qual seguem as partículas elementares e o comportamento da matéria. Há então uma diferença quanto à experiência e à determinação da objetivação em relação à natureza, mas há algo que não muda, isto é, que a natureza antecipadamente deve prestar-se à certificação pesquisante e perseguidora que a ciência realiza como teoria. A teoria estratifica o efetivo real em um só âmbito determinado enquanto a *Fysis*, a natureza, por si só já vigora. Por isso a objetificação pela atividade científica e técnica permanecerá sempre dependente dessa *Fysis* em vigência total. A física científica é apenas uma maneira pela qual a natureza *Fysis* se manifesta concedendo elaboração em termos de objetivação. A oposicionalidade em relação à natureza é apenas um modo dela mesma, assim que a natureza mesma sempre permanecerá incontornável, indepassável, pois sempre estará adiante e além de qualquer esforço de objetivação pela experiência científica. O pensamento por representação científica nunca poderá saber fundamentalmente ao certo se nesse mesmo gesto a natureza não se retrai, escondendo a plenitude da sua essência. Essa questão, porém, já não suscita o interesse da ciência pelo fato de não poder fazer parte das suas experiências específicas.

O incontornável da *Fysis*, então, faz parte do processo das próprias ciências, já que elas são apenas um modo de ser. Esse estado de coisas põe a física numa situação em que nunca poderá ser objeto das suas próprias teorizações e experimentações. "A física como física não consegue fazer afirmações sobre a própria física" (Ibidem, p. 60). Ela não consegue fazer afirmações sobre a sua essência.

Tal estado de coisas, por sua vez, leva a um resultado mais curioso ainda, que é a incapacidade das ciências em se aproximar daquilo que em sua própria essência está em vigor como destinação, como mando, ou seja, como o incontornável. O ser humano, na ilusão de ser plenipotenciário no cumprimento do que lhe é sugerido desde sempre, não consegue deslocar-se além de si, sair fora do círculo de fogo que lhe parece imposto como única possibilidade: não consegue contornar as suas próprias construções compreensivas. Assim, o incontornável que também está em vigência em sua essência lhe é inacessível. Trata-se da inacessibilidade do incontornável, segundo Heidegger. Essa inacessibilidade do incontornável não dá na vista, precisamente por ser o estado da situação compreensiva do ser humano no cenário dos milênios e constituindo a sua experiência mais fundamental. Por mais que se envidem esforços em descrições epistemológicas para contornar a situação, a experiência compreensiva é fundamental no *como* da sua emergência.

Para Heidegger, portanto, as categorias e os supostos fundamentais que Heisenberg menciona já fazem parte do ser, e assim devem ser também compreendidos para que não haja sacralização dos resultados obtidos na atividade do seu uso: Deus, Espírito Absoluto, Vontade de Poder, etc., como entes enquanto *causa última*. O transcendental maior, a *arché* fundamental é o ser que se vislumbra na ocorrência da compreensão, mas uma compreensão tal que admite o ser além do que se estatui epocalmente pela instauração compreensiva enquanto tempo objetivado. O homem se essencializa na peregrinação pensante, na compreensão que se desloca sempre além de si mesma a partir do já sempre estar no mundo do homem. Heidegger vê entificação do pensamento quando definido pela categoria da causalidade, pois a facticidade do porquê da causalidade não explica causalmente o porquê. Simplesmente não há saída de explicação cabal: a causalidade não tem o vigor de se explicitar causalmente. Heisenberg, pelo contrário, parece permanecer na perspectiva definidora da objetificação. Ele propõe a explicação de uma grande programação ao modo de uma causa seminal que se desenvolve através dos séculos por intuições de totalidade à maneira da metafísica tradicional.

Heidegger quer acenar para a compreensão da impossibilidade fundamental do mapeamento definitivo de tudo ao modo da compreensão contando ilusoriamente com algum fundamento último além da facticidade de um mundo sempre pré-dado compreensivamente. A compreensão como experiência fundamental permanece sempre apenas uma trilha possível.

Gadamer procura seguir os rastros desta questão citando-a quatro vezes em *Verdade e Método* na relação entre a linguagem como experiência de mundo e o "saber dominador" que afeta as ciências modernas da natureza (Gadamer, 1990, 455), parecendo não dar muita importância à ruptura crítica da física contemporânea.

Numa passagem diz: "Mesmo uma equação universal que transcrevesse tudo o quanto é, de maneira que também o observador do sistema aparecesse nas equações do mesmo, continuaria pressupondo o físico que, enquanto calculador, não seria calculado. Uma física que se calculasse a si mesma e fosse o seu próprio calcular seria uma contradição em si mesma". (Idem, 455) Quer dizer, teríamos de qualquer maneira o viés objetificador na física quântica sem que ela pudesse ir além da sua condição de compreensão possível pela linguagem. De acordo com Gadamer o físico jamais poderá autoincluir-se completamente em suas proposições científicas. Simplesmente lhe é vedada a autoconsciência da história dos efeitos.

Numa segunda passagem, Gadamer afirma: "Na ciência moderna essa ideia da pertença do sujeito conhecedor ao objeto do conhecimento não encontra legitimação". (Idem, 464) E numa nota explicita o que quer dizer: "Na minha opinião, não passa de um equívoco querer considerar como 'parte do sujeito', a 'inexatidão', que é válida na física quântica, que partindo da 'energia' do observador atua sobre o observado, que aparece nos valores da medição". (Idem, 464) Novamente teríamos aí a recusa da pretensão da física quântica em ser a condição fundamental da totalidade da experiência humana, pois o físico calculador permaneceria aquém até mesmo da teoria que propõe. Apesar da sua interferência no objeto manipulado ele inevitavelmente sofreria a síndrome da falta de autoinclusão: necessita manter-se à parte do universo objetivo que propõe.

Quanto a esse aspecto da questão poderíamos perguntar se não há algum temor subjacente: poderia alguém querer transferir a necessidade de autoconsciência sobre a autoinclusão do sujeito pesquisador em todas as teorias produzidas nas ciências do espírito, inclusive na filosofia com toda a sua exigência de compreensão sobre as determinações da tradição e a história dos efeitos. Isso apagaria em parte a importância da novidade hermenêutica assim como Gadamer a propõe.

A terceira alusão de Gadamer à mecânica quântica concede que por intermédio desta a ciência moderna tenha se "recordado da valência ontológica da 'Gestalt' [da figura intuitiva subjacente], quando chegou aos limites da construtibilidade mecânica do ente, e que somente então tenha incluído a ideia dessa figura" às suas preocupações. (Idem, 484) Numa nota explicita que a questão deveria ser melhor explicitada nas suas diferenças: "...Não se trata somente da ciência dos homens e da configuração. A partir do conceito de construção mecânica também não se podem compreender 'simetrias', 'formas de ordenações', 'sistemas'. E, não obstante, é esta 'beleza que recompensa o investigador, e não um autoencontro do homem consigo mesmo'". Em resumo, trata-se de um ataque direto à opinião de Heisenberg sobre o sujeito construtor recordando intuições subjacentes para dar conta dos fenômenos e assim produzindo por sua atividade a beleza científica com a qual se encontra como que consigo mesmo: o resultado que já sempre deveria ser de acordo com uma programação prévia. Essa discordância demonstra que Gadamer conheceu muito bem a temática da sequência das grandes e belas intuições científicas apresentadas por Heisenberg, a sua relação com a beleza e a explicação de que estariam já subjacentes à alma humana como se fossem razões seminais; bem como também sabia da célebre opinião de Heisenberg de que na sequência das novidades intuitivas do tempo o homem sempre se encontraria consigo mesmo, pois virtualmente sempre já é o que irá ser. De acordo com a finitude compreendida pela história dos efeitos, porém, Gadamer talvez só pudesse ver nessa opinião uma bravata possível, uma ocorrência compreensiva no ser da linguagem que de modo algum, porém, pode representar um fundamento absoluto. Essa terceira menção da física quântica se dá em relação à pretensão universal da hermenêutica, de acordo com a qual Gadamer afirma que as suas reflexões são guiadas pela ideia de que: "... a linguagem é um centro em que se reúnem o eu e o mundo, ou melhor, que ambos aparecem em sua unidade originária". (Idem, p. 484). E logo depois: "O ser que pode ser compreendido é linguagem." "O que se pode compreender é linguagem". "Isso quer dizer, que se apresenta a si mesmo à compreensão" ... "ser e representar-se – uma diferenciação que, no entanto, tem de ser ao mesmo tempo uma indiferenciação" (Idem, p. 479). Embutida nessa argumentação está a dificuldade da mecânica quântica comunicar-se por inteiro pela linguagem convencional em que está depositada toda a herança do sentido da tradição. A teoria quântica somente pode ser completamente compreendida no âmbito do cálculo, sendo por enquanto impossível traduzi-lo em simples linguagem por todos compreensível.

Na quarta alusão às ideias de Heisenberg, Gadamer reafirma:

> Pelo contrário, a dignidade da experiência hermenêutica consistia em que nela não se produz a subordinação sob algo já conhecido, mas que o que sai ao nosso encontro a partir da tradição é algo que nos fala. A compreensão não se satisfaz então no virtuosismo técnico de um "entender" tudo o que é escrito. É, pelo contrário, uma experiência autêntica, isso é, encontro com algo que vale como verdade. (...) O fenômeno da linguagem e da compreensão se manifesta como um modelo universal do ser e do conhecimento... (Idem, p. 493)

A universalidade da hermenêutica expressa na experiência da arte, da história e da linguagem apresentada em *Verdade e método* conjuga-se com a consciência da finitude radical do homem e se constitui na própria experiência da angústia. O impulso à explicação positiva na hermenêutica obriga a permanecer em suspenso entre a compreensão fundamental e o obrigatoriamente compreendido seja qualfor. A totalidade da herança do sentido nos fala na própria linguagem que falamos e na interpretação que promovemos. Há que ter presente a efetividade do entendimento de dependência, de dispersão da ideia de sujeito do indivíduo quase sempre esquecido da sua condição de interpretado por toda a tradição e ao mesmo tempo intérprete dela.

A compreensão da história dos efeitos no indivíduo faz com que ele tenha consciência do seu não saber objetivo sobre si mesmo, pois compreende que está perpetuamente autoincluido em tudo o que disser sem qualquer apoio de encosto externo. Qualquer conteúdo que ele realize é compreendido como uma expressão de si mesmo atravessado pelas forças significativas da tradição. Nas palavras de Gadamer:

> O transmitido se faz valer a si mesmo, em seu próprio direito, na medida em que é compreendido, e desloca o horizonte que até então nos rodeava. (Idem, p. 490)
> A compreensão é um jogo. (...) Aquele que compreende já está sempre incluído num acontecimento, em virtude do qual se faz valer o que tem sentido. (Idem, p. 494).

Qualquer realização explicativa em termos de conteúdo corresponde a uma inauguração compreensiva que remexe e refaz a totalidade do passado sempre aberto a transformações. Por isso, todo o sentido do mundo está sempre presente em metamorfose interpretativa. Apenas alguma descoberta do que se é sem saber oportuniza-se no diálogo sobre as suposições de cada discurso compreensivo.

Na medida em que compreendemos estamos incluídos num acontecer da verdade e quando queremos saber o que temos que crer, parece-nos que chegamos demasiadamente tarde. (Idem, p.494).

O que a ferramenta do "método" não alcança tem de ser conseguido e pode realmente sê-lo através da disciplina do perguntar e do investigar, que garante a verdade. (Idem, p. 494).

Parece que na última frase de *Verdade e método* Gadamer se torna generoso em relação à angústia instaurada pelo que denomina a autoconsciência da história dos efeitos, precisamente quando diz que a disciplina do perguntar e do investigar garante a verdade. Isso, porém, é apenas uma impressão, pois o entendimento sobre a verdade que menciona é o do acontecer da experiência da compreensão e da finitude sob o comando da hermenêutica universal. Nessas afirmações é possível ouvir um eco de 1914 do jovem Walter Benjamin, *em Metafísica da juventude*:

Diariamente utilizamos forças desmedidas, como os que dormem. O que fazemos e pensamos está pleno do ser dos pais e dos ancestrais. Um simbolismo incompreendido nos escraviza sem cerimônia...Cada conteúdo de conversação é conhecimento do passado como nossa juventude e pavor ante as massas espirituais dos campos de ruína. Nunca jamais vimos o local da luta silenciosa que o Eu encetou contra os pais. A conversação queixa-se da grandeza desperdiçada (Benjamin, GS II, 92).

Referências

BENJAMIN, W. *Gesammelte Schriften*. Frankfurt am Main: Suhrkamp Verlag, 1989.

GADAMER, H.-G. *Wahrheit und Methode*. In: Gesammente Werke, B1. Tübingen: J.C. Mohr, (Paul Siebeck), 1990.

HEIDEGGER, M. *Die Frage nach der Technik*. In: *Vortraege und Aufssaetze*. Frankfurt am Main: Vitório Klostermann, 2000.

——. *Sein und Zeit*. Tübingen: Max Niemeyer Verlag, 1993.

HEISENBERG, W. *Die Bedeutung des Schönen in der exakte Naturwissenschaft*. In: Heisenberg, Werner, Quantentheorie und Philosofie. Reclam, Stuttgart, 1979.

——. *A parte e o todo*. Rio de Janeiro: Contraponto, 1996.

——. *Grundlegende Voraussetzungen in de Phisik der Elementarteilchen*. In: Martin Heidegger zum Siebzigsten Geburtstag. Festschrift. Tuebingen: Guenter Neske, 1959.

——. Teoria, crítica e uma filosofia. In: *A unificação das forças fundamentais*. Rio de Janeiro: Jorge Zahar Editor, 1993.

SCHNAEDELBACH, H. *Philosophie in Deutschland. 1831-1933*. Frankfurt am Main: Suhrkamp, 1983.

SCHNEIDER, P. R. *A contradição da linguagem em Walter Benjamin*. Ijuí: Editora UNIJUÍ, 2008.

— 3 —

HERMENÊUTICA E CIÊNCIA JURÍDICA: GÊNESE CONCEITUAL E DISTÂNCIA TEMPORAL[1]

Rafael Tomaz de Oliveira[2]

1. Notas Introdutórias

Quando se menciona o conceito de Ciência Jurídica, a estrutura de significados que primeiro vem à presença é aquela que aponta para a construção de um conhecimento rigoroso para o direito. Dizendo de melhor maneira: o conceito de Ciência Jurídica indica a elaboração de uma série de elementos – ferramentas – que permitam acessar, de um modo rigoroso, o conhecimento das chamadas *formas jurídicas*. Certamente, o modelo de "rigor" que fez mais sucesso no ambiente da ciência jurídica contemporânea foi aquele praticado a partir de uma analogia com o método das ciências da natureza, em especial da matemática, que gestou e gerou a construção dos grandes modelos sistemáticos de conhecimento do direito, cujo apogeu pôde ser sentido no século XVIII. A ideia da construção *racional* de um sistema jurídico – perfeitamente formulado em termos lógicos objetivos – foi uma manifestação teórico-cultural, inaugurada com o humanismo renascentista, no interior da qual se buscava afirmar, num espaço discursivo situado dentro de um universo humano-racional, um modelo de pensamento que conseguisse captar as formas jurídicas naturais que a Razão poderia demonstrar a partir da lógica. Demonstração a partir da lógica significava: um desprendimento do conhecimento jurídico das estruturas teológicas que sempre o seguiram muito proximamente; representava a afirmação de um modo *autônomo* com relação aos modelos teológicos anteriores (sem embargo dos elementos teológicos que, im-

---

[1] Este trabalho é dedicado a Ernildo Stein e a Lenio Streck. Os dois – cada um ao seu modo – forjaram as condições para a iniciação de um jovem pesquisador no universo da filosofia e do direito. A peculiaridade disso em relação a essa publicação (e do evento que lhe deu origem) é que a gênese dessa iniciação e de tudo que se seguiu a ela se deu/dá em meio ao "ambiente hermenêutico".

[2] Doutorando em Direito Público pela UNISINOS-RS. Bolsista de Doutorado do CNPq. Professor Universitário.

plícita ou explicitamente, apareciam nesse discurso secularizado de construção lógico-sistemática do pensamento jurídico).[3]

Nesse âmbito de análise, portanto, o que aparece como conhecimento rigoroso e racional do direito é aquele que pode ser recomposto de um modo lógico-sistemático. Assim, há rigor e há razão (no direito) – epistemologia – onde houver *sistema*.

Já na segunda metade do século XIX, esse modelo matemático-sistemático de Ciência Jurídica passa a sofrer, paulatinamente, uma dura contraposição por parte de alguns importantes teóricos. De uma maneira geral, o ataque se dá a partir da alegação de que essa excessiva preocupação com o rigor sistemático do conhecimento levava a analise dos problemas jurídicos a um nível de abstração completamente desconectado da realidade social; do tecido básico que dá origem aos problemas do direito. Para esses autores, era preciso atrelar o estudo do direito à origem social dessa disciplina – vale dizer: era necessário saber perceber qual é a "finalidade do direito", como diria o segundo Ihering – suscitando as bases genéticas dos interesses que constituem os conflitos que o direito pretende resolver.

Esse modelo de pensamento – de certo modo, antissistemático, embora não abandone completamente o ideal de sistematização – terá um crescimento avas-

---

[3] De se notar que esse processo de secularização do Direito e da afirmação de uma autonomia relativa deste com relação às questões teológicas teve seu marco inicial não com a modernidade jurídica, mas, sim, com os movimentos que se seguiram à revolução papal (também chamada gregoriana) na segunda metade do século XI, no período histórico conhecido como Alta Idade Média. A partir desses movimentos, as linhas definidoras dos espaços de regulamentação eclesiásticos e dos espaços de regulamentação seculares ficaram mais nítidas. Antes dessa revolução, o chamado Direito Germânico estava completamente inserido na vida religiosa. Mesmo o lugar do Direito Canônico não se encontrava devidamente determinado, pois ele estava fundido com a teologia e, salvo por coleções de cânones e livros monásticos de penas aplicáveis aos pecados não havia uma literatura que pudesse ser caracterizada como sendo de Direito Canônico. Do mesmo modo, uma ciência jurídica – entendida como um discurso por meio do qual o direito possa ser analisado e avaliado – não havia se constituído antes do século XI. Portanto, concordamos com a tese de Harold Berman que afirma serem os séculos XI e XII os séculos decisivos para a formação da Tradição jurídica ocidental, pois, todos os traços que singularizam o direito contemporâneo foram forjados ali. Entre essas características podemos ressaltar: 1) a afirmação de uma autonomia, ainda que relativa, do direito para com a teologia, a política e a moral; 2) a formação de uma ciência jurídica constituída no seio de universidades; 3) a capacitação e treinamento de profissionais capazes de lidar com o todo informe de regras e disposições normativas que constituem o "mundo" jurídico (Cf. Berman, Harold. *Law and Revolution. The formation of the Western legal tradition*. Massachusetts: Harvard University Press, 1983). Todavia, é necessário registrar uma advertência que me foi feita por Marcelo Cattoni acerca do problema que existe em migrar o conceito de revolução – próprio da modernidade – para o medievo. Também é problemática a tese de Berman no que tange à afirmação de que o Vaticano teria sido o "primeiro Estado Moderno". Certamente, é muito difícil falar de modernidade sem os contextos de diferenciação funcional que compõe a estrutura burocrática do Estado Moderno. Mesmo no direito, as questões autorreferências de produção do direito também não estavam presentes no âmbito das estruturas jurídicas do medievo. De todo modo, é preciso reconhecer que as transformações ocorridas na segunda metade do século XI e início do século XII foram decisivas para a formação daquilo que entendemos por Direito hoje. Esse reconhecimento é afirmado, não apenas por Berman, mas também por F. W. Maitland que dizia ser o *século XI um século decisivo para o Direito* (Cf. Maitland, F. W. *The Collected Papers*. Vol. I. Cornell: Cornell University Library, 2010). Na verdade, o próprio Berman parte de Maitland para afirmar sua tese, modificando, porém, a assertiva feita pelo historiador inglês: ao invés de dizer que o século XI foi um século decisivo para o Direito, Berman afirma que o século XI foi o século do Direito.

salador no século XX. Na verdade, já no final do século XIX, autores de grande prestígio no âmbito da universidade alemã, passaram a postular as teses ventiladas por essas propostas antissistemáticas de se fazer Ciência Jurídica. Talvez o caso mais significativo seja o do romanista Oskar Von Bülow,[4] que, formado no seio da pandectística, deixara de lado o rigor lógico-sistemático que compunha o programa da *Jurisprudência dos Conceitos*, para impor uma "recepção do direito romano" através da magistratura (porque, para ele, aquela efetuada pela universidade, não representava a "verdade" do direito romano "vivo"), algo que o atira aos braços do Movimento do Direito Livre em sua configuração mais extremada, para a qual a preocupação sistemática deixa de existir completamente.

Em termos concretos, esses movimentos de retração do modelo epistemológico sistemático, tiveram lugar em virtude da "disputa hermenêutica" – poderíamos chamar assim – em torno do problema das lacunas. De fato, o modo lógico rigoroso a partir do qual a pandectística – sistematicamente – organizava seus conceitos não comportavam a compreensão de que, mesmo depois de todo esse esforço de abstração, sobrasse dimensões da "realidade social" não cobertas pela estrutura desse sistema. Por outro lado, os modelos antissistemáticos apontavam, incansavelmente, para a dimensão concreta dos interesses em conflito de modo a demonstrar como que a obra mais preciosa da pandectística – o BGB de 1900 – não conseguia regular plenamente o tecido social. Era preciso suprir as insuficiências do pensamento lógico dedutivo puro, com elementos intuitivos que o jurista perceberia na realidade social concreta. Portanto, apenas um estudo sociológico da gênese dos interesses que levaram o legislador a criar a lei é que poderia preencher os espaços lacunosos dessa mesma lei. O método para compor os interesses em conflito era dado por uma *ponderação* (*Abwägung*), que deveria apontar para o interesse que deveria prevalecer. De se ressaltar que essa fórmula continua extremamente atual para determinados setores do pensamento jurídico que apenas substituem a fórmula baseada em interesses por outra baseada em valores.

Embora não seja dito com frequência, a primeira tentativa de resposta a esse caos sistemático das finalidades e dos interesses somente será oferecida por

---

[4] Importante registrar que a vinculação de Büllow – tido como o fundador da "ciência processual" – à *Jurisprudência dos Interesses* foi para mim apontada, pela primeira vez, por Francisco J. Borges Motta, durante a preparação de um ciclo de palestras sobre direito processual civil que proferimos juntos no segundo semestre de 2010. Também Mario Losano, no segundo volume de seu *Sistema e Estrutura do Direito*, indica a vinculação de Büllow a esses movimentos antissistemáticos que polularam no final do século XIX e início do século XX. Losano aponta, inclusive, para uma possível inspiração de Bülow pela leitura do opúsculo de Hermann Kantorowicz (*Der Kampf um die Rechtswissenschaft*), publicado, na verdade, sob o pseudônimo *Gnaeus Flavius* que inaugurou o chamado "Movimento do Direito Livre". Interessante é que Losano traz à colação um depoimento de Gustav Radbruch – à época também vinculado ao Direito Livre – no qual se afirma que a opção pelo pseudônimo é que levou ao relativo sucesso do manifesto, pois conferiu ao texto de um jovem pesquisador a aparência de um escritor experiente, com "autoridade" para tratar dos temas ali abordados. Nos termos do depoimento de Radbruch, foi esse fator, provavelmente, que possibilitou a leitura e aderência de juristas de renomado prestígio como é o caso de Franz Klein e do próprio Bülow (Cf. Losano, Mario G. *Sistema e Estrutura no Direito*. Vol. II. São Paulo: Martins Fontes, 2010, p. 153/154).

Hans Kelsen, com a construção de sua Teoria Pura do Direito. De fato, em sua obra, Kelsen continuava a perseguir o tipo de rigor lógico que inspirava o dedutivismo da Jurisprudência dos Conceitos, porém, sabia que os instrumentos por ela utilizados eram insuficientes para garantir precisão epistemológica para a Ciência Jurídica. Ademais, ele conhecia as críticas formuladas pela *Jurisprudência dos Interesses* e pelo *Movimento do Direito Livre* em relação ao problema da determinação do papel do juiz no preenchimento das chamadas lacunas e sabia que o dogma da completude dos significados dos conceitos que compõem a lei – em especial os Códigos – não podia mais ser defendido àquela altura da história. A saída encontrada por Kelsen foi estabelecida a partir de uma fratura entre *conhecimento* e *vontade*.[5] Explico: a construção epistemológica kelseniana está alicerçada na clássica dicotomia *razão* v.s. *vontade*. Assim, todas as questões reivindicadas pelos interesses, finalidades, etc. Kelsen atira para dentro daquilo que ele chamou de *política jurídica*, que se manifesta, em termos kelsenianos, na interpretação que os órgãos jurídicos competentes formulam sobre o direito. Portanto, são reunidos no interior da esfera de atos voluntaristas daqueles que lidam com o direito; ao passo que a ciência do direito se interessa pelo *conhecimento* das normas jurídicas (e não de sua "aplicação"), sendo que essa interpretação é regulada por determinados pressupostos lógico-sistemáticos desenvolvidos no ambiente de sua teoria pura.[6] Nesse aspecto, portanto, Kelsen se movimenta em um metadiscurso que fornece uma interpretação logicamente rigorosa do complexo "mundo normativo". Assim, Kelsen retoma a ideia de um sistema estruturado a partir de uma rigorosa cadeia lógico-dedutiva, mas que não se encontra atrelado à atividade das autoridades – órgãos – que efetivamente "aplicam" as normas jurídicas.

Esse ponto é de fundamental importância, não apenas para compreensão correta da obra de Kelsen, mas também para se compreender corretamente o que se passava com o direito nos anos de chumbo das três primeiras décadas do

---

[5] De se ressaltar que esse dualismo kelseniano entre razão e vontade e os problemas teórico-jurídicos daí decorrentes, foram denunciados – de maneira inédita – no posfácio da terceira edição do livro *Verdade e Consenso* de Lenio Luiz Streck. Com efeito, neste texto – em que o autor busca as condições para construção de uma teoria da decisão no direito – aparece claramente apresentada a dualidade kelseniana entre razão teórica e razão prática (no interior da qual aparece o problema da vontade) e a opção de Kelsen por um modelo teórico de fundamentação, bem ao modo da filosofia da ciência propagada pelo neokantismo de Marburgo, cujos corifeus Herman Cohen e Paul Nartop são os grandes inspiradores de Kelsen (neste sentido, Cf. Streck, Lenio Luiz. *Verdade e Consenso*. 3 ed. Rio de Janeiro: lumen juris, 2009, pp. 415/429; para uma identificação das manifestações desse solipsismo kelseniano nas diversas posições doutrinárias no âmbito da dogmática jurídica brasileira, ver também Streck, Lenio Luiz. *O Que é Isto – Decido conforme minha consciência?* 2. ed. Porto Alegre: Livraria do Advogado, 2010, p. 33 e segs.)

[6] Nesse sentido, importe registrar que Lenio Streck afirma existir certo *fatalismo decisionista* por parte de Kelsen, no que tange ao problema interpretativo do direito. Para o jusfilósofo, em Kelsen "o sujeito solipsista seria (é) incontrolável. Por isso, Kelsen elabora uma teoria que é uma metalinguagem (afinal, foi frequentador do Círculo de Viena) sobre uma linguagem-objeto. Em consequência, o mestre de Viena confere uma importância mais do que secundária à interpretação (papel do 'sujeito'), admitindo que, por 'ser inexorável', deixe-se que o juiz decida 'decisionisticamente' (afinal, para ele, a interpretação do juiz é um ato de vontade e, por isso, não 'se preocupa' com isso – eis aí o problema do decisionismo)." (*Verdade e Consenso*, op. cit., p. 45).

século XX.[7] Com efeito, aquilo que era postulado pelos movimentos teóricos da ordem de um positivismo mais sociológico (*Jurisprudência dos Interesses* e *Movimento do Direito Livre*), era duramente criticado por Kelsen, pois, segundo ele, esse tipo sociológico de Ciência Jurídica estava completamente contaminado – ou mantinha retida a possibilidade de se contaminar – pelo problema das visões de mundo e das ideologias que se apresentavam – de um modo cada vez mais forte – nas movimentações políticas de então. Mas, para retirar a Ciência Jurídica desse pântano movediço das ideologias, Kelsen também não aceitava as respostas axiologistas que eram dadas por aqueles discursos ainda atrelados a um certo *jusnaturalismo*. Seu profundo vínculo com o ceticismo do empirismo lógico do Círculo de Viena deixara nele marcas profundas de um relativismo moral que não aceitava uma instância superior, constituída a partir de um conceito de natureza, que regulasse o conteúdo do direito humano concreto, vale dizer, positivo. Em sua crítica aos diversos naturalismos, Kelsen afirma, inclusive, que os modelos *jusnaturalistas* não deixavam de se vincular, de algum modo, a uma ideologia. Para ele, o único modo de deixar o caminho livre dessas ramificações ideológicas do direito, seria o caminho de sua Teoria Pura.

Todavia, a vala que separava o *ato de conhecimento* do direito – cujos instrumentos sua Teoria Pura fornecia – do *ato de vontade* daqueles que lidavam com a *política jurídica* – que a Teoria Pura fazia questão de deixar de lado, por ser o universo da ideologia e das visões de mundo – acabara por tornar ainda mais profundo o fosso existente entre o conhecimento do direito e sua aplicação. Não é exagero afirmar que a grande omissão do projeto teórico kelseniano foi não ter enfrentado o elemento hermenêutico do direito que se manifesta, de uma maneira privilegiada, em seu momento aplicativo ou, dito de um modo mais adequado, concretizador.

É preciso ter presentes essas questões uma vez que, mesmo as teorias contemporâneas desenvolvidas no âmbito do direito continental – ou dos países sob influência da família jurídica romano-canônica – têm raízes profundas nesse ambiente dos primeiros anos do século XX. A maioria das posições defendidas no nosso contexto atual, que apontam para um esgotamento do chamado "positivismo jurídico", na maioria das vezes, assumem teses que caberiam muito bem na boca de um defensor da *jurisprudência dos interesses* ou do *movimento do direito livre,* ambos do início do século passado. Mesmo construções teóricas sofisticadas como é o caso da teoria da argumentação de Robert Alexy necessitam prestar contas a esses elementos e enfrentar o dualismo kelseniano entre *conhecimento* e *vontade*. Alexy, por exemplo, afirma, no início de sua *Teoria dos Direitos Fundamentais,* que o método mais adequado para compreensão do direito é a lógica analítica da *Jurisprudência dos Conceitos* (vinculada a um modelo

---

[7] Para uma correta interpretação dessas questões é importante consultar: Kelsen, Hans. *El Método y Los conceptos fundamentales de la Teoría Pura del Derecho.* Madrid: Editorial Reus, 2009.

de ciência jurídica que se justifica de um modo dedutivo-sistemático), mas retira da *Jurisprudência dos Interesses* a fórmula de "racionalização" de seu modelo de aplicação do direito: *a ponderação* (vale ressaltar que a jurisprudência dos interesses representava um contraponto à jurisprudência dos conceitos e se posicionava criticamente com relação ao conceito de sistema).[8] Por fim, seu conceito de norma – que fica a reboque do normativismo kelseniano – acaba tornando-o vítima daquilo que, com Lenio Streck, podemos chamar de ovo da serpente do positivismo normativista: a *discricionariedade judicial*.

Dito isso, podemos então afirmar que a tarefa da ciência jurídica no contexto atual é enfrentar o elemento hermenêutico do direito; é dar respostas ao problema aplicativo concreto da interpretação do direito que se manifesta, de um modo privilegiado, na decisão judicial. O desenvolvimento dessa tarefa precisa realizar um ajuste histórico com a tradição para saber se posicionar, de um modo adequado, diante dos problemas jurídicos que a contemporaneidade – afundada em um pós-moderno ambiente de fragmentação no interior do qual se eleva o pragmatismo casuísta à mais alta potência – apresenta à ciência jurídica.

Passemos, então, à tarefa da adequação hermenêutica da compreensão (histórica) da ciência jurídica.

Antes, levemos conosco uma advertência que vem de Heidegger:

A investigação matemática da natureza não é exata porque calcula com precisão, mas tem que calcular desse modo porque a ligação à sua área de objectos tem o caráter de exatidão. Pelo contrário, todas as ciências do espírito, até mesmo as ciências do vivente (dentre as quais podemos incluir o direito – acrescentei), têm de ser necessariamente inexatas, precisamente para permanecerem rigorosas. (...) O inexato das ciências do espírito historiográficas não é uma deficiência, mas apenas o cumprimento de uma exigência essencial para este modo de investigação.[9]

2. Ciência Jurídica e História: mediação hermenêutica

Iniciando nossa análise da relação – hermenêutica – entre ciência jurídica e história, tomemos antecipadamente um diagnóstico formulado por Harold Berman que aponta, de maneira incisiva, o problema retratado no início. Ao mesmo tempo, é importante perceber como o autor indica o processo de fragmentação que o direito vem enfrentando na contemporaneidade debitando isso a um problema de esquecimento dos efeitos da história. *In verbis*:

Os jusfilósofos sempre debateram – e provavelmente vão continuar a fazê-lo – se o Direito está baseado na *razão e na moralidade* ou se é meramente fruto da *vontade* do detentor do

---

[8] Nas palavras do próprio Alexy: "a teoria estrutural aqui pretendida *pertence* à grande tradição analítica da jurisprudência dos conceitos" (Cf. *Teoria dos Direitos Fundamentais*. São Paulo: Malheiros, 2008, p. 49).

[9] Heidegger, Martin. O Tempo da Imagem do Mundo. In: *Caminhos da Floresta*. Lisboa: Calouste Gulbenkian, 2002, p. 101.

poder político. Não é necessário resolver esse debate para concluir que historicamente é um fato que esses sistemas são herdeiros da Tradição Jurídica Ocidental, que são baseados em certas crenças e postulados que os próprios sistemas pressupõem como validados. Hoje, tais crenças ou postulados [...] estão rapidamente desaparecendo não apenas da mente dos legisladores, juízes, advogados, professores de Direito e outros membros da comunidade jurídica. [...] mais do que isso: eles estão desaparecendo da própria autocompreensão do Direito. O Direito está se tornando mais fragmentário, mais subjetivo, ligado mais à praticidade do que à moralidade, preocupado mais com as conseqüências imediatas do que com a sua consistência ou continuidade. Assim, o terreno histórico está sendo varrido no século XX (e isso continua no século XXI – acrescentei) e a própria tradição está ameaçada de entrar em colapso. (grifei)[10]

Esse – quase apocalíptico – diagnóstico apresentado por Berman tem algo a dizer para a ciência jurídica contemporânea: 1) é preciso afastar-se do relativismo que tem imperado por conta da aceitação, cada vez mais evidente, de um pragmatismo primitivo invocado para justificar decisões particulares, sem nenhum tipo de comprometimento com o passado ou com um contexto maior que pode ser pensado como tradição jurídica; 2) que um dos remédios para essa questão se apresenta no desdobramento do direito sobre ele mesmo ou, sendo mais claro, do direito sobre sua história, na perspectiva de religar – na complexa tessitura da tradição – os pontos que foram afrouxados pelos modelos epistemológicos que chamaremos aqui de autossuficientes.[11]

O ambiente hermenêutico se apresenta, nessa medida, como um espaço privilegiado para a exploração desses dois pontos destacados. Trata-se, portanto, de responder a esses problemas – que demandam, necessariamente, um confronto com a história – a partir de um diálogo com duas obras importantes da hermenêutica contemporânea. A primeira é *Verdade e Método* de Gadamer – celebrada nesse colóquio pelos seus 50 anos; a segunda é a *Filosofia da História* de Erich Rothacker.

---

[10] Berman, Harold. *Law and Revolution. The formation of the Western legal tradition*. Massachusetts: Harvard University Press, 1983, p. 39 (tradução livre). Também disponível com tradução para o português editada pela Editora Unisinos: *Direito e Revolução.A formação da Tradição Jurídica Ocidental*. São Leopoldo: Unisinos, 2006, p. 53.

[11] Entendemos por autossuficientes as posturas epistemologias que procuram construir suas ferramentas de investigação sem uma preocupação de efetuar um confronto crítico com a Tradição. Nesse caso, os modelos positivistas de ciência jurídica podem ser elencados como um exemplo dessa autosuficiência epistemológica. Isso pode ser traduzido, também, do seguinte modo: as estruturas erguidas por uma teoria jurídica – como a de Kelsen, por exemplo – pretendem valer para analisar qualquer complexo jurídico, independente dos "estilos culturais" (Rothacker) que formam o tecido básico que sustenta a normatividade de uma comunidade política. Entendemos, para efeito dessas reflexões, que esse tipo autossuficiente de epistemologia jurídica não se sustenta mais diante das questões mais atuais do campo do direito. É preciso que a construção desse ferramental epistemológico consiga se relacionar criticamente com a história. Como ficará claro mais adiante, isso não pode ser compreendido meramente a partir da formatação de um espaço nacional ou, dito de um modo mais difundido, de um direito nacional. Esses "estilos culturais" possuem uma mobilidade migratória e, com isso, transcendem fronteiras e se constituem como um modelo de pensar o tecido normativo e a própria cultura jurídica fora dos tradicionais conceitos de povo, nação e território que, durante muito tempo, pensaram a cultura jurídica simplesmente como cultura nacional.

De Gadamer, retira-se os elementos necessários para correta colocação da questão. O primeiro desses elementos, certamente, é o deslocamento do método científico para um segundo plano, procurando cravar a reflexão no âmbito precário da finitude humana e sua relação com a historicidade do sentido. Não que o método não seja importante, ele apenas é deslocado para um segundo nível que é derivado da compreensão. No âmbito da história, por exemplo, essa precariedade do método fica evidente na seguinte afirmação de Gadamer: "na realidade, *a história não nos pertence, senão nós é que pertencemos a ela.* Muito antes de nos compreendermos a nós mesmos na reflexão, nós nos compreendemos dentro da família, da sociedade e do Estado em que vivemos". Isso também repercute na inversão que Gadamer realiza no âmbito da relação hegeliana entre *saber* e *experiência*. Com efeito, em Hegel, há um saber prévio que comanda toda a experiência que sempre se encaminha para a totalidade do absoluto. Já Gadamer, que opera uma inversão hermenêutica a partir da introdução da finitude nesse contexto reflexivo, apresenta a experiência – enquanto experiência da história efetual – como constituidora do saber. Vale dizer, com Stein, "a experiência é posta para analisar as condições do saber". Nas palavras do próprio Gadamer: "ser histórico quer dizer: não esgotar-se nunca no saber". Novamente com Stein, poderíamos afirmar: Compreender e não fundamentar.

Com Rothacker, encontramos a inspiração para configurar estruturas conceituais – quase epistemológicas – que tornam possível organizar a interpretação das diversas tradições jurídicas que se constituem enquanto "estilos culturais". A perspectiva que antecipamos nesse âmbito de análise é a de estabelecer uma rede conceitual mais abrangente para o desdobramento do diálogo da ciência jurídica com sua própria tradição.

2.1. Gadamer: o compreender enquanto efeito da história e a questão da distância temporal

Verdade e Método, antes de qualquer coisa, é elaborado contendo em seu núcleo uma intenção filosófica: com ele Gadamer não quer apresentar um conjunto de cânones para a interpretação de textos, nem tampouco construir uma nova fundamentação para as assim chamadas ciências do espírito. Pelo contrário, como o próprio filósofo reconhece no Prefácio à segunda edição: interessa para ele perguntar como é possível a compreensão. No desenrolar dessa pergunta Gadamer não se interessa por aquilo que devemos ou queremos fazer nesse momento compreensivo, mas sim por aquilo que, *para além do nosso querer e dever acontece quando compreendemos*. Nessa medida, a investigação realizada em *Verdade e Método* pretende rastrear e mostrar aquilo que é comum a toda maneira de compreender não estando em jogo o que cada campo específico das chamadas disciplinas hermenêuticas, ou seja, o Direito, a Teologia e a Literatura, produzem em termos de procedimentos específicos para seu desenvolvimento teórico e técnico, mas sim aquilo que independentemente do campo em que se situe, acontece quando compreendemos.

Dito isto, é importante ter presente, portanto, que não podemos fazer uso "aplicativo" dos elementos que Gadamer explora em sua obra nesses campos diversos da cultura. Vale dizer, não há uma passagem direta, por exemplo, dos conceitos gadamerianos para o Direito. Tais conceitos são produzidos, como afirma Stein, para "apanhar o compreender como um todo, e não o compreender de cada campo em específico".[12] Todavia, é certo que, as análises acerca do compreender, da história e da linguagem que são realizadas em *Verdade e Método* produzem profundas alterações no modo como a ciência jurídica se constitui. Mostra-se evidente, por exemplo, a contribuição que *Verdade e Método* oferece para pôr à mostra a estreiteza do perspectivismo metodológico que impera nos modelos jurídico-epistemológicos do século XX, frente ao caráter oniabrangente da compreensão. Também podemos lembrar o modo como a obra de Gadamer pode contribuir para afastar o fantasma do relativismo no direito (lembrando o que o próprio filósofo afirma: "o interesse hermenêutico do filósofo aparece exatamente no momento em que se conseguiu evitar o erro"),[13] que tem sido explorado amplamente por Lenio Streck que produz, em seu *Verdade e Consenso* uma verdadeira Teoria da Decisão Jurídica que, é, sem dúvida, o problema fundamental da ciência jurídica contemporânea.

De toda sorte, nossa aproximação, aqui, se dá pela via do problema da história. Para ser mais específico: pela via daquilo que Gadamer anuncia como *pensar historicamente*. Antes, vale lembrar, mais uma vez, que o pensamento em Gadamer é radicalmente determinado pela história (a consciência deve reconhecer-se como efeito da história). Todavia, essa historicidade do pensamento não é fruto de uma fundamentação absoluta, mas, sim, o resultado de um compreender-se na experiência da finitude que caracteriza, desde Heidegger, as estruturas existenciais do *Dasein*. Esse pensar histórico – ou esse exercício de pensar historicamente – é descrito por Gadamer a partir de uma crítica ao modo como o romantismo enxergava a tarefa do historiador (apenas para recordar, o romantismo pensava a compreensão como a reprodução de uma produção originária).[14] No contexto do romantismo exigia-se daquele que se ocupa do estudo da história que deixasse de lado os seus próprios conceitos para pensar, única e exclusivamente, naqueles da época que se tratava de compreender. Esta exigência, segundo Gadamer, se apresenta como uma ingênua ficção. "A consciência histórica incorre em um malentendido quando, para compreender, pretende se desconectar daquilo que faz possível a compreensão. Pensar historicamente quer dizer: realizar a

---

[12] Stein, Ernildo. Da Fenomenologia Hermenêutica à Hermenêutica filosófica. In. *Veritas*, vol. 47, n. 1, Porto Alegre, março 2002, p. 22

[13] Gadamer, Hans-Georg. *Verdad y Método*. 12 ed. Salamanca: Ediciones Sígueme, 2007, p. 15.

[14] Gadamer, Hans-Georg, op. cit, p. 366

transformação que acontece aos conceitos do passado quando intentamos pensar neles no presente".[15]

Assim, quando se procura fazer um esforço de retorno autorreflexivo aos conceitos do passado, a tentativa de encurtar a distância temporal que separa o intérprete do momento originário de sua constituição não só é errado como inútil. Com efeito, a distância do tempo é, mas do que qualquer coisa, um elemento essencial da compreensão. Note-se bem: a distância temporal é um elemento essencial da compreensão mesma. Não se trata de fazer a compreensão melhorar, em um sentido de se saber mais em virtude de possuir conceitos mais claros; trata-se, simplesmente, de compreender, de conseguir levar as coisas a se manifestarem como objeto. Gadamer, sobre isso afirma apenas que não se trata de compreender melhor; bastaria dizer que quando se compreende, compreende-se de um modo diferente.

Nas palavras do filósofo: "o tempo já não é um abismo que é preciso saltar porque seria causa de divisão e de distância [...] pelo contrário, trata-se de reconhecer a distância temporal como uma possibilidade positiva e produtiva do compreender".[16]

Gadamer explica a distância temporal a partir de um exemplo retirado da experiência da arte. De fato, é uma experiência comum e peculiar a "impotência do juízo" ali onde não há uma distância temporal que nos propicie padrões seguros de abordagem. Veja-se, por exemplo, o juízo sobre a arte contemporânea que se reveste, para a consciência científica, de uma desesperada insegurança:

Quando nos aproximamos deste tipo de criações o fazemos desde prejuízos inconroláveis, desde pressupostos que têm um poder demasiado sobre nós mesmos como para poder conhecê-los. Tais pressupostos conferem à criação contemporânea uma espécie de hiper--resonância que não se corresponde com seu verdadeiro significado. Apenas a paulatina extinção dos nexos atuais que irá fazer visível sua verdadeira forma e possibilitará uma compreensão que pode pretender para si uma generalidade vinculante.[17]

Essa peculiaridade da distância temporal que aparece na experiência da arte também pode ser sentida no Direito. Como retratamos no início, os grandes problemas que a ciência jurídica teve que enfrentar no século XX – e o principal deles que é a questão interpretativa; o elemento hermenêutico – parece somente ter

---

[15] Gadamer, Hans-Georg, op. cit., p. 477. Neste caso, o eco de Heidegger parece evidente. Com efeito, o próprio Gadamer afirma, em inúmeras ocasiões, o impacto profundo que lhes causaram as interpretações de Aristóteles lançadas por Heidegger naquilo que era conhecido até então como Relatório Nartop e que, posteriormente, foi publicado no volume 61 da obra completa sob o título: *Interpretações Fenomenológicas de Aristóteles*. Nesse texto, antes de proceder a uma interpretação radical de alguns dos principais conceitos aristotélicos, Heidegger afirma de maneira preventiva: *"A crítica da história é única e exclusivamente crítica do presente"* Heidegger, Martin. *Interpretaciones Fenomenológicas sobre Aristóteles. Indicación de la situación hermenéutica*. Madrid: Trotta, 2002, p. 33

[16] Gadamer, Hans-Georg. op., cit., p. 367.

[17] Gadamer, Hans-Georg. op., cit., p. 367/368.

ficado claro no final de sua segunda metade e no início do século XXI. De algum modo, nossa finitude nos leva à necessidade de enfrentar esse paradoxo: o de que as grandes questões com as quais deve se ocupar o jurista apenas se tornam claras o bastante num momento posterior à sua efetiva ocorrência. Isso é assim porque precisamos da distância temporal para poder avaliar criticamente os nossos prejuízos que, como frisado acima, constituem a força propulsora de nossa compreensão. Todavia, sem esse processo de avaliação crítica, tais prejuízos podem nos levar à produção de mal-entendidos. Os prejuízos são possibilitadores de projetos de sentido que abrem para compreensão novos horizontes. Esse horizonte, por sua vez, é conquistado a partir da elaboração de uma situação hermenêutica.

Como explica Stein:

> O sujeito que compreende é finito, isto é, ocupa um ponto no tempo, determinado de muitos modos pela história. A partir daí desenvolve seu horizonte de compreensão, o qual pode ser ampliado e fundido com outros horizontes. O sujeito que compreende não pode escapar da história pela reflexão. Dela faz parte. Estar na história tem como conseqüência que o sujeito é ocupado por pré-conceitos que pode modificar no processo da experiência, mas que não pode liquidar inteiramente.[18]

2.2. Rothacker – estilos biológicos, estilos culturais e migração da cultura: uma interpretação das tradições jurídicas

> Não existe nenhum homem que não esteja já formado culturalmente.[19]

Na medida desse modelo histórico de pensamento descrito por Gadamer, cujo núcleo não se perde em uma retomada idílica do passado, mas sim na sua investigação projetada a partir do horizonte conquistado pela situação hermenêutica possibilitada pela distância temporal, podemos pensar uma série de novas possibilidades para interpretação da história das tradições jurídicas que ser formaram no contexto da afirmação dos Estados Nacionais, no ápice da modernidade jurídica.

É preciso, assim, conquistar um espaço no interior do qual seja possível pensar a unidade – ou os elementos comuns – que existem em torno dessas tradições jurídicas (formadas, principalmente, no contexto do direito europeu) e a diferença que se produziu com a afirmação dos Estados Nacionais mas que tinha – como pano de fundo – o horizonte da reforma religiosa.[20]

---

[18] Stein, Ernildo. *Crítica da Ideologia e Racionalidade*. Porto Alegre: Movimento, 1986, p. 37.

[19] Rothacker, Erich. *Problemas de Antropología Cultural*. México: Fondo de Cultura Econômica, 1957, p. 9.

[20] Esse ponto é certamente de extrema relevância já que o "desligamento" da Ciência Jurídica dos elementos teológicos que a sustentaram por séculos, não é tratado com frequência pelas propostas teóricas contemporâ-

Porém, antes de pensar os aspectos de diversidade – que irão gerar os aspectos fragmentários das diversas tradições –, é importante identificar os fatores de unidade que marcaram a construção do direito europeu e que, de alguma forma, ainda nos afeta de uma maneira significativa.

Ainda com marco em H. Berman, é possível nomear como tradição jurídica ocidental "povos" – ou estilos biológicos (na expressão de Rothacker) – cuja tradição jurídica remonta aos seguintes movimentos:

> Há uma distinção entre ocidente e oriente que é menos conhecida nos dias atuais. Trata-se daquela concernente à Igreja Católica, que nos primeiros anos dos séculos da era cristã coincidia com a divisão do império romano. Apesar de haver distinções desde os primeiros tempos entre a igreja do ocidente e a do oriente, apenas em 1054 elas finalmente se separaram. Essa ruptura coincidiu com os movimentos na Igreja do Ocidente, destinados a fazer do bispo de Roma o chefe único da Igreja, assim como emancipar o clero do controle dos imperadores, reis e senhores feudais, diferenciando, de forma nítida, a igreja como entidade política e jurídica da política secular. *Esse movimento, que culminou com a Reforma gregoriana e a Querela das investiduras (1075-1122), deu origem ao primeiro sistema jurídico ocidental: o novo direito canônico da Igreja Católica.*[21]

Além desse fator, ligado às questões do novo direito canônico, também é um elemento fundamental dessa tradição jurídica ocidental, a constituição de uma ciência jurídica disposta a ordenar e sistematizar os conjuntos informes de textos normativos. Interessante é anotar que essa ciência jurídica surge a partir da formação da universidade de Bolonha cujo núcleo dos estudos era o Direito romano compilado por Justiniano que foi nomeado – pelos juristas do século XI – de *corpus juris civilis*. Esse é um ponto fundamental porque marca o início de toda ciência jurídica e apresenta um fato que merece uma reflexão mais amiúde: o direito estudado nas universidades; o direito objeto da ciência jurídica não era o direito vigente (o direito das comunidades germânicas) mas, sim, um direito de uma civilização "morta" há quatro séculos atrás. Há, portanto, uma fratura na gênese de todo conhecimento jurídico: o direito estudado nas universidades e o direito vigente, efetivamente vinculante.

Por certo que, paulatinamente, haverá um intercâmbio e um aprimoramento do direito comum pelos estudos efetuados em Bolonha – e nas universidades que seguirão seu modelo – sobre o Direito romano. Posteriormente, o próprio direi-

---

neas. Muitas delas pressupõem como superada essa questão, passando ao largo do problema da chamada "secularização" da ciência jurídica. Nesse ponto, afigura-se novamente a importância da obra de H. Berman que coloca, de um modo mais preciso, o problema da intricada relação entre direito e teologia no contexto da alta Idade Média, indicando, também, as consequências que teve a reforma protestante nesse âmbito de problemas. Por certo que a dissolução da unidade da Igreja promovida pela reforma aglutinou uma série de elementos que permitiram, igualmente, dissolver a estrutura unitária do direito canônico que, naquele tempo, era um modelo normativo transterritorial. Para Berman, as revoluções luterana e calvinista tiveram um impacto profundo nos direitos Alemão e Inglês de modo a possibilitarem o desenvolvimento dos sistemas de direito nacionais então exurgentes (Cf. *Law and Revolution II. The impact of the protestant reformations on the Western Legal Tradition*. Massachusets: Harvard University Press, 2003, p. 373 e segs.).

[21] Berman, Harold. *Law and Revolution.* op., cit., p. 02 (grifei).

to da Igreja – o direito canônico – também será introduzido nos currículos das universidades. Mas, é igualmente certo, que a fratura inicial – o direito estudado nas universidades e o direito efetivamente vigente – irá perdurar, de um modo retido, mas manifestações teóricas posteriores. No fundo, essa fratura tornará a se repetir – porém com outros contornos e com nuances específicas – naquilo que mostramos no item introdutório em torno da ciência jurídica kelseniana só que, nesse caso, diante da dicotomia razão (conhecimento) *v.s.* vontade (aplicação).

Essas questões são profundas e, certamente, merecem um tratamento mais detalhado. No entanto, nos limites deste trabalho, importa perceber que esses dois elementos, quais sejam, o novo direito canônico da Igreja e o estudo universitário do Direito romano serão elementos comuns que atravessarão todas as realidades jurídicas particulares que compõem os estratos jurídicos da Alta Idade Média. Esses elementos compõem, juntos, o chamado *jus commune*. Como afirma Berman, o direito romano de Justiniano era estudado tanto em Edimburgo quanto na Sicília e, do mesmo modo, o direito canônico deveria ser cumprido em todos os territórios submetidos à jurisdição do Vaticano. Aliás, como afirma Van Caenegem, "desde a reforma Gregoriana a organização centralizada da Igreja veio a parecer, cada vez mais, com o império romano e a grande compilação do século VI".[22]

Em resumo, é possível afirmar que a tradição jurídica ocidental é composta, basicamente, por essas quatro características:

1) Um Direito relativamente autônomo (com relação à religião e à moral);

2) Ainda entregue ao cuidado de especialistas, como advogados, juízes e professores;

3) Centros de treinamento onde florescem instituições jurídicas;

4) Um ensino que se constitui em um metadireito por meio do qual regras e instituições são avaliadas e explicadas (ciência jurídica).

Certamente, essas questões constituem o solo sob o qual estão enraizadas as principais tradições que se formaram em torno dos estados nacionais europeus e que se fortaleceram, principalmente, a partir do movimento codificador (à exceção da Inglaterra, que se manteve vinculada ao modelo primitivo do direito de precedentes que foi nomeado como *Common Law* o aquilo que era o direito das comunidades normandas). Trata-se, portanto, de um claro exemplo daquilo que Rothacker chama de "tesouros da cultura". Todavia, como afirma o próprio Rothacker, "Os tesouros da Cultura têm a propriedade de emancipar-se do espírito de seus criadores e de poder migrar, é dizer, estão dotados da faculdade de pas-

---

[22] Caenegem, R. C. Van. *European Law in the Past and the Future. Unity and Diversity over Two Millennia.* Cambrigde: Cambrigde University Press, 2002, p. 14. Nesse mesmo sentido, o autor afirma ainda: "Assim, como o *corpus* (juris civilis, acrescentei) era em latim, também o foram as posteriores glosas, comentários, seu ensino e as *disputaciones. Como o latim era a língua falada e escrita dos acadêmicos por toda Europa ocidental, esse renascimento, ou direito neo-romano, tornou-se o direito comum de todos os juristas, sem a interferência de qualquer fronteira nacional"* (grifei).

sar a outros grupos sem danificar em nada a própria substância biológica desses grupos".[23]

Os contextos migratórios e a adaptação desses elementos a *ciclos culturais* específicos cujas ações e atitudes se coagulam, a partir de uma prolongada duração, em *estilos biológicos*[24] produzirão as tradições jurídicas nacionais, que, por definição, são fragmentárias.

Aliás, nesse sentido, Lenio Streck desenvolve uma importante reflexão que serve para recuperar aquilo que ele vem chamando de "DNA" do direito. É salutar, portanto, reconstruir aqui os passos do jusfilósofo para compreendermos melhor essa questão dos "estilos biológicos" que mencionamos anteriormente. Segundo Streck no livro *Juízes, Legisladores, Professores,* de R. C. Van Caenegem, encontramos alguns dados interessantes para refletir sobre esse fenômeno.[25] De fato, segundo Caenegem, essa massa informe que compõe os traços máximos do campo jurídico está assentada sob tradições distintas que – embora remetam a uma série de elementos comuns, tais quais: o direito canônico, o direito romano e o direito comum-germânico – estão fundadas sob diferentes espaços de experiências que possuem como agentes centrais ora os *juízes* (como no caso da tradição anglo-saxã), ora os *legisladores* (no caso das experiências francesas, seguidas da Bélgica e da Suíça, que acabaram por adotar o modelo de direito imposto pela codificação), ora os *eruditos/professores*, que compõem a tradição acadêmica da ciência jurídica (ligada aos movimentos universitários vivenciados a partir de Bolonha e que encontrou seus maiores esforços de continuação no seio do ambiente universitário Alemão).[26]

Explicando melhor:

1) O direito inglês formou-se a partir de um elevado apego às experiências judiciais concretas caracterizando-se por um certo repúdio às experiências letra-

---

[23] Rothacker, Erich. *Filosofia de la Historia.* Madrid: Pegaso, 1951, p. 66. Neste caso, a referencia ao direito como um desses "tesouros culturais" é expressamente formulada por Rothacker que elenca, ainda, o idioma e a religião com exemplos. No texto, nós apenas identificamos, com relação ao direito, o ponto privilegiado no qual esse tesouro pode ser encontrado. Evidentemente, seu legado só se completa com a identificação de seus efeitos migratórios.

[24] Cf. Rothacker, Erich. op., cit., p. 247, nos termos explicitados pelo autor: "As situações que são vividas e consideradas, ademais, como um todo responde ao Eu como "ações", que, por sua vez, se traduzem em atitudes determinadas. Por último, e frente a situações de prolongada duração, se adotam atitudes permanentes que chamamos estilos biológicos"

[25] Cf. Caenegem, R. C. Van. *Judges, Legislators and Professors. Chapters in European Legal History.* Cambrigde: Cambridge University Press, 2002.

[26] As reflexões a seguir desenvolvidas foram inspiradas nos estudos realizado no âmbito do *Dasein – Núcleo de Estudo Hermenêuticos* coordenado por Lenio Luiz Streck. Muitas dessas questões aparecem, de forma mais detalhada, na 4ª ed. do livro *Verdade e Consenso* (Saraiva, 2011). No caso, Lenio Streck aprofunda ainda mais o problema ao identificar esse sincretismo de tradições com as mixagens teóricas que são desenvolvidas no âmbito da Teoria do Direito no Brasil. Assim, o autor aponta – com precisão – para uma necessidade de auto-compreensão histórica da própria ciência jurídica que deve passar por um filtro hermenêutico no momento de determinação de seus sentidos.

das dos estudos de Bolonha sobre o Direito Romano, bem como mantendo-se refratária ao movimento de recepção do Direito Romano que irá caracterizar o direito alemão a partir do século XV, optando por formar um corpo comum de decisões tomadas no passado que receberá o nome de *Common Law*. Por outro lado, a experiência codificadora também será veementemente rechaçada pela comunidade jurídica inglesa que sempre viu, nas injunções excessivas do parlamento, um atentado contra esse direito comum, de precedentes;

2) Já no caso francês, as experiências revolucionárias e pós-revolucionárias apontavam sempre para outra direção: ao tempo da revolução, os sistemas racionalistas de direito natural eram usados para derrubar o modelo jurídico do *ancien regime*. Esse fator abriu caminho e preparou o terreno para que o movimento codificador pudesse se consagrar, trazendo ao mundo o Código Civil de 1804;

3) Na Alemanha, por sua vez, as coisas são um tanto diferentes. Primeiro, há um grande debate situado no contexto da chamada recepção que colocava sob questão a incorporação de um modelo jurídico de outra civilização, distante historicamente da realidade vivenciada pelas comunidades germânicas. O fantasma da chamada "questão nacional" – que sempre esteve presente no ambiente intelectual alemão – levou muitos teóricos a defenderem a continuidade do direito comum que vigia nessas comunidades. De todo modo, o fato é que toda essa celeuma teve lugar no seio da universidade. Isso será levado ao paroxismo durante os debates sobre a codificação e a afirmação da escola histórica. Enfim, essa intricada tessitura histórica, todos sabemos, irá desaguar no movimento pandectista que criará as bases para a construção do BGB em 1900.[27]

3. Considerações Finais

A grande questão será, portanto, oferecer uma interpretação coerente para a aglutinação dessas tradições que, no contexto atual, aparece de maneira premente. Por certo, essa harmonização ou, melhor dizendo, essa *interpretação harmonizadora* não é tarefa fácil e depende, primeiramente, de se assegurar a devida distância temporal para que o horizonte adequado possa ser projetado. Mas há trabalhos significativos nesse sentido, como é o caso do próprio Caenegam, que procura aproximar, em diversas oportunidades, as tradições jurídicas que compõem o *common Law* e o direito romano-canônico de uma maneira histórica – e não *ad hoc* como soe acontecer no contexto do Direito Brasileiro.

Aliás, no ambiente jurídico brasileiro, a impressão que se tem é que todas essas tradições estão presentes no imaginário de uma forma difusa e, por vezes, acrítica. Falamos o tempo todo de precedentes, formalismo conceitual, "juiz boca da lei" e outras tantas expressões que remetem às mais diversas tradições dessa

---

[27] Streck, Lenio Luiz. *Verdade e Consenso*. Uma teoria da decisão. 4. ed. São Paulo: Saraiva, 2011, em especial a introdução

cultura jurídica europeia. Para ficar apenas no âmbito dos códigos, vale lembrar, com José Reinaldo de Lima Lopes, que a comunidade jurídica brasileira que produziu o Código Civil de 1916 esteve sempre sobre influência direta da pandectística alemã, que acabou por gerar um direito privado cujo modelo era/é fortemente germanizado, mas, ao mesmo tempo, passamos a comentar e fazer doutrina com autores franceses e italianos que pouco ou nada tem haver com o direito civil alemão.[28] Sempre estivemos, portanto, às voltas com essa espécie complicada de sincretismo. Isso é um problema porque acaba gerando a – falsa – ideia de que, como procuramos conjugar todas as tradições que conformam o direito ocidental, nós temos aqui um "direito melhor", ou "mais avançado". Certamente isso é um engano.[29] A questão que se apresenta como necessária, neste caso, não é o rechaço das tradições conflitantes, mas, sim, uma interpretação que possibilite uma melhor compreensão do próprio modelo jurídico praticado no Brasil. Isso depende fortemente de um diálogo com a história.

Portanto, é preciso rechaçar toda epistemologia que se apresente de maneira autossuficiente e construir um modelo epistemológico que dê conta do problema histórico que se apresenta na configuração do pensamento jurídico. Todo sistema[30] no direito tem como característica afastar o problema da historicidade do direito (e da própria ciência jurídica) a partir de um "novo" modelo de análise que pode captar – de uma maneira universal – as formas jurídicas e, a partir disso, dar tratamento racional – ou seja, sistemático – a elas.

Nós, por outro lado, pensamos ser necessário encontrar um caminho (método) – um modelo de ciência jurídica – que consiga navegar em meio à precariedade dessa historicidade e que possa reconhecer, de um modo mais rigoroso – naquele sentido lembrado por Heidegger – a complexidade do Direito e seus vínculos com a Tradição. Só assim será possível responder e oferecer alternativas aos postulados fragmentários que afligem a ciência jurídica contemporânea.

Referências

ALEXY, Robert. *Teoria dos Direitos Fundamentais*. São Paulo: Malheiros, 2008.

BERMAN, Harold. *Law and Revolution. The formation of the Western legal tradition*. Massachusetts: Harvard University Press, 1983.

——. *Law and Revolution II*. The impact of the protestant reformations on the Western Legal Tradition. Massachusets: Harvard University Press, 2003.

CAENEGEM, R. C. Van. *European Law in the Past and the Future*. Unity and Diversity over Two Millennia. Cambrigde: Cambrigde University Press, 2002.

---

[28] Cf. Lima Lopes, José Reinaldo. *O Direito na História. Uma introdução*. 2 ed. São Paulo: Max Limonad, 2002.

[29] Cf. Streck. *Verdade e Consenso*, op. cit.

[30] Evidentemente, estamos falando aqui dos sistemas clássicos – herméticos e baseados numa estrita lógica dedutiva – e não nas posturas derivadas da chamada Teoria Geral dos Sistemas ou daqueles modelos inspirados na cibernética.

––––. *Judges, Legislators and Professors*. Chapters in European Legal History. Cambrigde: Cambrigde University Press, 2002.

GADAMER, Hans-Georg. *Verdad y Método*. 12 ed. Salamanca: Ediciones Sígueme, 2007.

HEIDEGGER, Martin. O Tempo da Imagem do Mundo. In: *Caminhos da Floresta*. Lisboa: Calouste Gulbenkian, 2002.

––––. *Interpretaciones Fenomenológicas sobre Aristóteles*. Indicación de la situación hermenéutica. Madrid: Trotta, 2002.

KELSEN, Hans. *El Método y Los conceptos fundamentales de la Teoría Pura del Derecho*. Madrid: Editorial Reus, 2009.

LIMA LOPES, José Reinaldo. *O Direito na História. Uma introdução*. 2. ed. São Paulo: Max Limonad, 2002.

LOSANO, Mario G. *Sistema e Estrutura no Direito*. Vol. II. São Paulo: Martins Fontes, 2010.

MAITLAND, F. W. *The Collected Papers*. Vol. I. Cornell: Cornell University Library, 2010.

ROTHACKER, Erich. *Filosofia de la Historia*. Madrid: Pegaso, 1951.

––––. *Problemas de Antropología Cultural*. México: Fondo de Cultura Económica, 1957.

STEIN, Ernildo. Da Fenomenologia Hermenêutica à Hermenêutica filosófica. In. *Veritas*, vol. 47, n. 1, Porto Alegre, março 2002.

––––. *Critica da Ideologia e Racionalidade*. Porto Alegre: Movimento, 1986.

STRECK, Lenio Luiz. *Verdade e Consenso*. 3. ed. Rio de Janeiro: Lumen Juris, 2009 (4. ed. São Paulo: Saraiva, 2011).

––––. *O que é isto – decido conforme minha consciência?* 2. ed. Porto Alegre: Livraria do Advogado, 2010.

— 4 —

HISTORICIDADE E MUDANÇAS RELACIONAIS: OS LIMITES DA COMPREENSÃO

Róbson Ramos dos Reis[1]

Para alguns historiadores, a tomada de consciência do tempo histórico é a culminância de uma emancipação conduzida até a reflexividade plena (Schnädelbach 1983, p. 54-55). Porém, a plenitude da reflexividade não significa transparência completa, mas o reconhecimento de que não há nenhum ponto de referência externo às culturas humanas que possa servir de apoio explicativo para as pretensões de validade criadas no seio destas mesmas culturas (Schnädelbach 2005, p. 838). Como consciência do tempo, a consciência histórica é a percepção do estatuto próprio da temporalidade dos processos e acontecimentos humanos. O tempo histórico é um tempo de criação e recepção, sendo, pois, o tempo do acolhimento de heranças do passado e da abertura para as incertezas do futuro. Desse modo, o drama da formação do mundo humano e da identidade própria acontece no tempo histórico, em relação ao qual a consciência histórica significa a explícita aceitação de um horizonte que nos chega de outras vidas, estendendo-se para a existência que é nossa e será também a de outros (Gadamer 1998, p. 18).

A aceitação do senso histórico traz consigo consequências filosóficas muito fundamentais. Por exemplo, o reconhecimento da particularidade da própria perspectiva, associado ao delicado saber da relatividade das pretensões que sustentam as nossas opiniões. Além disso, se, de um lado, a consciência histórica torna possível a crítica da ideologia, de outro lado, ela implica a rejeição de uma ontologia substantiva para a identidade humana, e a consequente adoção de uma concepção prático-normativa da identidade pessoal. Assim sendo, as qualidades identificadoras de uma pessoa não são propriedades objetivas ou mesmo propriedades subjetivas (tais como estados mentais), mas são disposições organizadas

---

[1] Professor do Programa de Pós-Graduação em Filosofia pela Universidade Federal de Santa Maria (UFSM); Pesquisador do CNPq; e-mail: reis@smail.ufsm.br.

em diferentes classes de capacidades práticas (Tugendhat 1996, p. 142-143). Em suma, a historicização do ser humano significa que todo o complexo de propriedades identificadoras de uma pessoa são elas mesmas condicionadas historicamente. Por fim, a consciência histórica significa a historicidade da própria razão humana, o que implica a recusa de uma unidade *a priori* da razão e a condicionalidade local das formas de racionalidade.

Estes são alguns dos aspectos fundamentais que permitiram a Gadamer declarar, há mais de cinquenta anos, que o aparecimento da consciência histórica seria a mais importante revolução desde a modernidade (Gadamer 1998, p. 17). A revolução da consciência histórica seria tão profunda que ultrapassaria os efeitos planetários da revolução científica e tecnológica, o que não significa apenas um privilégio, mas também um peso. Viver num tempo conhecido como histórico é um fardo com implicações devastadoras que se deveria aprender a conhecer e a carregar. Por conseguinte, a denegação da finitude da consciência histórica, ou seja, da opacidade localizada na própria tomada de conhecimento da historicidade do ser humano pode gerar distorções com implicações não apenas teóricas. Se conhecer é conhecer os limites, então é preciso valer-se de uma máxima enunciada por Heidegger, segundo a qual a fenomenologia precisa pensar especialmente em contra de si mesma. Em outros termos, nenhuma consciência histórica pode eximir-se de pensar em contra de si mesma, ou seja, a consciência histórica não pode deixar de reconhecer a sua própria determinação histórica, isto é, a sua própria opacidade e limitação.

O meu objetivo, na presente contribuição, é analisar um aspecto da finitude da compreensão histórica, segundo Gadamer. Este aspecto está relacionado com duas suposições básicas presentes na historicidade do compreender, a saber: 1) a subdeterminação ontológica do objeto da compreensão e 2) a limitação de todo compreender pela relação com o inapreensível, com o inconcebível. Assim entendida, a historicidade da compreensão seria a estrutura instituinte de um campo de vinculação normativa desde o qual se abre o possível espaço de razões. A hipótese, que pretendo apenas formular a partir de dois temas conhecidos da obra de Gadamer, é que a relação hermenêutica com o inapreensível e inconcebível (*Unbegreiflichkeit*) representa aquele acontecimento que, antes de inviabilizar a compreensão, é precisamente o que mantém em movimento a dinâmica hermenêutica e relacional da existência humana.

A historicidade da compreensão

Tornou-se um lugar comum atribuir a radicalização ontológica da hermenêutica à obra de Heidegger e Gadamer. Assim, compreensão e interpretação não designam em primeiro lugar uma classe especial de ações cognitivas (e também não são, em primeira instância, os componentes da formação conceitual das ciências do espírito), mas são estruturas formais do ser humano. Por conseguinte, o aspecto hermenêutico universal da vida humana implica que todos os contextos e comportamentos humanos são possibilitados pelo acontecer de uma compreensão. Porém, Heidegger não permaneceu somente no plano descritivo, mas elaborou uma análise formal que resultou na apresentação da tríplice estrutura de pressupostos e na articulação do sentido temporal dos pressupostos da compreensão. Gadamer levou adiante esta análise, mostrando que a compreensão é efetuada desde um contexto de fundo que sempre permanece parcialmente opaco. A opacidade da situação hermenêutica representa um limite, no duplo sentido de uma restrição e de um contorno que modela a singularidade, o conteúdo e até mesmo a forma da compreensão. Deste modo, a vida compreensiva movimenta-se num tecido de compromissos formados por conjuntos diferenciados e não explícitos de pressuposições práticas e teóricas. Além disso, o lastro incontornável e opaco de prejuízos é moldado por tradições culturais que abrem o mundo e a experiência humana (Weberman 2000 e 2004).

Em razão disto, pode-se afirmar que a historicidade da compreensão é uma concepção complexa derivada de, pelo menos, duas premissas fundamentais (Weberman 2000, p. 48): 1) a singularidade histórica e a localidade dos compromissos epistêmicos e práticos não podem ser superadas, e 2) estes compromissos prévios são condições necessárias para qualquer compreensão de algo, pois eles compartilham com o objeto da compreensão um contexto de significatividade que torna o objeto inteligível pela primeira vez. Desta forma, a reabilitação dos prejuízos e da autoridade da tradição não se apoia apenas na limitação da reflexão, que descartaria como inatingível um ponto de vista imune a qualquer compromisso, mas na função construtiva (Weberman 2000, p. 49) que desempenha o pertencimento de quem compreende ao mesmo plano significativo no qual se situa o objeto.

Neste ponto, é importante destacar um aspecto fundamental que esta análise da historicidade da compreensão aparentemente introduz na hermenêutica filosófica como um todo. Se os prejuízos são incontornáveis e constituem a única forma de acesso ao objeto da compreensão, então não há propriamente mais espaço para a admissão da objetividade da compreensão. Com a hermenêutica, o pluralismo das interpretações teria vindo para ficar e, com ele, também o relativismo desmedido e irresponsável.[2] Como herdeiros da tradição do esclarecimento grego e moderno, quase não podemos evitar a seguinte objeção: é precisamente o *factum* admirável da razão humana que nos permite divisar a tarefa de avançar em meio às névoas da história e dos prejuízos, buscando sempre o afastamento da não verdade, num aprofundamento sem fim na espessura de uma realidade não

---

[2] Precisamente este é um dos objetivos do artigo de Weberman, a saber, elucidar as bases filosóficas do anti-objetivo e pluralismo da hermenêutica de Gadamer, sem, no entanto, derivar o relativismo. Neste trabalho, não me ocuparei com a reconstrução e a análise destes argumentos, a despeito de me valer integralmente das análises claras e instrutivas de Weberman.

conformada pelos próprios desejos. A respeito disso, Gadamer afirmou de modo contundente:

> Achar-se imerso em tradições significará em primeiro lugar estar submetido a prejuízos e estar limitado na própria liberdade? Não está toda existência humana, e também a mais livre, limitada e condicionada de muitas maneiras? Se isso é assim, então a ideia de uma razão absoluta não é nenhuma possibilidade para a humanidade histórica. Para nós, a razão somente existe como real e histórica, e isto quer dizer simplesmente: a razão não é senhora de si mesma, mas não pode prescindir dos dados em que se exerce... Em verdade, não é a história que nos pertence, mas nós é que pertencemos a ela. Muito antes de que nos compreendamos a nós mesmos na reflexão, já estamos nos compreendendo de uma maneira natural e óbvia na família, na sociedade e no estado nos quais vivemos. O foco da subjetividade é um espelho deformante. A reflexão do indivíduo sobre si mesmo não é mais do que um bruxulear no circuito fechado da vida histórica. Por isso, os prejuízos de um indivíduo são, muito mais do que os seus juízos, a realidade histórica do seu ser (Gadamer 1990, p. 280-281).

Na parte final deste trabalho, retornarei à imagem do bruxulear (*flackern*), empregada por Gadamer para designar o momento reflexivo no movimento da vida histórica, o momento em que nos é possível conhecer o já conhecido (na fórmula de Augusto Boeckh). Cabe ressaltar que a eliminação da possibilidade de uma razão absoluta não é incompatível com a admissão de um sentido regulativo e crítico de avaliação das crenças e das interpretações. Não pretendo examinar o problema de se o antiobjetivismo da compreensão implica necessariamente o relativismo, o que resultaria numa espécie de niilismo hermenêutico bastante avesso ao conjunto das pretensões de Gadamer (Weberman 2000, p. 62, n. 34). Antes disso, ressalto que a determinação da historicidade da compreensão pelo traço constitutivo e inextirpável dos prejuízos e da tradição aparentemente seria relativa a condições epistêmicas da situação hermenêutica. No entanto, a determinação histórica da razão, a despeito de não eliminar a possibilidade da racionalidade, parece tornar irrelevante o grande empreendimento filosófico de Heidegger e Husserl de apresentar as motivações para a saída da atitude natural e o ingresso no campo transcendental, ou seja, a noção de consciência histórica tornaria sem sentido o problema da motivação para a vida racional.[3] Na próxima seção, considerarei o estatuto ontológico do objeto da compreensão, no intuito de destacar que a historicidade da compreensão também é implicada por um compromisso ontológico e não apenas epistêmico. Neste sentido, aquilo que pode ser compreendido não é apenas linguagem, mas deve necessariamente ser categorizado como relacional e subdeterminado. A historicidade, no sentido do limite ou finitude da compreensão, mostrar-se-á como a relacionalidade ontológica que subdetermina o objeto da compreensão, cujo estatuto ontológico somente pode

---

[3] Este problema está presente nos escritos de Husserl sobre a crise das ciências e da humanidade europeias, mas também nos *Kaizo-Artikel* de 1923-24. Pode-se ver na fenomenologia do chamado da consciência um componente da gênese do comportamento teórico-científico a partir do modo autêntico de ser do ser humano, que seria integrante da resposta de Heidegger ao problema da motivação para a vida racional (McGuirk 2010).

ser apanhado com as noções de propriedade emergente, propriedade relacional e mudança relacional.

Subdeterminação e mudanças relacionais
no objeto da compreensão

Além da própria existência, os casos paradigmáticos de objetos da compreensão hermenêutica são os textos, as obras de arte e os eventos históricos. Ao referir-se às ciências do espírito, Gadamer afirma taxativamente que não há um o objeto em si da pesquisa histórica:

> O tema e o objeto da pesquisa são constituídos pela primeira vez pela motivação da investigação. Com isso, a investigação histórica é levada pelo movimento histórico em que se encontra a própria vida, e não se deixa compreender teleologicamente a partir do objeto a que se orienta a pesquisa. Tal "objeto" em si não existe de modo algum. É exatamente isso o que distingue as ciências do espírito das ciências da natureza. Enquanto o objeto das ciências da natureza pode ser determinado *idealiter* como aquilo que seria conhecido num conhecimento completo da natureza, não faz sentido falar de um conhecimento completo da história. E por isso não é adequado, em última instância, falar de um "objeto em si" ao qual se orientasse essa pesquisa (Gadamer 1990, p. 289-290).

E antes de introduzir o princípio da história efetual, Gadamer novamente assinala a inexistência do objeto histórico, que é chamado de "fantasma":

> Um pensamento verdadeiramente histórico tem de pensar também a sua própria historicidade. Só então deixará de perseguir o fantasma de um objeto histórico, que é objeto de uma pesquisa progressiva, mas aprenderá a conhecer no objeto o outro do próprio e, assim, tanto um quanto o outro. O verdadeiro objeto histórico não é nenhum objeto, mas a unidade deste um e deste outro, uma relação na qual subsiste tanto a realidade da história como a realidade da compreensão histórica (Gadamer, 1990, p. 305).

As declarações sobre a inexistência dos objetos históricos da compreensão evidentemente não podem significar a afirmação que tais eventos sejam ilusórios ou meras construções. Gadamer não usa a expressão "subdeterminação do objeto da compreensão", mas este parece ser o significado mais preciso de tais declarações.[4] A subdeterminação ontológica de um ente significa a incompletude de suas determinações, isto é, tais entes não estão determinados apenas em si mesmos, mas também a partir das relações que estabelecem. Trata-se, portanto, de uma identidade relacional. Exemplos de entes relacionais subdeterminados seriam precisamente os objetos e os eventos históricos, os textos, as obras de arte, etc. A tese ontológica presente nas declarações anteriormente citadas seria que o objeto da compreensão é, em parte, constituído pelo horizonte historicamente situado no qual se efetiva a compreensão. De outra parte, a incompletude

---

[4] Esta interpretação foi apresentada com clareza pela primeira vez por Weberman (2000), a qual passo simplesmente a resumir no restante da seção.

na determinação dos objetos históricos acarreta que somente a partir das relações estabelecidas com eles é que se pode chegar a alguma determinação.

Uma classe especialmente relevante de relações que determinam a identidade dos objetos históricos são as relações temporais. A importância da distância no tempo, como afirmou Gadamer (1990, p. 303-304), não reside na possível dissociação de interesses e envolvimentos, mas no fato que é a partir de eventos futuros que um acontecimento passado pode ganhar suas determinações. De outro lado, dado que não nos é possível conhecer todas as relações com eventos futuros com os quais um objeto ou evento será relacionado, então não há uma determinação completa do objeto da compreensão (Weberman 1997, p. 749-50). Na literatura sobre este tópico, já foi mostrado que, a despeito de Gadamer concentrar-se na história efetual e na distância temporal, também as relações sincrônicas interculturais representam uma classe privilegiada de relações de determinação dos objetos da compreensão (Weberman 2000, p. 55-56). Uma consequência importante da subdeterminação relacional dos objetos da compreensão é que. dadas novas relações, novas propriedades são determinadas. Portanto, pode-se afirmar que não há o objeto em si da compreensão, porque a relacionalidade introduz um espectro de variabilidade que é constitutivo da subdeterminação ontológica. Objetos relacionais possuem determinações retardadas que somente são estabelecidas se e quando certas relações acontecem com tais objetos. Deste modo, o estatuto relacional dos entes da compreensão implica as noções de propriedade relacional e mudança relacional.

Antes de considerarmos este tópico é importante fazer um registro. Gadamer não utiliza a linguagem de uma ontologia relacional com propriedades e mudanças relacionais, e seria importante examinar certas passagens que possibilitam introduzir este aparato conceitual. Além disso, também é significativo mostrar que certas teses da hermenêutica filosófica precisam ser esclarecidas, e eventualmente justificadas, por apelo a problemas e conceitos de outras tradições filosóficas. A seguir, apresentarei resumidamente a noção de mudança relacional e o conceito de propriedade relacional emergente por ela implicado. Não poderei considerar as importantes objeções que foram levantadas em relação a estas noções ontológicas, mas apenas ressaltarei aqueles aspectos relevantes para entender a subdeterminação do objeto da compreensão.[5]

A elucidação da noção de mudança relacional está em conexão com o problema do critério de mudança. Neste sentido, a expressão "mudança de Cambridge" tornou-se conhecida a partir da crítica a um conceito de mudança usado por Russell e McTaggart, de acordo com o qual, algo muda caso tenha uma propriedade em um momento do tempo, mas não a tenha em outro momento. Assim sendo, algo muda não apenas quando perde ou adquire alguma propriedade, mas também quando outro objeto, com o qual está em relação, sofre alguma mudan-

---

[5] Sobre o problema das mudanças relacionais, ver Lombard 1978 e Weberman, 1999, 1997.

ça. Basta que algo mude para que todas as relações que tenha sejam alteradas, ocasionando uma mudança nos outros objetos relacionados, ou seja, a mudança é infinita. Esta dificuldade conduziu a uma noção mais restrita de mudança, segundo a qual, algo muda genuinamente apenas quando altera suas propriedades intrínsecas. Portanto, mudanças relacionais não seriam genuínas mudanças.[6]

O problema com este critério é que ele é excessivamente restritivo, pois exclui como fictícias aquelas mudanças que é preciso aceitar, caso aspectos estruturais da realidade devam ser compreendidos adequadamente, por exemplo, valores, instituições, textos, a arte, eventos históricos, biológicos e mentais. A dificuldade consiste em formular um critério que distinga mudanças relacionais genuínas e assim evite o problema da mudança infinita. Naturalmente, a elaboração de tal parâmetro é possível desde uma teoria ontológica que ofereça critérios de identificação e reidentificação de objetos ou eventos a partir de propriedades relacionais (Weberman 1999).

A noção de propriedade relacional depende da distinção entre aquelas propriedades intrínsecas que um ente possui apenas em função de como é e aquelas propriedades extrínsecas que algo possui em virtude de como uma outra coisa é (Lewis 1982). Assim, propriedades relacionais são extrínsecas, pois o ente dotado de propriedades relacionais somente as possui em razão das determinações de outro ente. Desta forma, mudanças relacionais autênticas são aquelas referentes a entes que somente podem ser identificados a partir de propriedades intrínsecas e propriedades relacionais. No entanto, a admissão deste critério de identificação parece introduzir uma complexidade ontológica adicional, pois obriga a aceitação de que certas propriedades não são redutíveis às propriedades intrínsecas, as físicas, por exemplo. Se isto for razoável, então a ontologia de propriedades relacionais genuínas deve se comprometer com propriedades emergentes, isto é, com aquelas propriedades não explicáveis ou redutíveis a propriedades físicas (Weberman 1999, p. 145-7). Em suma, mudanças relacionais genuínas, como aquelas impostas pelos objetos da compreensão hermenêutica, somente são compreensíveis no quadro conceitual de um tipo de propriedades emergentes, do qual resulta um critério de identificação não apenas a partir de propriedades intrínsecas, mas também a partir de propriedades relacionais.

Retornando ao problema da inexistência do objeto da compreensão, pode-se resumir a análise estabelecendo que a subdeterminação de tais entes deve-se à sua identidade relacional. O objeto da compreensão não é autocontido, estando em constante formação pelo fato de ser constituído por propriedades relacionais emergentes que implicam mudanças relacionais. Estas mudanças relacionais são uma função das relações temporais e não temporais que, em parte, estão determinadas pelas situações hermenêuticas de quem assume uma relação compreensiva com tais objetos (Weberman 2000, p. 55-58). É claro que este marco conceitual

---

[6] Sobre o critério de mudança de Cambridge, ver Geach, 1969, p. 72 e 99.

robusto tem consequências complexas. Se há genuínas mudanças relacionais em função de relações temporais, então é possível que certos eventos passados modifiquem as suas propriedades relacionais, caso estejam em relação com novos eventos futuros. Portanto, a fixidez do passado é restringida a partir da subdeterminação do objeto da compreensão hermenêutica, ou seja, objetos e eventos já não mais existentes podem sofrer mudanças relacionais em função de eventos futuros (Weberman 1997, p. 760-768 e 2000, p. 61). Além disso, a ontologia de propriedades relacionais emergentes permite justificar o anti-intencionalismo e o autonomismo semântico na interpretação de textos, cujas consequências nas diversas áreas do saber hermenêutico são impactantes. Por fim, esta elucidação também mostra como o pluralismo interpretacional, daqui resultante, não é uma forma disfarçada de relativismo e, portanto, de niilismo hermenêutico.[7]

Até o momento considerei aquele aspecto da historicidade da compreensão que está relacionado com a subdeterminação ontológica do objeto da compreensão. Foi visto que a estrutura de pressupostos da compreensão é constituída pela relacionalidade da situação e, portanto, pela identidade relacional dos objetos da compreensão. Deste modo, a historicidade finita da vida compreensiva foi elucidada por Gadamer nos termos da opacidade da situação hermenêutica, que, em parte, é tributária da subdeterminação dos objetos da compreensão. Contudo, este significado de finitude parece ser limitado. Não haveria um fim para a hermenêutica, pois a relacionalidade do movimento da vida em conjunto com a linguisticidade da compreensão implicariam que tudo pode ser compreendido na história sincrônica e diacrônica da existência humana. Na parte final deste trabalho, examinarei outro aspecto em que Gadamer apresentou a finitude na historicidade da compreensão.

O limite e o excesso da compreensão

Finitude significa que a compreensão encontra um fim. A universalidade do elemento hermenêutico da vida humana chega até algum fim? Para ver onde se esconde este limite é importante considerar um dos elementos mais importantes da análise do fenômeno hermenêutico, que Gadamer localiza na estrutura do diálogo. O diálogo, por seu turno, tem a forma de um jogo com a forma da pergunta, ou seja, a compreensão que abre o mundo tem a estrutura da pergunta. A pergunta não precisa ser entendida apenas como uma sentença interrogativa que suspende a força assertória na enunciação de uma proposição, mas tem também o sentido de uma interpelação e de um jogo. A pergunta interpela quem compreende, mantendo possibilidades em aberto e desinibindo possibilidades que estavam fechadas. Assim sendo, Gadamer reconhece alguma pergunta que não seja

---

[7] Todas estas questões foram abordadas na literatura secundária em que estou me baseando (Weberman 2004, 2000, 1999, 1997). Naturalmente, introduzir toda a discussão do emergentismo na hermenêutica implica entrar numa guerra conceitual que já vem de longa data (ver McDounogh 2006).

colocada seriamente? Há alguma pergunta que interpele a vida compreensiva, mas que não admita nenhuma resposta genuína, isto é, cujas respostas sempre respondem a outra pergunta? Aqui, é preciso abandonar *Verdade e Método* e considerar um ensaio de Gadamer, de 1975, que leva exatamente o título "A morte como pergunta."

A morte é uma pergunta? Que perguntas põem-se para aquele que é forçado a meditar diante do aparecimento da morte? Gadamer não situa o problema no contexto existencial das situações limite, nem na decisão que singulariza autenticamente a partir da relação com a morte própria. Vista desde um contexto hermenêutico, a morte é uma pergunta porque conduz a conhecer o já conhecido, isto é, porque a situação de aparecimento da morte é constituída por um saber que estrutura a relação com a morte. Assim, o hermeneuta volta-se para o grande lastro de respostas que as tradições humanas souberam achar para o encontro com a morte. A morte é um enigma porque é uma pergunta sem resposta. Ela é um enigma, porém, não no sentido de que não pode ser experimentada ou porque o processo biológico do morrer seja inexplicável (o que seria falso). A morte fica como pergunta, porque ela é o inapreensível pura e simplesmente (*unbegreiflich*). De um lado, temos a certeza da consciência, do estar vivo, do ter mundo, isto é, da abertura compreensiva que nos permite a experiência de algo; de outro, temos o não-ser desta autoconsciência, o fechamento da abertura e do mundo. A morte é o inapreensível no sentido de que não se consegue estabelecer uma relação compreensiva entre estas duas instâncias. Deste modo, afirma Gadamer, desde o mundo do sentido e da compreensão não se forma uma relação compreensiva com o fechamento do mundo e da autoconsciência (Gadamer 1975, p. 160).

A pergunta *ubi sunt?* (onde estão?), que vive na literatura e na poesia, documenta uma interpelação que fica sem respostas.[8] Contudo, não é falso afirmar que a morte é uma pergunta sem respostas? As tradições humanas não estão testemunhadas pelos grandes monumentos de pensamento em face do aparecer da morte? No seu ensaio, Gadamer percorre um itinerário dos monumentos que dão voz à experiência humana de *Thanatos*. O culto aos mortos, os enterramentos, as grandes e as humildes necrópoles nos mostram que a espécie humana dá uma figura para os seus mortos. Voltamos nossos pensamentos e sentimentos para nossos túmulos, que são sítios de presença. Desde os grandes enterramentos egípcios e vikings até as necrópoles anônimas do Islã, passando pela leitura de textos bíblicos e chegando até a simples preparação de um corpo, o que nos dizem estes túmulos? Segundo Gadamer, eles não são respostas ao que é a morte, mas respostas que dizem que a morte não existe ou que não deveria existir. No culto aos mortos, ergue-se um presente para os vivos. Na tradição cristã, não há propriamente uma resposta, contudo, há uma promessa: a transformação da morte em vida. O que é o céu? É o reencontro. É a certeza de que nem mesmo a morte

---

[8] Sobre o tema do *Ubi sunt?* ver Delumeau, 2003, p. 96-103.

pode separar o encontro no amor. Em toda a grande tradição filosófica, com seus inumeráveis ensaios de provar a imortalidade da alma ou a inexistência da morte, a imensa tentativa filosófica de pensar a morte não se resume em outra coisa do que um não querer aceitar a morte? Assim, as tradições humanas são tradições de *athanasia*. Não apenas tradições de imortalidade, mas de amortalidade, de uma imponderável transformação da morte em vida, da ausência em presença. A morte é uma pergunta, nos lembrou Gadamer, porque nossas respostas são respostas de *athanasia*.

Estas considerações conduzem a um grave problema metodológico. A pergunta pela morte possui um elemento corrosivo que desqualifica a seriedade da pergunta. Qualquer relacionamento com a morte, qualquer tentativa de compreendê-la, se faz desde a certeza da vida e do estar no mundo, isto é, desde um excesso de sentido. Logo, as respostas serão sempre formas de criar novos espaços vitais, novos espaços de sentido aos quais nos ligamos enquanto vivermos. Não é um exagero dizer que há uma repulsão entre morte e pensamento. O pensamento da morte a transforma naquilo que não é, transformando o inapreensível em presença, em sentido. Para elucidar este ponto, Gadamer lança mão da noção de transcendência da vida. A vida compreensiva é uma fonte que sempre transborda e o pensamento, que estabelece relações compreensivas, é uma expressão da liberdade na transcendência da vida (Gadamer 1975, p. 170-171). Expresso de outra forma, toda relação compreensível com a morte já a transformou em outra coisa. Assim posto, qualquer possibilidade de relacionamento com o inconcebível ainda é um modo de acontecer o excesso de sentido que é o movimento da vida.

Contudo, pondera Gadamer, o pensamento também impede que o inapreensível da morte seja encoberto. O inconcebível está à vista. O inapreensível da morte não se torna compreendido, mas tampouco pode ser ocultado. Este tópico é formulado por Gadamer como uma tese:

A liberdade do pensamento é a verdadeira razão de que a morte tenha uma inapreensibilidade necessária. É a liberdade o fato que eu possa e deva pensar adiante, que eu possa e deva pensar para fora de mim, que eu constantemente tenha de extrapolar a atuosidade interior de meu ser-pensante. Não há ninguém aqui que tenha uma resposta para a pergunta: como devo compreender que eu, agora neste momento em que um movimento pensante está aí, alguma vez não serei? Assim, o ser-pensante parece ser a razão da inapreensibilidade da morte e também conter o saber acerca desta inapreensibilidade. (Gadamer 1975, p. 171)

Como livres, somos lançados adiante e para além de nós mesmos, encontrando a experiência da morte e também o saber de sua inapreensibilidade. No poema *Tenebrae*, de Paul Celan, Gadamer interpreta o abandono humano diante do inconcebível não oculto da morte. Ao final da Paixão, Jesus crucificado está abandonado diante da morte. É em vão que ele chama por Deus, porque nenhum Deus pode compreender a morte humana. Gadamer respeita a profundidade da mensagem cristã de um Deus morto que vence a morte humana, fazendo-a compreendida na promessa do reencontro. Entretanto, o simbolismo do abandono de Jesus é o paradigma do abandono humano, pois o inapreensível da morte significa também que não temos de antemão nenhum saber que nos possibilite uma relação compreensível com o fechamento do mundo, com o fechamento da compreensão.

O ensaio de Gadamer termina de forma excepcional e ilustra com precisão o modo específico em que a morte entra na consideração da hermenêutica. Gadamer interpreta uma fábula, que, de fato, é parte da tradição oral dos judeus do Afeganistão. A *Cabana das Velas* narra a história de um homem que, ao errar pelo mundo em busca da justiça, encontra, no fundo de uma floresta, a cabana em que queimam as velas das vidas humanas. Cada uma que se apaga é uma vida que terminou. Este visitante estremece ao encontrar-se com a própria vela e, estarrecido diante da quase extinção da sua própria chama, ele tenta aumentar a duração de sua vela retirando o óleo de outra lamparina que queima ainda no início. Neste instante, uma férrea mão aperta seu punho, e ouve-se uma pergunta: "é assim que você busca a justiça"? A dor é tal que a cabana, a floresta e tudo o mais desaparecem, e o homem não sabe mais se está ainda vivo.[9]

Para Gadamer, o estremecimento diante da vela que queima é um símbolo da angústia em face da transiência da vida. No entanto, diz ele, o próprio bruxulear da vela também é simbólico. Há velas que queimam incólumes do início ao fim, eventualmente sacudidas pelo vento do tempo, porém, o bruxulear de uma vela que está se apagando, por vezes, parece emitir um pouco mais de luminosidade do que aquelas que queimam em paz do início ao fim. E Gadamer conclui (1975, p. 172): "a inapreensibilidade da morte é o mais elevado triunfo da vida." Talvez o que o velho mestre esteja sugerindo é que a morte entra na hermenêutica como um momento essencial na elucidação da natureza da compreensão.

A historicidade da compreensão foi vista, nas considerações anteriores, como relativa à opacidade da situação hermenêutica que, ao estabelecer compartilhamentos com significações herdadas, desinibe novas possibilidades compreensivas. A subdeterminação do objeto da compreensão implica que é apenas na relação que as significações podem vir ao encontro e abrir um futuro. Mostrou-se antes que Gadamer usou a imagem do bruxulear para simbolizar a reflexão racional do indivíduo em meio à vida histórica. Assim como a vela que se apaga parece emitir um pouco mais de luz, o inapreensível da morte é o elemento irrelacional que põe em movimento as relações que dão contorno e conteúdo para o excesso compreensivo da vida. Em certo sentido, o inapreensível da morte não elimina, mas torna possível a compreensão. Além disso, a finitude da compreensão revela

---

[9] Gadamer não oferece a referência desta fábula. Agradeço a Carlos B. Gutierrez, Ernildo Stein e Aguinaldo Severino pela identificação da fábula e das referências de sua publicação (Schwartz, 2004, p. 43-44 e Da Costa, 2005, p. 19-21).

um acontecimento de sentido que funda um contexto diacrítico no qual é possível discriminar causas e razões (Tengelyi 1998, p. 41-43, Crowell 2008). Na medida em que esse acontecimento de sentido abre um espaço de significações e razões aos quais podemos nos vincular normativamente, o inconcebível parece estar na base da honestidade intelectual. Neste caso, a hermenêutica filosófica seria capaz de responder o problema das motivações para a vida racional no seio do acontecer histórico da existência. Contudo, na hermenêutica de Gadamer, não parece haver lugar para promessas e tampouco para decisões resolutas diante do inapreensível da morte. O inapreensível da morte, ao constituir a historicidade da compreensão, seria, de fato, o mais elevado triunfo de uma vida compreensiva, uma vida que, a despeito do excesso de sentido, não consegue compreender que exista e deixe de existir a compreensão (Cramer 2009, p. 76-79).

Referências

CRAMER, K. Gedanken über Hans-Georg Gadamer. In: CEPEDA, M. &. RANGO, R, *Amistad y Alteridad. Homenaje a Carlos B. Gutiérrez*, Ediciones Uniandes, Bogotá, p. 69-86.

CROWELL, S. Measure-taking: meaning and normativity in Heidegger's philosophy. Continental *Philosophy Review* 48 (2008): 261-276.

DA COSTA, F. (Org.) *Os Grandes Contos Populares do Mundo*. Rio de Janeiro, Ediouro, 2005.

DELUMEAU, J. O Pecado e o Medo. Vol 1. Bauru, EDUSC, 2003.

GADAMER, H-G. *O Problema da Consciência Histórica*. Rio de Janeiro, Fundação Getúlio Vargas, 1998.

——. *Wahrheit und Methode* (6. Auf.). Tübingen, J. C. Mohr, 1990.

——. Der Tod als Frage. In: *Gesammelte Werke* 4. Tübingen, Mohr Siebeck, 1999, p. 161-172.

GEACH, P. *God & the Soul*. South Bend, St. Augustine's Press, 1969.

KIM, J. Noncausal connections. In: *Supervenience and Mind*. Cambridge, Cambridge University Press, 1993, p. 22-32.

LEWIS, D. Extrinsic properties. *Philosophical Studies* 44 (1983): 197-200.

LOMBARD, L. Relational change and relational changes *Philosophical Studies* 34 (1978): 63-79.

McDONOUGH, R. *Martin Heidegger's Being and Time*. New York, Peter Lang, 2006.

MCGUIRK, J. Husserl and Heidegger on Reduction and the Question of the Existential Foundations of Rational Life. *International Journal of Philosophical Studies*, 18/1 (2010): 31-56.

SCHNÄDELBACH, H. *Philosophie in Deutschland: 1831-1933*. Frankfurt am Main: Suhrkamp, 1983.

——. "Wir Kantianer. Der "kritische Weg" heute. *Deutsche Zeitschrift für Philosophie*", *53* (6). 2005, p. 835-850.

SCHWARTZ, H. *Tree of Souls. The Mythology of Judaism*. New York, Oxford University Press, 2004.

TENGELYI, L. *Der Zwitterbegriff Lebensgeschichte*. München, Wilhelm fink Verlag, 1998.

TUGENDHAT, E. "Identidad: personal, nacional y universal". *Dissertatio* 4 (1996): 135-160.

WEBERMAN, D. Gadamer, Non-Intentionalism and the Underdeterminedness of Aesthetic Properties". *O Que Nos Faz Pensar* 18 (2004): 255-272.

———. A New Defense of Gadamer's Hermeneutics. *Philosophy and Phenomenological Research* LX (January 2000): 45-65.

———. Cambridge Changes Revisited: Why Certain Relational Changes are Indispensable. *Dialectica* 53 (1999): 139-149.

———. The Nonfixity of the Historical Past. *Review of Metaphysics* 50 (June 1997): 749-768.

— 5 —

A QUESTÃO DA CONSCIÊNCIA HISTÓRICA NA OBRA "VERDADE E MÉTODO" E SUAS IMPLICAÇÕES NA (TEORIA DA) DECISÃO JUDICIAL

Marco Aurélio Marrafon[1]

Palavras introdutórias

O intenso movimento de constitucionalização do Direito que se desenvolve no atual contexto brasileiro trouxe, sem dúvida alguma, inúmeras contribuições para o aprimoramento doutrinário e jurisprudencial pátrio, já que, superando a grande crise da tradicional formação do bacharelismo liberal e tecnicista, hoje se assiste à expansão do compromisso com a força normativa e supremacia da Constituição, com a defesa dos direitos fundamentais e com a concepção do Poder Judiciário como seu grande guardião.

Contudo, se de um lado a efetividade da Constituição é uma realidade, por exemplo, no Direito Civil e nas questões de Direito Administrativo, de outro, ainda há muito a se fazer: o Direito Penal se tornou um caso emblemático de violação sistemática, pelos Tribunais, das mais basilares determinações constitucionais.

Nesse cenário, impossível não perceber que, a cada dia, a cada novo julgado (mesmo no Supremo Tribunal Federal), um problema adicional ganha relevância, qual seja, a ausência de controle da discricionariedade judicial nas decisões tomadas a partir da Constituição.

---

[1] Mestre e Doutor em Direito pela Universidade Federal do Paraná – UFPR, com estudos doutorais na Università Degli Studi Roma Tre – Itália. Professor de Direito e Pensamento Político (graduação e mestrado) na Universidade do Estado do Rio de Janeiro – UERJ. Vice-presidente da Academia Brasileira de Direito Constitucional – ABDCONST. Coordenador do Curso de Especialização em Teoria do Direito da ABDConst. Advogado – Sócio da AKMPS Sociedade de Advogados. Ex-bolsista CAPES-PDEE. e-mail: marco_marrafon@yahoo.com.br.

O presente artigo corresponde à versão escrita da palestra de mesmo título proferida em 16/11/2010, no Colóquio Hermenêutica e Epistemologia: 50 anos de Verdade e Método, realizado pela Unisinos e PUC-RS.

Com efeito, se nos tempos do positivismo legalista esta questão vinha camuflada nos problemas da analítica da linguagem, agora ela se desnuda e revela grandes peripécias interpretativas, com deslocamentos incabíveis de significantes e significados a partir do texto constitucional (vide exemplo do julgamento acerca da constitucionalidade e aplicabilidade imediata da chamada Lei da Ficha Limpa), gerando um déficit profundo de segurança jurídica, pois parece que se voltou ao tempo pré-moderno do primado das vontades, e não do primado da lei, grande conquista da modernidade.

Não encontrando soluções no campo da dogmática jurídica, os juristas que estudam a teoria e a filosofia do direito e da Constituição buscam no campo da filosofia da linguagem eventuais respostas às suas angústias e demandas e, sem dúvida, é desde esse lugar que a presente exposição se coloca.

Assim, as palavras que seguem não se restringem a um olhar filosófico sobre o problema da hermenêutica e sua relação com a epistemologia, pois o compromisso do filósofo é outro. Pelo contrário, será privilegiado um enfoque que busca entender em que medida a obra *Verdade e Método* de Gadamer pode contribuir para elucidar o processo constitutivo da decisão judicial. E as contribuições são muitas, já que a hermenêutica filosófica gadameriana obtém certo êxito em descrever as condições de possibilidade para o desenvolvimento do conhecimento científico.

Nesse passo, a fim de explicitar o processo efetivo de tomada de decisão judicial em sua complexidade pluridiscursiva, primeiro se analisará as possibilidades da consciência hermenêutica e sua relação com a epistemologia, para que depois, desvendando esse processo com uma abordagem voltada ao campo jurídico, seja viável apresentar algumas das implicações dessa relação na decisão judicial.

I – Nem Consciência Estética, nem Consciência Histórica (no sentido positivista): a Consciência da História Efeitual

Ao tratar das significações que atingem a existência e que se constituem objeto das preocupações filosóficas, Gadamer parte do questionamento crítico das experiências da consciência estética e da consciência histórica, esta tomada em certo sentido positivista.[2]

Em relação à consciência puramente estética, ele explica que, se de um lado ela realiza a possibilidade de instaurar o relacionamento com uma obra de arte de um ponto de vista crítico ou afirmativo, de outro, a validade e a força enunciativa do que é julgado são decididos a partir de nosso próprio juízo.[3]

---

[2] GADAMER, Hans-Georg. A universalidade do problema hermenêutico. In: ——. *Verdade e Método II:* Complementos e índice. Trad. Enio Paulo Giachini. Petrópolis: Vozes, 2002. p. 255.

[3] Idem.

Desse modo, nossa relação com a arte seria caracterizada pelo fato de aquilo que recusamos não tem nada a dizer *"ou então recusamo-lo justo porque não tem nada a dizer"*,[4] o que a torna sempre uma consciência secundária em face da pretensão de verdade da obra de arte.

Por isso, Gadamer compreende que a "soberania estética instalada no âmbito da experiência da arte representa uma alienação frente à verdadeira realidade da experiência que encontramos nas configurações onde se enunciar a arte",[5] o que a impede de nos levar ao acesso mesmo das coisas, do seu significado e, por conseguinte, ela não é suficiente para uma adequada abordagem hermenêutica.

No que importa à consciência histórica, para explicá-la, Gadamer resgata a teoria de Ranke, apresentada na segunda parte da obra *Verdade e Método*.[6] Segundo ele, Ranke reconhece que a história não possui a unidade de um sistema filosófico, mas isso não pode significar ausência de nexo interno, pois existem momentos de decisão, "cenas de liberdade" construtivistas que conferem articulação ao nexo histórico, vez que decidem algo que faz história e cujo significado se verifica através de seus efeitos.[7] Caberia, então, ao hermeneuta a investigação dos nexos históricos a partir das decisões do que Ranke chama de "espíritos originais", seres autônomos e racionais que lutam por novas ideias.[8]

Na leitura gadameriana, a proposta de Ranke faz surgir outra forma de alienação, consistente na possibilidade de anulação da individualidade, tese que Gadamer considera representativa do *ethos* do pensamento histórico porque ela "propõe-se a compreender todos os testemunhos de uma época a partir do espírito dessa época, desvinculando-se das realidades atuais que nos prendem à vida presente. Busca, ainda, conhecer o passado sem preciosismo e superioridade moral, como um passado humano igual ao nosso".[9]

Para Gadamer esse problema leva à cegueira do objetivismo histórico que atinge até mesmo o pensamento de Dilthey, que se propôs a elaborar uma "verdadeira crítica da razão histórica" e, cuja reflexão teve "sempre como meta legitimar o conhecimento do que é condicionado historicamente como desempenho da ciência objetiva, apesar do próprio condicionamento".[10] Isso porque, a teoria da estrutura desse autor continua a trabalhar com a noção de que um nexo estrutural

---

[4] GADAMER, Hans-Georg. A universalidade do problema hermenêutico. In: ——. *Verdade e Método II*: Complementos e índice. Trad. Enio Paulo Giachini. Petrópolis: Vozes, 2002. p. 256.

[5] Ibidem, p. 256-257.

[6] Ibidem, p. 315-326.

[7] Ibidem, p. 315-316.

[8] Ibidem, p. 316.

[9] GADAMER, Hans-Georg. *A universalidade do problema hermenêutico...*, p. 257.

[10] GADAMER, Hans-Georg. *Verdade e método...*, p. 353.

deve ser compreendido a partir de seu próprio centro, ou seja, de si mesma, e não a partir de um padrão a ela estranho.[11]

Gadamer percebe que, segundo esse esquema: "poderia-se pensar o conhecimento de nexos históricos cada vez mais amplos e estendê-los até um conhecimento histórico universal, do mesmo modo que uma palavra só pode ser compreendida plenamente a partir da frase inteira e esta somente a partir do texto inteiro e, até, da totalidade da literatura transmitida".[12]

O sentido da crítica gadameriana a essa concepção é bastante claro porque, com a aplicação desse projeto, Dilthey buscaria elevar-se para além dos preconceitos do próprio presente, legitimando a elevação da consciência ao que chama de consciência histórica, o que, para Gadamer, seria impossível.

Importaria, então, investigar as pré-condições hermenêuticas que permitem o desenvolvimento epistemológico a partir da "constituição do mundo estruturada na linguagem", formada pela integração da ciência ao todo da nossa experiência humana e universal da vida.[13] Essa consciência se apresenta como a "consciência da história dos efeitos, a qual esquematiza previamente todas as nossas possibilidades do conhecimento"[14] e "no elemento da linguagem".[15]

Desta feita, visando a superar a redução teórico-científica da tradicionalmente conhecida "ciência hermenêutica", Gadamer propôs o desenvolvimento da consciência hermenêutica como uma possibilidade mais abrangente, cuja verdadeira força fosse a capacidade de fazer ver onde está a questão/pergunta, fundamental e anterior a toda resposta dada pela ciência objetivista.[16]

Para alcançar suas metas, Gadamer rejeita justificativas formais e objetificantes das teorias hermenêuticas predominantes na modernidade e busca na analítica existencial do *Dasein* e na hermenêutica da faticidade heideggeriana as bases de sua hermenêutica filosófica, através de uma leitura que parte da compreensão como abertura do mundo que leva ao "acontecer de verdade".[17]

Nesta perspectiva, a "ontologização da hermenêutica" ganha um novo sentido, dado pela soma de todos os elementos históricos e culturais nos quais os sujeitos estão enraizados historicamente,[18] inscrita na noção de consciência histórica efeitual, vista como um substituto da situação hermenêutica heideggeriana,

---

[11] GADAMER, Hans-Georg. *Verdade e método.*

[12] Idem.

[13] GADAMER, Hans-Georg. *A universalidade do problema hermenêutico...*, p. 265.

[14] Idem, p. 265.

[15] Ibidem, p. 266.

[16] Idem.

[17] STEIN, Ernildo. *Aproximações sobre hermenêutica.* Porto Alegre: EDIPUCRS, 1996. (Coleção Filosofia, n. 40), p. 70.

[18] GADAMER, Hans-Georg. *Verdade e método...*, p. 353.

a qual, segundo Stein pode ser entendida como "uma espécie de 'lugar' que cada investigador atinge através de instrumentos teóricos que tem à disposição para a partir dele poder fazer uma avaliação do campo temático".[19]

Nesse contexto, outros elementos do projeto hermenêutico de Gadamer podem ser assim sintetizados:

i) percepção da anterioridade e universalidade da hermenêutica, mostrando que a experiência ontológica, formada pelo universo pré-compreensivo de linguagem se antecipa e doa sentido ao objetivo interpretado, acontecendo antes da atividade reflexiva propriamente dita;[20]

ii) a consideração da inserção do homem no mundo como condição para a instauração de sentido, sem reduzir o conhecimento à racionalidade lógica;[21]

iii) concepção da hermenêutica como *práxis* a ser entendida como arte (no sentido da *technè* grega) da interpretação e, tal qual a figura mitológica de Hermes deve salvaguardar o sentido e as intenções implícitas na fala originária, pois se trata de saber o que não foi dito quando algo é dito.[22]

Contudo, essa tarefa não é fácil. Gadamer percebe a dificuldade de preservar as intenções e contexto compreensivo do autor de um texto porque existem verdades encobertas, sentidos ocultos, que não são (re)produzidos em nível lógico-semântico.[23]

Essas verdades têm sua origem na *experiência*, conceito central da obra *Verdade e Método*, que indica a aptidão humana de, ao compreender, representar ou descrever a totalidade da própria experiência de mundo[24] permite o "acontecer da verdade".

Esse "acontecer de verdade" não é absolutamente lógico, mas também não deve recair em arbitrariedade. Por isso, na tentativa de garantir objetividade na compreensão hermenêutica, Gadamer a concebe como um jogo de perguntas e respostas que opera em um determinado horizonte histórico. Nele é privilegiada a elevação da historicidade da compreensão à condição de princípio hermenêutico que se desdobra em quatro elementos: o círculo hermenêutico, os preconceitos como condição da compreensão, a distância temporal e a história efeitual.[25]

---

[19] STEIN, Ernildo. *Aproximações sobre hermenêutica...*, p. 53.

[20] FLICKINGER, Hans-Georg. Da experiência da arte à hermenêutica filosófica. In: ALMEIDA, Custódio Luís Silva de; FLICKINGER, Hans-Georg; ROHDEN, Luís. *Hermenêutica filosófica*: nas trilhas de Hans-Georg Gadamer. Porto Alegre: EDIPUCRS, 2000. (Col. Filosofia, n. 117). p. 27 e ss.

[21] Ibidem, p. 29.

[22] Idem.

[23] GADAMER, Hans-Georg. *Verdade e método...*

[24] STEIN, Ernildo. *Aproximações sobre hermenêutica...*, p. 70.

[25] GADAMER, Hans-Georg. *Verdade e método ...*, p. 400 e ss.

Dentre estes elementos, o círculo hermenêutico é uma metáfora que indica o momento metódico que se realiza através dos giros entre o ser-interpretante e o objeto interpretado, numa dada tradição, onde a compreensão surge como um acontecimento que eclode "entre" esses giros a partir da historicidade em que está inscrita.[26]

II – Sobre Universalidade Hermenêutica e Epistemologia

O círculo hermenêutico mostra que a consciência histórica efeitual e os pré-juízos nela contidos atuam como condição de possibilidade do conhecimento que se pretende objetivo, de modo que a tarefa hermenêutica é a de mostrar as possibilidades do conhecimento, inclusive os pressupostos pelos quais se funda a ciência.[27]

Para comprovar essa tese, Gadamer traz o exemplo da estatística, onde, de modo nítido, o resultado é determinado por uma série de condições metodológicas abstratas e, especialmente, pelas perguntas pré-concebidas, universalmente presentes e que antecipam as respostas.[28]

Assim, fica claro que as possibilidades do conhecimento residem nas perguntas que respondem aos fatos apresentados, de modo que cabe ao hermeneuta encontrá-las.[29]

Gadamer percebe, então, a ciência que funda o mundo moderno é antes a expressão de um plano de linguagem anterior, no qual se espelha.[30] Isso significa que, mesmo podendo ser guiada por métodos específicos que levem ao cumprimento de seus objetivos,[31] a consciência científica é também interpretação que se realiza enquanto articulação do compreendido.[32]

Desde esse olhar, o processo compreensivo se realiza através da concordância entre o universo linguístico prévio detido pelo intérprete (seus pré-juízos) e o evento exterior, que provoca o estranhamento necessário para fazer girar o círculo e provocar o posterior enriquecimento de sua experiência de mundo.[33]

Nessa operação, nota-se a dimensão crítica da hermenêutica, presente na reflexão (obtida a partir do estranhamento) acerca da própria condição hermenêutica e dos pré-conceitos inautênticos. Mas, em si, essa atividade não é su-

---

[26] GADAMER, Hans-Georg. *Verdade e método.*

[27] GADAMER, Hans-Georg. *A universalidade do problema hermenêutico...*, p. 263.

[28] Idem.

[29] Idem.

[30] Ibidem, p. 269.

[31] Ibidem, p. 263.

[32] VATTIMO, Gianni. *Le avventure della differenza:* che cosa significa pensare doppo Nietzsche e Heidegger. Milano: Garzanti Libri, 2001, p. 29.

[33] GADAMER, Hans-Georg. *A universalidade do problema hermenêutico...*, p. 268.

ficientemente crítica, de modo que nas aberturas do círculo hermenêutico se antevê, também, o papel desestabilizador da argumentação que, no entanto, só adquire sentido a partir de um acordo anterior. Nisso reside o limite e, ao mesmo tempo, a universalidade da hermenêutica.[34]

Mais ainda, é possível encontrar no interior da hermenêutica gadameriana as razões que reforçam a possibilidade do diálogo entre hermenêutica e epistemologia a partir da duplicidade do logos que aceita a dimensão secundária e ôntica do discurso retórico-pragmático.

Primeiro porque, o próprio Gadamer reconhece que a hermenêutica não esgota o sentido da semântica, mas antes a incorpora e a limita à função de observar o campo dos dados de linguagem desde fora,[35] ocupando-se de como os signos são utilizados.[36]

Segundo porque, ele também admite a importância da ocasionalidade[37] na constituição do sentido do discurso, o que na prática significa a aceitação da dimensão pragmática de cada ato de fala individual como complementar na formação do entendimento hermenêutico, revelando, assim, o elo entre hermenêutica e pragmática.[38]

Ademais, conforma já assinalei em outro lugar,[39] diversas passagens mostram que Gadamer aceita que a hermenêutica filosófica, possui muitos pontos convergentes com a retórica, já que:

i) a reflexão hermenêutica também é uma *práxis*;[40]

ii) ambas possuem funções com pretensão de universalidade;[41]

iii) a compreensão hermenêutica necessita de abertura a novas *experiências,* que são adquiridas também na forma argumentativa[42] e;

---

[34] GADAMER, Hans-Georg. *A universalidade do problema hermenêutico.*

[35] GADAMER, Hans-Georg. Semântica e hermenêutica. In: ——. *Verdade e Método II:* Complementos e índice. Trad. Enio Paulo Giachini. Petrópolis: Vozes, 2002. p. 205.

[36] Idem.

[37] Ocasionalidade "que significa a dependência da ocasião, da circunstância e situação, em que se usa a expressão". Ibidem, p. 210.

[38] Ibidem, p. 211.

[39] MARRAFON, Marco Aurélio. *O caráter complexo da decisão em matéria constitucional:* discursos sobre a verdade, radicalização hermenêutica e fundação ética na práxis jurisdicional. Rio de Janeiro: Lumen Juris, 2010, p. 105.

[40] GADAMER, Hans-Georg. Réplica à Hermenêutica e crítica da ideologia. In: ——. *Verdade e Método II:* Complementos e índice. Trad. Enio Paulo Giachini. Petrópolis: Vozes, 2002. p. 305. Também: GADAMER, Hans-Georg. A hermenêutica como tarefa teórica e prática. In: ——. *Verdade e Método II...,* p. 349 e ss.

[41] GADAMER, Hans-Georg. Retórica, hermenêutica e crítica da ideologia: Comentários metacríticos a Verdade e método I. In: ——. *Verdade e Método II...,* p. 276.

[42] GADAMER, Hans-Georg. A universalidade do problema hermenêutico. In: ——. *Verdade e Método II...,* p. 268.

iv) as *práxis* retórica e hermenêutica se realizam conjuntamente através da *fusão de horizontes,* onde uma sobredetermina a outra.

Em seu famoso debate com Habermas sobre o agir crítico na hermenêutica, ele confirma sua posição, afirmando, com ares definitivos que:

> os aspectos retórico e hermenêutico da estrutura da linguagem humana encontram-se perfeitamente compenetrados. Não haveria oradores nem retórica se o entendimento e o consenso não sustentassem as relações humanas; não haveria nenhuma tarefa hermenêutica se não fosse rompido o consenso daqueles que *"são um diálogo'* e não se precisasse buscar o entendimento. A combinação com a retórica, portanto, possibilita dissolver a aparência de que a hermenêutica estaria restrita à tradição estético-humanista, como se a filosofia hermenêutica estivesse às voltas com um mundo do "sentido" contraposto ao mundo 'real', que está se ampliando na "tradição cultural".[43] (destaque no original)

No entanto, parece-me que Gadamer não avança na explicitação dessa relação, de modo que, para ele a garantia de objetividade para que o conhecimento não recaia em puro relativismo, irracionalismo ou ainda esteticismo é dada pela tradição e pela consciência da história efeitual.

Por esse motivo, autores como Vattimo apontam para o perigo de o pensamento hermenêutico gadameriano ser atingido pela "doença histórica", entendida como uma consequência do excesso de consciência histórica que gera incapacidade de criar uma nova ou uma própria história, sem os erros, vícios e defeitos do passado.[44]

Para fugir desse perigo, Vattimo propõe a radicalização da hermenêutica a partir de um ponto de vista niilista: se não existem fatos, mas interpretações, esta também é uma interpretação, não um fato.[45]

Essa constatação leva ao enfraquecimento da razão hermenêutica que, ao admitir que lida com interpretações, e não com fatos, passa a requerer maior radicalização nas aberturas do projetar-se formador da compreensão, o que implica colocar em suspeição a tradição em que se está inserido e, consequentemente, a consciência da história e seus efeitos.

Assim, se é preciso suspeitar, há que se tomar com parcimônia a ideia da completa cisão entre a razão hermenêutica e a retórico-argumentativa. De acordo com este ponto de vista, a hermenêutica ganha força no momento anterior por mostrar os princípios primeiros e a dialética-retórica num posterior, de maior ênfase justificativa ou mesmo epistemológica.

---

[43] GADAMER, Hans-Georg. *Retórica, hermenêutica e crítica da ideologia...*, p. 277.

[44] VATTIMO, Gianni. *Le avventure della differenza...*, p. 17.

[45] VATTIMO, Gianni. *Oltre l'interpretazione:* il significato dell'ermeneutica per la filosofia. Roma-Bari: Laterza, 1994, p. 15-19.

Tal concepção gera o risco de que a hermenêutica se torne uma *koinè* difusa, uma metateoria do fenômeno da interpretação que mostra suas condições de possibilidade, mas desaparece no desenvolvimento do método científico.

No direito, isso é muito comum, vide, p. ex. as teorias da argumentação na linha de Alexy.[46] Contudo esta maneira de pensar corre o risco de promover um retorno à metafísica da modernidade, um novo positivismo jurídico que, por não perceber a dimensão do fenômeno compreensivo, acaba retornando às velhas cisões positivistas (fato/norma), conforme já bem demonstrou Streck em *"Verdade e Consenso"*[47] e, mais recentemente, na obra *"O que é isto, decido conforme minha consciência?"*.[48]

Isso porque a dimensão hermenêutica está presente em toda possibilidade de compreensão, em toda a determinação metodológica, em todo desenrolar epistemológico. Eis sua universalidade. Daí a necessidade de radicalizá-la, entendendo que hermenêutica e desenvolvimento epistemológico estão imbricados (no antes, durante e depois). Portanto, são inseparáveis na formação do acontecer de verdade necessário para a decisão judicial.

Não é possível falar em objetos de análise separados. Na compreensão em geral e, especialmente na decisão judicial, a hermenêutica é condição de possibilidade de desenvolvimento epistemológico, mas não sai de cena para a entrada da retórica. Ela está sempre presente.

De outro lado, a dimensão normativa (a estrutura de sentido contida no enunciado vinculante na formação da norma) e dimensão argumentativa do fenômeno jurídico (possibilidade de levantar argumentos com pretensão de validade, de consideração das provas produzidas no processo) concorrem para fomentar o caráter produtivo da compreensão inicialmente esboçada (projeto inicial).

Deste modo, propõe-se que o debate sobre a hermenêutica deve passar pela assunção de seu caráter crítico nos moldes da razão fraca (Vattimo) e não exclusivista, tema que não pode ser ignorado sob pena de macular a própria importância e influência da hermenêutica no discurso epistemológico.

É preciso ter sempre presente que a hermenêutica encontra na argumentação uma dimensão ôntica que atua como limite que proíbe a assunção de qualquer compreensão, do mesmo modo que é, ela mesma, também um limite à pretensão de universalidade da retórica-argumentativa.

---

[46] Vide: ALEXY, Robert. *Teoria del discurso e derechos humanos.* 4. reimp. Bogotá: Universidade Externado de Colômbia, 2004.

[47] STRECK, Lenio Luiz. V*erdade e consenso:* Constituição, hermenêutica e teorias discursivas: da possibilidade a necessidade de respostas corretas em Direito. 3 ed. Rio de Janeiro: Lúmen Juris, 2007.

[48] STRECK, Lenio Luiz. *O que é isto – decido conforme a minha consciência.* Porto Alegre: Livraria do Advogado, 2010. (col. O que é isto?).

III – Implicações na Decisão Judicial

III.1. Complexidade e unidade no processo decisório

No atual momento do pensamento constitucionalista brasileiro, constata-se que a defesa da efetividade da Constituição de 1988 se dá através de diferentes estratégias teóricas, algumas comprometidas com a abordagem argumentativista, seja numa via substancialista (p. ex. Alexy), seja a partir de uma leitura democrático-procedimental (teoria constitucional da democracia deliberativa – p. ex. Nino/Habermas). De outro lado, percebe-se também a defesa do modelo hermenêutico, que também pode ser dividido em duas leituras, não essencialmente distantes, mas distinguíveis pela sua fundamentação teórica: a proposta construtivista (Dworkin) e a proposta fenomenológica (Streck), comprometida com as teses hermenêuticas do eixo Heidegger-Gadamer.[49]

Em comum, essas correntes buscam enfrentar o problema da objetividade e da racionalidade da decisão em matéria constitucional, demandando, para tanto, argumentos de índole filosófica que escapam à seara da dogmática jurídica.

No entanto, constata-se que os adeptos da teoria da argumentação (substancial e procedimental) recusam a hermenêutica por entendê-la irracional, mas esquecem que ela própria (argumentação) também repousa em implicações ontológicas e, portanto, depende da antecipação de sentido.

Já a leitura hermenêutica, tomada em sentido forte, de viés narrativo-construtivo ou então fenomenológico, acaba priorizando a dimensão da coerência histórica na formação jurisprudencial. No caso do modelo fenomenológico, cabe destacar também a ênfase na descoberta da premissa fundante, não enfrentando no adequado horizonte a importância da argumentação como dimensão ôntica, secundária, que atua no desenvolvimento do processo de individuação do direito como um limite para a decisão judicial.

Apesar da insuficiência dos modelos exclusivistas, haja vista a complexidade discursiva influente no campo decisório, o modelo hermenêutico fenomenológico parece melhor compreender o problemática inerente à tomada de decisão judicial. Tem razão Streck quando afirma que entre os argumentativistas, persistem inúmeros traços do paradigma representacionista.[50] Inclusive com retorno ao esquema sujeito-objeto, numa perspectiva objetivista.[51]

---

[49] Para aprofundamento, conferir: MARRAFON, Marco Aurélio. *O caráter complexo da decisão em matéria constitucional...*, p. 139- 161.

[50] STRECK, Lenio Luiz. *Verdade e consenso...*, p. 376-377.

[51] KAUFFMANN, Arthur. A problemática da filosofia do direito ao longo da história. In: KAUFMANN, Arthur; HASSEMER, Winfried. (Org.) *Introdução à filosofia do direito e teoria do direito contemporâneas.* trad. Marcos Keel e Manuel Seca de Oliveira, rev. Antonio Manuel Hespanha. Lisboa: Calouste Gulbenkian, 2004, p. 154.

No entanto, entendo que é preciso ir além, pois falar de hermenêutica filosófica no Direito implica a abertura para os diferentes discursos produzidos na complexidade de vetores que incidem na formação do acontecer de verdade da decisão judicial. Mais ainda: demanda a explicitação da relação hermenêutica e epistemologia jurídica a partir da assunção dos diferentes discursos formadores da compreensão judicial.

Requer, também, a entrada em cena da radicalização hermenêutica e o círculo hermenêutico em seu aberto projetar a fim de fortalecer o seu caráter produtivo como uma forma de imprimir alguma racionalidade e coerência a esse mix teórico de variáveis determinantes no processo decisório.

Assim, a complexidade discursiva inerente à formação da decisão judicial implica:

i) realçar a percepção de que o desvelar hermenêutico está sempre impregnado pelo "autêntico" e "inautêntico", onde cada projetar-se traz consigo um reenvio ao passado e, quiçá, uma antecipação ou giro inconsciente de sentido;

ii) desmitificar a crença na concepção de que a consciência histórico-efeitual e a distância temporal, por si, são suficientes para libertar a verdade da inautenticidade, evitando excessos que inibem o agir crítico e resguardando a objetividade do julgado da predominância de falsos preconceitos, isto é, das arbitrariedades do projeto antecipador;

iii) possibilitar a abertura à dimensão ôntica do *logos apofântico*, inclusive de índole lógico-normativa e retórico-argumentativa, como promotor do necessário estranhamento para que o círculo evolua deslocando horizontes de pré-compreensão;

iv) destacar os limites da universalidade hermenêutica tanto em relação ao necessário rompimento com a totalidade de sentidos do "mundo-da-vida", quanto à devida consideração da concorrência do inconsciente na antecipação do sentido;

v) reconhecer a necessária dialética entre a dimensão hermenêutica e a produção argumentativa que impõe a internalização dos diferentes discursos produzidos no processo até que a verdade aconteça,[52] conciliando o aspecto ontológico da decisão com as vicissitudes do caso concreto e sua devida justificação normativa;

vi) não permitir que a argumentação recaia em nova metafísica, pois cada internalização de uma experiência ôntica ou argumento está sempre, antes, durante e depois, determinado por um projeto de antecipação de sentido.

---

[52] Essa complementaridade se perfaz no aspecto persuasivo e não logicamente concludente da argumentação, conforme anota STRECK (Cf. STRECK, Lenio Luiz. *Jurisdição constitucional e hermenêutica:* uma nova crítica do direito. 2 ed. Rio de Janeiro: Forense, 2004, p. 258).

Desse modo, confirma-se a noção de que o ôntico e o ontológico estão em permanente tensão, a qual se renova a cada volta no círculo hermenêutico através de estranhamentos e identificações reciprocamente consideradas até que seja alcançada a compreensão final própria da decisão conclusiva. Essa relação nunca é sequencial ou por etapas. Ela acontece de modo dialético e simultâneo, com implicações recíprocas.

Desta feita, mediado pela racionalidade hermenêutica fraca, o processo decisório se desenvolve através da internalização de diferentes experiências ônticas (texto normativo, elementos factuais e argumentos produzidos), capazes de promover sucessivas projeções, contínuos tensionamentos, correções e deslocamentos de horizontes, até o ponto em que a verdade interpretativa *acontece* para a autoridade judicante. Quando isso ocorre, encerra-se o debate, fazendo cessar as voltas no círculo hermenêutico.

Manifesta-se, assim, o processo hermenêutico-epistemológico de tomada de decisão em sua complexa unidade[53] como um ato único, que se desenvolve continuamente por um determinado período de tempo, sem subdivisões.

Esta concepção é compatível com a recusa gadameriana da tradicional divisão do problema hermenêutico em três, *subtilitas intelligendi* (compreensão), *subtilitas explicandi* (interpretação) e *subtilitas aplicandi* (aplicação) e, portanto, contempla a tese da unidade da *applicatio*.[54]

Nestes termos, ela não admite a separação entre função cognitiva e normativa na interpretação, rejeitando desdobramentos metodológicos no processo decisório,[55] o que não significa recusar a possibilidade de uma metódica operando no interior do círculo hermenêutico ou ainda abandonar a possibilidade de desenvolvimento de uma técnica (secundária, ôntica) que possa ser utilizada na delimitação de mecanismos de controle da compreensão, mesmos nos casos em que se lida com a aplicação do princípio da proporcionalidade.[56]

III.2. Estilo e horizonte como conceitos-chave na individuação do direito

Pensado em termos de complexa unidade, o processo decisório atua a partir de uma razão hermenêutica não absoluta, mas aberta à dimensão apofântica como promotora do necessário estranhamento inerente à individuação do direito.

---

[53] RICOEUR, Paul. *Interpretazione e/o argomentazione.* Disponível em: http://www.arsinterpretandi.it/download/it/1996/Ricoeur.pdf. Acesso em: 11 abr. 2007, p. 92.

[54] GADAMER, Hans-Georg. Hermenêutica clássica e Hermenêutica filosófica. In: ———. *Verdade e Método II...*, p. 131. Com aplicações específicas ao Direito, conferir STRECK, Lenio Luiz. *Verdade e Consenso...*, p. 230-243.

[55] GADAMER, Hans-Georg. *Verdade e Método,* p. 462-463; STRECK, Lenio Luiz. *Verdade e Consenso...*, p. 230-243.

[56] MARRAFON, Marco Aurélio. *O caráter complexo da decisão em matéria constitucional...*, p. 193.

Pode-se afirmar, seguindo os passos de Morais da Rosa, que no jogo de perguntas e repostas inerentes ao processo fenomenológico de desvelamento, a decisão judicial se forma a partir de um modo de *bricolage*[57] que deve operar a partir de dois conceitos-chave: o de estilo e, ligado a ele, o de horizonte.[58]

Com efeito, Nietzsche utiliza a noção de "estilo" como um contraponto à concepção, típica da modernidade, de que o conhecimento e a cultura de um povo se divide em um aspecto interior (saber histórico que denota conteúdo), e outro exterior (estímulos vitais, em regra inconscientes).[59]

Para ele, a produção de conhecimento de um povo se manifesta na forma de "estilo artístico", o qual significa a unidade de todas as suas expressões de vida em uma única realidade vivente, "sem esfacelar-se tão miseravelmente em um interior e um exterior, em conteúdo e forma".[60]

Não por acaso, Resta, ao tratar da construção da identidade no campo da ação social, propõe a aquisição de "estilo narrativo" como um meio para aproximar o infinito mundo de possibilidades não conciliáveis em teorias ou saberes disciplinares que operam em modo científico, ou seja, a partir de modelos de práticas conceituais já experimentados.[61]

Guardadas as especificidades, é este o sentido da *bricolage* mencionada. A noção de "estilo narrativo" vem conferir a unidade necessária para que ela satisfaça às exigências de racionalização em termos não epistemologicamente rígidos do processo construtivo da decisão.

Confere-lhe, ademais, consistência e coerência sem incorrer em exclusivismos de viés cientificistas ou, na outra ponta, irracionalistas.

Por sua vez, o conceito de "horizonte" alude a uma complexa relação entre o que está para além dele [horizonte] e o conteúdo em seu interior, sendo este seu traço essencial.[62]

Ele se liga ao conceito de "estilo" porque, além de não admitir a oposição entre os aspectos internos e externos da atividade cognitiva, permite que, a partir de sua delimitação, se estabeleçam, em modo estilístico, as possibilidades da ação histórica criativa.[63]

Desde esse lugar, as aberturas, no projetar-se judicante e sua vinculação às mediações de fato e de direito inerentes ao caso concreto, deslocam continua-

---

[57] Cf. MORAIS DA ROSA, Alexandre. *Decisão Penal:* a bricolage de significantes. Rio de Janeiro: Lúmen Juris, 2006.

[58] VATTIMO, Gianni. *Le avventure della differenza...*, p. 21.

[59] NIETZSCHE, Friedrich. *Segunda consideração intempestiva:* Da utilidade e desvantagem da história para a vida. Trad. Marco Antônio Casanova. Rio de Janeiro: Relume Dumará, 2003, p. 35.

[60] Ibidem, p. 25-26.

[61] RESTA, Eligio. *Le stelle e le masserizie:* Paradigma dell'ossertatore. Roma-Bari: Laterza, 1994, p. 124.

[62] VATTIMO, Gianni. *Le avventure della differenza...*, p. 21.

[63] Ibidem, p. 23.

mente o horizonte de julgamento a cada internalização de experiência ôntica, num imbricado e cumulativo movimento de "fusão de horizontes". Ao permitir a passagem da compreensão da situação geral para um caso particular, a *"fusão de horizontes"* se liga à questão da *applicatio,* agora conciliada com o modo *bricolage* de constituição da verdade processual.

Ademais, uma vez que o Direito lida com as escolhas normativas de uma sociedade, o método (trajeto) percorrido pelo magistrado deve, prudencial e estilisticamente, levar a uma decisão que possa ser tida como juridicamente justa ou adequada.

Para tanto, o juiz deve, na maior medida possível, escolher corretamente o parâmetro normativo e sua interpretação, acertar sua adequação aos fatos e obedecer ao procedimento juridicamente válido.[64]

Como consequência, no processo de individuação do direito, a atuação judicial produtiva, guiada pela racionalidade fraca e crítica, deve dialogar com as mediações da racionalidade analítica (lógico-normativa) e da racionalidade pragmática (argumentativa).

III.3. Novo Sentido para "Observar" a Lei e os Argumentos Produzidos nos Autos

O papel da racionalidade analítica no processo de individuação do direito está ligado à influência da reflexão racional do homem na ação estilística produtiva do juiz, entendida como uma atividade que pensa, compara, une e discerne. Neste universo, o processo de transformação de cognitividade em normatividade exigido na decisão judicial depende da observância da ordem jurídica positiva.[65]

Conforme ensina Resta, a ideia de "ob-servar" entendida em seu sentido etimológico mais originário, expressa-se na tarefa "de olhar/mirar contra alguém, de conservar e preservar (de uma raiz sânscrita que indicava a atividade de «custódia» do rebanho)".[66]

No entanto, é preciso considerar que, quem "observa" está-no-mundo e o faz a partir de seu interior. Por esse motivo, tomando essa categoria em sentido existencial, percebe-se que "observar a ordem jurídica" em chave estilística se refere à especial relação entre o interno e o externo, observador e observado, ser e ente, numa unidade que exprime a fusão de horizontes e uma recíproca determinação na produção de sentido normativo.

---

[64] Vide: TARUFFO, Michele. *Sui confini:* scritti sulla giustizia civile. Bologna: Il Mulino, 2002. p. 224.

[65] RESTA, Eligio. Le verità e il processo. In: MARINI, Alarico Mariani (a cura di.). *Processo e verità*. Pisa: Plus – Pisa University Press, 2004, p. 50.

[66] RESTA, Eligio. *Le stelle e le masserizie....* p. 157, tradução livre, do original italiano: "guardare contro qualcuno, del conservare e preservare (da una radice sanscrita che indicava l'attività del «custode» del gregge)".

É nesta perspectiva que se verifica a relação de implicação mútua entre o "logos apofântico" e o "logos hermenêutico", onde mesmo que se reconheça o papel fundamental (no sentido da ontologia heideggeriana) deste último, não é possível olvidar que o primeiro exerce influencia na organização do universo de sentidos/significantes detidos pelo intérprete (pré-compreendidos ou não).

Por este motivo, entende-se que a *applicatio* judicial depende também de aberturas à estrutura normativo-proposicional que provoca e vincula (pelo menos enquanto exigência de correção) o sentido na interpretação, ainda que esta se desenvolva no contexto dos jogos linguísticos da comunidade e em conjunto com as estruturas pré-compreensivas do *Dasein* ou, ainda, com as manifestações inconscientes.[67]

É preciso ter em mente que não é incompatível com uma leitura hermenêutica do fenômeno jurídico a noção de que, na produção de sentido faz diferença a análise da estrutura do assertórico predicativo, onde alterações na "superfície" do texto – seja no eixo sintagmático (metonímico), seja no eixo paradigmático (metafórico) – conduzem a mudanças na interpretação do enunciado.

Veja-se que se não trata de aplicar um método próprio, exegético e fechado que restrinja a realização do direito ao universo analítico e fechado, mas sim, de interpretar a lei com a "observância estilística" ou não das regras gramaticais da língua portuguesa, o que implica domínio do léxico ortográfico do idioma e de sua sintaxe.

Mais além, nota-se que a atuação da racionalidade analítica não se restringe à proposição normativa. Há que se atentar para o fato que o direito, concebido como uma ordem substitutiva da justiça,[68] manifesta-se como um sistema constitucional aberto[69] que atua como um programa decisório vinculante.[70]

Enfim, cabe destacar que o papel desempenhado pelo aspecto racional da ação produtiva estilística do magistrado deve contemplar também o contato argumentativo, ainda que este somente produza sentido (ou não) a partir da capacidade linguística, consciente e inconsciente, detida antecipadamente pelo magistrado (a qual também é resultado da "fusão de horizontes" entre sua experiência individual e a totalidade do mundo – Gadamer), onde ocorre a já comentada antecipação fundante de sentido.

---

[67] Sobre elas, conferir as atentas observações de Jacinto Nelson de Miranda Coutinho em: MIRANDA COUTINHO, Jacinto Nelson. Dogmática crítica e limites lingüísticos da lei. In: MIRANDA COUTINHO, Jacinto Nelson de; LIMA, Martônio Mont'Alverne Barreto (orgs.) *Diálogos constitucionais*: direito; neoliberalismo e desenvolvimento em países periféricos. Rio de Janeiro: Renovar, 2006.

[68] RESTA, Eligio. *Le stelle e le masserizie...*, p. 159.

[69] CANOTILHO, José Joaquim Gomes. *Direito constitucional e teoria da Constituição*. 7 ed. Coimbra: Almedina, 2003, p. 1159.

[70] ESSER, Josef. *Precompresione e scelta del método nel processo di individuazione del diritto*. Fondamenti di razionalità nella prassi decisionale del giudice. Trad. it. Salvatore Patti e Giuseppe Zaccaria. Camerino: Scuola di perfezionamento in diritto civile dell'Università di Camerino/Edizione Scientiche Italiane, 1983, p. 32.

Assim, a relação entre hermenêutica e epistemologia jurídica se manifesta como um processo constante de estranhamento e acertamento entre os jogos de diferença e identidade, onde influem inúmeras interferências, de ordem existencial, psicológica, normativa, lógica, argumentativa, dentre outras.

Nesse processo, as aberturas às experiências externas ao sujeito existencial, de índole normativa e retórico-argumentativa, têm o condão de colocar em crise identidades previamente construídas pelo magistrado, deslocando horizontes em conjunto com a ação crítica, quando então se alcança um novo acordo hermenêutico.

Outrossim, ao considerar a *applicatio* judicial em sua complexa unidade, contemplam-se as exigências da virada hermenêutica no Direito, sem perder de vista as demandas próprias do campo jurídico.

Referências

ALEXY, Robert. *Teoria del discurso e derechos humanos.* 4. reimp. Bogotá: Universidade Externado de Colômbia, 2004.

CANOTILHO, José Joaquim Gomes. *Direito constitucional e teoria da Constituição.* 7 ed. Coimbra: Almedina, 2003.

ESSER, Josef. *Precompresione e scelta del método nel processo di individuazione del diritto.* Fondamenti di razionalità nella prassi decisionale del giudice. Trad. it. Salvatore Patti e Giuseppe Zaccaria. Camerino: Scuola di perfezionamento in diritto civile dell'Università di Camerino/ Edizione Scientiche Italiane, 1983.

FLICKINGER, Hans-Georg. Da experiência da arte à hermenêutica filosófica. In: ALMEIDA, Custódio Luís Silva de: FLICKINGER, Hans-Georg; ROHDEN, Luís. *Hermenêutica filosófica*: nas trilhas de Hans-Georg Gadamer. Porto Alegre: EDIPUCRS, 2000. (Col. Filosofia, n. 117).

GADAMER, Hans-Georg. *Verdade e método:* traços fundamentais de uma hermenêutica filosófica. Trad. Flavio Paulo Meurer. 4 ed. Petrópolis: Vozes, 2002.

——. A universalidade do problema hermenêutico. In: GADAMER, Hans-Georg. *Verdade e Método II:* Complementos e índice. Trad. Enio Paulo Giachini. Petrópolis: Vozes, 2002.

——. Semântica e hermenêutica. In: ——. *Verdade e Método II:* Complementos e índice. Trad. Enio Paulo Giachini. Petrópolis: Vozes, 2002.

——. Réplica à Hermenêutica e crítica da ideologia. In: ——. *Verdade e Método II:* Complementos e índice. Trad. Enio Paulo Giachini. Petrópolis: Vozes, 2002.

——. Retórica, hermenêutica e crítica da ideologia: Comentários metacríticos a Verdade e método I. In: ——. *Verdade e Método II:* Complementos e índice. Trad. Enio Paulo Giachini. Petrópolis: Vozes, 2002.

——. Hermenêutica clássica e Hermenêutica filosófica. In: ——. *Verdade e Método II:* Complementos e índice. Trad. Enio Paulo Giachini. Petrópolis: Vozes, 2002.

KAUFFMANN, Arthur. A problemática da filosofia do direito ao longo da história. In: KAUFMANN, Arthur; HASSEMER, Winfried. (Org.) *Introdução à filosofia do direito e teoria do direito contemporâneas.* trad. Marcos Keel e Manuel Seca de Oliveira, rev. Antonio Manuel Hespanha. Lisboa: Calouste Gulbenkian, 2004.

MARRAFON, Marco Aurélio. *O caráter complexo da decisão em matéria constitucional:* discursos sobre a verdade, radicalização hermenêutica e fundação ética na práxis jurisdicional. Rio de Janeiro: Lumen Juris, 2010.

MIRANDA COUTINHO, Jacinto Nelson. Dogmática crítica e limites lingüísticos da lei. In: MIRANDA COUTINHO, Jacinto Nelson de; LIMA, Martônio Mont'Alverne Barreto (orgs.) *Diálogos constitucionais:* direito, neoliberalismo e desenvolvimento em países periféricos. Rio de Janeiro: Renovar, 2006.

MORAIS DA ROSA, Alexandre. *Decisão Penal:* a bricolage de significantes. Rio de Janeiro: Lúmen Juris, 2006.

NIETZSCHE, Friedrich. *Segunda consideração intempestiva:* Da utilidade e desvantagem da história para a vida. Trad. Marco Antônio Casanova. Rio de Janeiro: Relume Dumará, 2003.

RESTA, Eligio. *Le stelle e le masserizie:* Paradigma dell'ossertatore. Roma-Bari: Laterza, 1994.

———. Le verità e il processo. In: MARINI, Alarico Mariani (a cura di.). *Processo e verità.* Pisa: Plus – Pisa University Press, 2004.

RICOEUR, Paul. *Interpretazione e/o argomentazione.* Disponível em: http://www.arsinterpretandi.it/download/it/1996/Ricoeur.pdf. Acesso em: 11 abr. 2007.

STEIN, Ernildo. *Aproximações sobre hermenêutica.* Porto Alegre: EDIPUCRS, 1996. (Coleção Filosofia, n. 40).

STRECK, Lenio Luiz. V*erdade e consenso:* Constituição, hermenêutica e teorias discursivas: da possibilidade a necessidade de respostas corretas em Direito. 3 ed. Rio de Janeiro: Lúmen Juris, 2007.

———. *O que é isto – decido conforme a minha consciência?* Porto Alegre: Livraria do Advogado, 2010. (col. O que é isto?).

———. *Jurisdição constitucional e hermenêutica:* uma nova crítica do direito. 2 ed. Rio de Janeiro: Forense, 2004.

TARUFFO, Michele. *Sui confini:* scritti sulla giustizia civile. Bologna: Il Mulino, 2002.

VATTIMO, Gianni. *Le avventure della differenza:* che cosa significa pensare doppo Nietzsche e Heidegger. Milano: Garzanti Libri, 2001.

———. *Oltre l'interpretazione:* il significato dell'ermeneutica per la filosofia. Roma-Bari: Laterza, 1994.b

— 6 —

GADAMER, A HERMENÊUTICA E A CRÍTICA AO NATURALISMO: ANTIRREALISMO MORAL E CONSTRUCIONISMO SOCIAL

Nythamar de Oliveira[1]

1. Embora não encontremos qualquer ocorrência do termo "naturalismo" em sua obra-prima, Hans-Georg Gadamer retoma a oposição husserliana entre a atitude natural e a atitude fenomenológica a fim de justificar a posterior elaboração de uma fenomenologia do mundo da vida (*Lebenswelt*) que se opõe a toda forma de objetivismo enquanto "conceito essencialmente histórico que não se refere a um universo do ser, a um mundo existente" (Gadamer, 1986, p. 218). Assim, Gadamer evoca a controvérsia epistemológica habitual entre idealismo e realismo, que culminaria numa atribuição interna de subjetividade e objetividade. Todavia, como Robert Pippin observou, não se trata de simplesmente opor a hermenêutica gadameriana ao naturalismo na esteira da oposição entre um psicologismo naturalista e um realismo platônico do significado, seguindo o posicionamento do próprio Husserl nas *Investigações Lógicas* (Malpas, 2002, p. 230). Em sua apropriação crítica de Husserl e Heidegger, Gadamer logrou resgatar a problemática normativa que havia sido neutralizada pela redução fenomenológica do primeiro e debilitada pela ontologia totalizante do segundo. Outrossim, o conceito normativo da *Lebenswelt* não poderia ser tematizado pela fenomenologia estática transcendental do primeiro Husserl, assim como não seria satisfatório inferir um sentido normativo prático a partir do *Mitsein* ou da *Öffentlichkeit* inerente à analítica ontológico-existencial, apesar de todos os esforços de grandes expositores e intérpretes de Heidegger. (Welton, 2000; Villa, 1995).

Creio que a crítica de Gadamer a concepções transcendentais de um anti-objetivismo ou de um anti-naturalismo visa justamente a resgatar um sentido normativo de historicidade (*Geschichtlichkeit*) correlato à linguisticidade (*Sprachlichkeit*), sendo ambos correlatos ao processo universal de compreensão da existência humana enquanto ser-no-mundo, sem incorrer num tipo de necessi-

---

[1] Professor do Programa de Pós-Graduação em Filosofia da PUC/RS.

tarismo ontológico ou num esvaziamento da alteridade e da transcendência. Segundo Gadamer,

> Mas tal ontologia do mundo continuaria sendo algo bastante diferente do que poderiam produzir as ciências da natureza, concebidas em seu estado de perfeição. Ela representaria uma tarefa filosófica que tomaria como objeto a estrutura essencial do mundo. Mas o *mundo da vida* quer dizer outra coisa, a saber, o todo em que estamos vivendo enquanto seres históricos. E aqui já não se pode evitar a conclusão de que, diante da historicidade da experiência implicada nela, a idéia de um universo de possíveis mundos históricos da vida é fundamentalmente irrealizável. A infinitude do passado, mas sobretudo o caráter aberto do futuro histórico, não são conciliáveis com essa idéia de um universo histórico. Husserl extraiu explicitamente essa conclusão, sem retroceder ante o "espectro" do relativismo. (Gadamer, 1986, p. 218)

Uma das grandes contribuições da "hermenêutica filosófica" gadameriana consiste, a meu ver, em haver revisitado o problema insolúvel da normatividade pelo viés da linguagem, mas sem reduzi-lo a uma formulação semântico-ontológica como fez, durante muitas décadas, a filosofia analítica, antes reformulando-o de modo inseparável e coconstitutivo com relação à historicidade e à socialidade na própria gênese do significado. Na medida em que não é uma metodologia mas fundamentalmente uma ontologia, a hermenêutica filosófica de Gadamer acaba por saldar, em última análise, uma promessa que não pôde ser paga pela inacabada apropriação habermasiana de um método adequado para as ciências sociais.(Gadamer, 1977, p. 42) Embora tenha corretamente colocado sob suspeição uma suposta socialidade na ontologia fundamental de Heidegger, no nível mesmo das concepções de *Mitsein* e *Mitdasein*, e tenha para tanto evocado a crítica de Gadamer ao seu mais importante mentor intelectual, Habermas acaba por desconhecer o verdadeiro sentido fenomenológico-generativo que subjaz à concepção gadameriana de linguagem, para além da sua dimensão dialógica. Tanto Habermas quanto Gadamer recorrem a uma dimensão discursiva, dialógico-interpessoal, de forma a resolver, ao menos parcialmente, o "déficit fenomenológico" de teorias da sociedade, inclusive da teoria crítica, em particular, da distância histórica e da diferença cultural que são tematizadas pelo jogo de distanciamento e pertença socioculturais, de certo modo já antecipado pela fenomenologia genético-generativa de Husserl em termos de *Fremdwelt* e *Heimwelt*.(Welton, 2000, p. 370) Todavia, nem Gadamer nem Habermas atentaram devidamente para o problema intrapessoal que não pode ser resolvido em nível interpessoal ou intersubjetivo, mas exige da teoria crítica e da hermenêutica um verdadeiro retorno à psicanálise ou a uma psicologia do desenvolvimento do eu – embora tanto Gadamer quanto Habermas tenham contribuído para destranscendentalizar o eu solipsista da fenomenologia e chamadas filosofias da consciência.(Gadamer, 1977, p. 42) Esse seria o trabalho a ser retomado por Axel Honneth mais tarde, num programa pragmatista que procura resgatar o sentido social concreto que subjaz a uma gramática moral e práticas intersubjetivas na formação de identidade cultural através de lutas pelo reconhecimento.(Honneth, 2003)

2. Richard Bernstein corretamente avaliou a contribuição gadameriana para uma nova versão pragmatista da reviravolta linguística que viabiliza uma profícua interlocução entre hermenêutica, teoria crítica e filosofia social. Os dois eventos mais significativos para tal concretização da guinada pragmático-linguística nas ciências socias, como assinala Bernstein, foram o chamado debate Habermas-Gadamer iniciado nos anos sessenta em torno da "lógica das ciências sociais" (*Zur Logik der Sozialwissenschaften*, 1967; *Hermeneutik und Ideologiekritik*, 1977) e o simpósio estadunidense de 1970 reunindo Gadamer, Paul Ricoeur e Charles Taylor.(Bernstein, p. 110 ss.) Em um artigo de 1971 ("Interpretation and the sciences of man"), Taylor tece uma abordagem hermenêutica das ciências sociais e humanas cotejando *Wahrheit und Methode* com trabalhos seminais de Ricoeur (*De l'interprétation*, 1965) e de Habermas (*Erkenntnis und Interesse*, 1968) de forma a reabilitar um comunitarismo pós-hegeliano capaz de responder ao desafio normativo da crítica ao naturalismo em filosofia analítica (Taylor, 1971). Com efeito, como argumentei em outro trabalho, a chamada guinada pragmática (*pragmatic turn*) em teoria crítica, identificada em autores tão diversos quanto Habermas (a partir dos anos 80), Honneth, Nancy Fraser, Seyla Benhabib e Kenneth Baynes, assinala não apenas a passagem de uma segunda geração a uma terceira que promete saldar um défice sociológico-político, mas acima de tudo uma reformulação do problema moderno da subjetividade em sua concretude social – não apenas enquanto objeto de uma ontologia social, mas de uma psicologia do desenvolvimento e de uma hermenêutica da subjetivação – e do problema correlato da intersubjetividade (coconstitutiva, autoconstitutiva, histórica e narrativamente autocompreendida). (Oliveira, 2009) Ao contrário de abordagens que apenas ofereciam releituras de Hegel e de problemas relativos à *Sittlichkeit*, novos *rapprochements* com autores tão distintos quanto Mead, Dewey, Sartre, Foucault e Derrida permitiram que Honneth, Fraser e Benhabib desvelassem um verdadeiro défice fenomenólogico da teoria crítica, através de suas respectivas teorias do reconhecimento, da justiça redistributiva e da cultura cosmopolita. Karl-Otto Apel foi decerto um dos primeiros pensadores continentais a destacar a dimensão hermenêutica da filosofia analítica, sobretudo pela aproximação entre Heidegger e o segundo Wittgenstein, e a possibilidade de desenvolver uma interessante articulação através do pragmatismo semântico-pragmático de autores como Peirce, Dewey e Mead.(Mueller-Vollmer, 1988) Desde as suas primeiras interlocuções com a segunda geração da teoria crítica nos anos 70, Bernstein seguiu a intuição programática de Apel e vislumbrou o que seria mais tarde consolidado como uma guinada pragmático-linguística na articulação entre teoria e práxis em Habermas, de forma a viabilizar um diálogo da teoria crítica com Dewey, Kohlberg e Rawls. Assim como antecipava a

crítica neokantiana ao naturalismo, as pesquisas sociais e constatações empíricas das *"thick descriptions"* não logram dar conta da normatividade inerente às complexas formas de vida social, padrões culturais e valorativos do mundo da vida, mas servem para nos indicar "pistas" (*Leitfäden, phenomenological leading clues*) significativas. Tanto na fenomenologia hegeliana quanto na husserliana, tais pistas remeteriam a uma subjetividade idealista ou transcendental, segundo um modelo solipsista de filosofia da consciência a ser superado pela crítica materialista da historicidade e seus processos de reificação social. Segundo o próprio Habermas, uma das grandes lições pragmatistas de Bernstein para a teoria crítica consiste precisamente em destranscendentalizar a guinada linguístico-pragmática já iniciada por Wittgenstein e Heidegger no início do século passado, indo na direção de uma verdadeira "guinada pragmatista". O programa teórico-crítico da filosofia social do século XXI deve, portanto, radicalizar a postura pós-metafísica esboçada na querela positivista herdada pela segunda geração da Escola de Frankfurt com relação à primeira sem perder de vista o desafio normativo de processos emancipatórios. Tal versão pragmatista da teoria crítica é inseparável de uma hermenêutica filosófica que mantém o programa de pesquisas empíricas da filosofia social arraigado em um processo reflexivo de autocompreensão da história, da linguagem e da cultura.

3. Neste breve ensaio, gostaria de reexaminar em que sentido uma filosofia social hermenêutica tal como a teoria crítica pragmatista seguiria a crítica gadameriana ao naturalismo, particularmente numa reformulação de um não naturalismo normativo, como alternativo ao que foi proposto por G.E. Moore no início do século passado e como um correlato fenomenológico de um construcionismo social fraco (*weak social constructionism*). A minha hipótese de trabalho consiste em revisitar o sentido semântico-linguístico de universalidade hermenêutica a fim de dar conta da necessidade de autocompreensão no nível de normatividade em toda cultura segundo uma concepção que mantém, por um lado, um relativismo cultural e por outro lado busca um sentido de normatividade que não pode ser reduzido a um princípio universal abstrato ou a propriedades naturais particulares. O maior desafio normativo para a ética, o direito e a política nos dias de hoje consiste, portanto, em articular uma justificação metaética ou ontológico-semântica em termos de uma filosofia da cultura cuja fundamentação se traduz numa hermenêutica da autocompreensão, historicidade e linguisticidade inerentes a um modo sociocultural de ser ou a um *ethos* social. Afinal, o desafio de subscrever ao relativismo cultural sem incorrer num relativismo ou ceticismo ético só pode ser adequadamente formulado na interseção multidisciplinar de uma hermenêutica de culturas.

Gadamer logra, por um lado, articular a terceira via fenomenológica normativa como uma reabilitação da crítica neokantiana ao naturalismo humeano, assim como evita, por outro lado, a falsa solução historicista de problemas epistemológicos constantemente revisitados pela crítica da tradição. Desde uma perspectiva analítica, todavia, nem o historicismo nem a pretensão universal de uma hermenêutica geral pode garantir que tenhamos resolvido o problema cognitivo e normativo da justificação e legitimação de proposições teóricas e práticas. Mesmo assim, autores que partem da crise que atravessa a filosofia analítica desde Quine, Davidson e Rorty podem asserir, como fez Tom Rockmore, que "after the decline of foundationalism, hermeneutics is our most promising approach to epistemology." (Rockmore, 1997, p. 130) Ademais, como bem colocou Rockmore, a hermenêutica não tem a pretensão de substituir a epistemologia, mas antes se propõe como uma alternativa viável a formas e modelos existentes de epistemologia, entre os extremos do fundacionismo e do relativismo, na medida em que propõe uma "interpretação normativa do conhecimento".(Rockmore, 1997, p. 130) Com efeito, Gadamer parece seguir tanto Aristóteles quanto Kant ao apontar para uma especificidade prática na abordagem do problema ético-normativo, que não poderia ser resolvido em termos teóricos no mesmo nível que problemas epistêmicos da *physis* devido ao sentido próprio da *praxis* e da *phronesis*, que exigem uma autocompreensão por parte do agente moral e das vivências (*Erlebnisse*) envolvidas numa ação humana que visa ao bem. Por um lado, a ontologia gadameriana tem primazia com relação à epistemologia; por outro lado, o conhecimento não pode mais ser idealizado como se fosse possível abstrair a verdade de modos de ser no mundo e de formas de autocompreensão. Assim, pode-se falar da universalidade da hermenêutica em dois sentidos, a saber, como método universal para a interpretação de textos e como categoria ontológica constitutiva da própria compreensão do modo de ser humano, num sentido próximo ao da ontologia fundamental heideggeriana. (Gadamer, 1986, p. 282 ss.) O primeiro sentido normativo engendrou mal-entendidos quanto a um suposto relativismo ou a um historicismo, assim como o sentido ontológico na reformulação gadameriana não pode ser corretamente entendido sem a universalidade da linguagem: "Ser que pode ser compreendido é linguagem". (Gadamer, 1986, p. xxii) Neste sentido, a hermenêutica pode ser outrossim concebida como aspecto universal da filosofia e não apenas como metacrítica metodológica para as chamadas ciências humanas e sociais. O meu interesse maior nesta investigação consiste justamente em recorrer a uma concepção hermenêutica de cultura, particularmente, de antropologia, sociologia e história culturais (Peter Winch, Clifford Geertz), de forma a dar conta do défice normativo que persiste na epistemologia das ciências sociais (inclusive aplicadas, como na sociologia do direito) e em formulações recentes da chamada teoria crítica da sociedade (particularmente em Habermas e Honneth). A diferença entre a função cognitiva e a função normativa na hermenêutica pode nos ajudar a melhor entendermos o que está em jogo na inevitabilidade de remeter a interpretação de um texto ou de um contexto social a um pré-conceito (*Vorgriff*), a um ter-prévio (*Vorhabe*) ou a um pré-juízo (*Vorurteil*), aos prejuízos (*Vorurteile*) e pré-compreensões (*Vorverständnisse*) que são coconstitutivos da nossa própria autocompreensão (*Selbstverständnis*). A meu ver, esse é um problema análogo ao de seguir regras em Wittgenstein e que causa espanto quando asserimos que há algo diferente entre compreender que "2 + 2 = 4" e compreender que "não se deve assassinar". Nas palavras de Gadamer,

> Com isso a questão central de uma hermenêutica verdadeiramente histórica, a questão epistemológica fundamental, pode ser formulada assim: qual é a base que fundamenta a legitimidade de preconceitos? Em que se diferenciam os preconceitos legítimos de todos os inumeráveis preconceitos cuja superação representa a inquestionável tarefa de toda razão crítica? (Gadamer, 1986, p. 238 ss.)

4. O problema da normatividade não poderia, portanto, ser resolvido numa plataforma transcendental, mas deve ser história e linguisticamente situado em um contexto concreto de significatividade, inevitavelmente vinculado a preconceitos e a uma ou mais comunidades de tradição, recepção e interpretação de tradições. A ideia de tradição (*Überlieferung*) não teria nenhuma pretensão de ser isenta de ideologias ou de condicionamentos empíricos decorrentes do que se entende por socialização ou complexos processos de assimilação, internalização e reprodução socioculturais que se dão em diferentes etapas da subjetivação. (Gadamer, 1986, p. 494 ss.) A sedimentação e a transmissão de tradições "petrificadas" ou "fossilizadas" acabam por trair algo de passivo, inconsciente ou involuntário nos sutis condicionamentos empíricos que parecem corroborar a suspeita naturalista de que toda evolução social e cultural seria fatalmente determinada por uma evolução biológica. Interessantemente, muitos naturalistas esquecem que a própria concepção de seleção natural adotada e elaborada por Charles Darwin foi influenciada por modelos, conceitos e intuições oriundos das ciências sociais, particularmente da economia política ("a mão invisível de Deus" em Adam Smith) e da economia social (crescimento populacional *versus* escassez de recursos em Thomas Malthus). A concepção gadameriana de hermenêutica filosófica permite-nos agora evitar interpretações reducionistas do próprio naturalismo, assim como um normativismo que supostamente transcenderia o âmbito ontológico da linguagem e da historicidade inerentes à autocompreensão do ser humano.

Ora, Habermas parece cometer uma injustiça contra Gadamer ao atribuir um sentido não normativo à concepção gadameriana de tradição e cultura.(Habermas, 1988, p. 162 ss.) Embora sua concepção ontológico-linguística de historicidade enquanto acontecer (*das Geschehen*) pareça favorecer uma leitura meramente passiva do que é transmitido pela tradição, Gadamer evita o divórcio entre linguagem e experiência de vida e pensamento na própria possibilidade de crítica e reflexão dentro de uma tradição e na sua eventual transformação.(Gadamer, 1986, p. 495) Neste sentido, tradição, historicidade e linguisticidade são correlatas na co-constituição de agentes que se autocompreendem e que interagem através de práticas sociais e culturais que não são necessariamente verbalizadas. Tal concepção hermenêutica de historicidade se aproxima da concepção interpretativa de antropologia cultural elaborada por Geertz, para quem a cultura seria "a system of inherited conceptions expressed in symbolic forms by means of which people communicate, perpetuate, and develop their knowledge about and attitudes toward life." (Geertz, 1973, p. 87) Enquanto conceito semiótico, "culture is not a power, something to which social events, behaviors, institutions, or processes can causally be attributed; it is a context, something within which [interworked systems of construable signs] can be intelligibly – that is, thickly – described." (Geertz, 1973, p. 14) A fim de desvelarmos as diferentes camadas de significação que determinam um padrão de cultura ou do que pode ser identificado como uma tradição ou identidade cultural, somos levados a compreender reflexivamente em que medida tal cultura expõe o que é normal (seu senso de normalidade ou *normalness*) sem reduzirmos a sua particularidade. Um fenômeno trivial, como o piscar de um olho, segundo o exemplo que Geertz toma emprestado de Gilbert Ryle e de sua filosofia da linguagem ordinária, pode ser analisado em sua superficialidade fisicalista através de uma descrição física de um piscar que poderia ser apenas um ato involuntário (*twitch*) ou poderia ser tomado em uma análise de descrição espessa (*thick description*) como uma piscadela voluntária (*wink*), com uma significação a ser descodificada e explicitada em termos de uma codificação social e linguisticamente tencionada. Mais uma vez, o desafio de diferenciar entre um sentido involuntário superficial e um sentido voluntário profundo – em sua complexa rede de significações intersubjetivas, psicológicas, culturais, linguísticas, histórica e socialmente co-constitutivas de uma intencionalidade que não se deixa reduzir a uma consciência solipsista – nos remete, em última análise, a uma tarefa hermenêutica "para além do objetivismo e do relativismo", parafraseando o estudo crítico de Bernstein sobre Gadamer.

5. O problema hermenêutico da normatividade nos remete ainda à diferenciação ontológico-semântica entre "compreender" (*verstehen*) e "explicitar" (*erklären*) fenômenos naturais e culturais. Decerto toda cultura se desenvolve "dentro" da natureza, e na medida em que não há nada "fora" da natureza, o naturalismo num sentido amplo pode ser facilmente compatibilizado com a hermenêutica, assim como tem sido articulado com concepções analíticas de fenomenologia moral e de normatividade ética. Mas tudo depende, em última instância, de como definimos "naturalismo" e do que está em jogo numa abordagem do problema normativo. Afinal, o que é naturalismo? Podemos falar de um naturalismo metodológico (*Methodological Naturalism*) ou científico (*Scientific Naturalism*), no sentido proposto pelo programa de uma epistemologia naturalizada (*naturalized epistemology*), seguindo a fórmula lapidar de W.V.O. Quine, para quem as hipóteses são formuladas com o fito de explicar, controlar e prever eventos pela observação de causas naturais, podendo ser confirmadas ou refutadas. O chamado naturalismo forte, seguindo os trabalhos de Quine e mais recentemente das ciências cognitivas, da sociobiologia e das neurociências, tem

implicações reducionistas não apenas para a filosofia da mente e para a filosofia da linguagem, mas também para a psicologia moral e concepções ético-normativas. Podemos também evocar um naturalismo metafísico (*Metaphysical Naturalism*) ou ontológico (*Ontological Naturalism*), segundo o qual a existência de coisas, fatos, propriedades ou entes é o que em última análise determina a natureza da realidade. Autores como Habermas, Apel, Ricoeur e pensadores morais contemporâneos buscaram reabilitar um universalismo ético, entre o universalismo abstrato kantiano e o relativismo inerente a concepções naturalistas, contextualistas e comunitaristas, de forma a evitar o reducionismo do relativismo cultural e a chamada falácia naturalista (de inferir ações prescritíveis de fatos descritíveis). Creio que a hermenêutica gadameriana possibilita uma resposta mais convincente do que a proposta habermasiana, na medida em que favorece uma leitura interpretativa da instigante relação entre natureza e cultura.

O termo "cultura" pode ter uma acepção mais ampla do que "civilização", de forma a também abranger culturas pré-literárias com um nível de evolução relativamente "primitivo". Citando Spengler e Toynbee, historiadores como Burns procuraram explicar a evolução cultural através de processos civilizatórios, precedidos de desenvolvimentos tecnológicos e culturais amplamente conhecidos como Idade da Pedra e Idade dos Metais, num longo período que se estende por volta de 1 milhão a 25.000 anos antes da era cristã. A emergência, consolidação e transmissão da linguagem falada, o conhecimento do fogo, práticas sociais como o sepultamento dos mortos, a invenção da roda, de armas e de utensílios de pedra (durante o Paleolítico inferior), agulhas, arpões, anzóis, magia, arte e o desenvolvimento paulatino da organização social (Paleolítico superior), a agricultura, a domesticação de animais, a navegação e o aprimoramento de instituições sociais (Neolítico), todos esses longos processos de evolução cultural contribuíram para a formação do chamado "homem civilizado", do *Homo sapiens* que domina técnicas de trabalho com matérias da natureza como o bronze e o ferro, assim como desenvolve uma escrita e transmite de uma geração a outra seus legados culturais da arte, da tecnologia, da ciência e da literatura. (Burns, 1979, p. 28) Segundo tal perspectivista historiográfica ou etnográfica, técnica e cultura seriam como matéria e forma de processos civilizatórios: uma cultura mereceria a denominação de "civilização" quando atingisse um nível de progresso em que a escrita tivesse um largo uso, em que as artes e as ciências alcancem um certo grau de adiantamento e as instituições sociais, políticas, jurídicas e econômicas se desenvolvessem suficientemente para resolver ao menos alguns dos problemas de ordem, segurança e eficiência com que se defronta uma sociedade complexa. Embora a história, a antropologia, a sociologia e a psicologia tenham contribuído com mais de uma centena de definições consistentes e *insights* quanto ao significado e alcance da cultura, como Mukerji e Schudson observaram, "não há uma única disciplina que detenha o monopólio da palavra *cultura*".(Mukerji & Schudson, 1991, p. 35) A tradicional oposição, sobretudo em língua inglesa, entre cultura e civilização (como algo mais ou menos amplo e vago para dar conta dos processos de desenvolvimento histórico) se torna mais problemática ainda quando pensamos nas aproximações e contrastes que encontramos no uso dos termos *Kultur, Zivilisation* e *Bildung* em pensadores pós-kantianos como Fichte, Hegel, Schelling, Marx, Nietzsche e Freud, seguindo a oposição iluminista entre natureza (*Natur*) e liberdade (*Freiheit*) ou espírito (*Geist*). A hermenêutica de Gadamer favorece uma releitura dessas tradições que promovem uma verdadeira autocompreensão da cultura como valores, crenças e juízos compartilhados por uma comunidade, geralmente mais próxima das artes (sobretudo da música, da literatura, do teatro e da retórica) do que da ciência e das emergentes tecnologias, seguindo as tensões entre esclarecimento e romantismo, cultura erudita e cultura popular, *avant-garde*, modernismo e pós-modernismo. Obtemos claramente um sentido mais amplo e sentidos mais restritos do que venha a ser cultura, o que nos remete inevitavelmente a processos de autocompreensão e de interpretação de culturas. Uma identidade cultural, com efeito, não pode ser reduzida a uma única tradição ou escopo de significação cultural – por exemplo, a uma identidade étnica, racial, religiosa, nacional, sexual, de gênero ou de qualquer significante cultural em particular. Além de ser porosa, fluida, dinâmica e passível de mutações ou transvalorações radicais, toda cultura pode ser combinada com uma outra ou mais culturas diferentes, num complexo processo conhecido como hibridismo cultural. Assim, um brasileiro pode ser diferenciado como teuto-gaúcho, ítalo--paulista, afrodescendente, nissei ou tupi-guarani, além de poder ser, ao mesmo tempo, judeu, espírita, corintiano, gremista, petista e/ou homossexual. Uma cultura política, assim como uma cultura jesuíta e uma cultura de prevenção, podem assumir espaços de significação mais ou menos amplos e interpenetráveis, de forma a desafiar quaisquer definições rígidas. As pesquisas vigentes em filosofia da cultura tendem a se consolidar cada vez mais como inter/multi/transdisciplinares nas suas variadas abordagens inter/multi/transculturais. Em última análise, como frisou Jay Newman, a cultura não pode ser confinada aos seus produtos culturais, "artefatos" e "objetos" resultantes de seus processos sutis de reificação, em oposição à insuficiência positivista e frustradas tentativas de obter uma definição isenta de valoração (*value-free*) e supostamente científica de cultura, independentemente de suas interpretações reflexivas. (Newman, 1997, p. 121) Se quisermos evitar reducionismos inerentes a contraposições generalizantes entre naturalismo e culturalismo, seguindo a oposição neokantiana entre fato e valor ou a querela psicológica entre inatistas e behavioristas, entre o que é natural e o que é cultural e socialmente adquirido (*nature-nurture*), temos de recorrer a uma concepção hermenêutica de cultura como a mais promissora e capaz de dar conta do crescente conflito de interpretações e da profícua diversidade de culturas, de pluralismos e identidades culturais.

Segundo a psicóloga naturalista midiática Susan Blackmore, a cultura não passa de um amontoado de *memes* (*a mass of memes*), num sentido mais ou menos próximo ao de Hume quando definira o eu como um feixe de percepções (*the self is a bundle of perceptions*):

> Culture is carried forward by memes, [which are] units of ideas, habits, skills, stories, customs, and beliefs that are passed from one person to another by imitation or teaching. Memes are, in effect, units of information that are self-replicating and changeable, just as genes are. (Blackmore, p. 264).

Assim como os genes formam e informam os organismos vivos e as suas funções vitais, mitos, invenções, linguagens e sistemas políticos são estruturas feitas de *memes*. Mas nem tudo é um *meme*. Por exemplo, jogar futebol, recorrer a esquemas táticos e técnicas futebolísticas podem constituir um *meme*, mas as habilidades pessoais, o jogo de cintura, a ginga e a experiência corpórea de jogar futebol não são *memes*. A experiência pessoal e o corpo próprio demandam, com efeito, uma análise fenomenológica e uma hermenêutica da subjetividade. Este seria, de resto, um ponto de ruptura com o naturalismo de pensadores analíticos como Daniel Dennett e Fred Dretske, que negam a importância da fenomenologia para um relato da interação entre *memes* e genes nos processos evolutivos da natureza e da humanidade. Creio, outrossim, que uma fenomenologia moral pode contribuir para uma hermenêutica analítica de fenômenos sociais na busca de uma justificativa de normatividade. Seguindo uma intuição proposta por Hans Ineichen, acredito que uma hermenêutica analítica possa resgatar a dimensão semântico-pragmática de correlatos socioculturais que tende a ser ofuscada pelo predomínio da dimensão ontológica da hermenêutica filosófica de Gadamer, tornando-a mais defensável no seu intento prático-normativo.(Ineichen, 2002)

6. De maneira análoga ao naturalismo no início do século XX, também o realismo platônico suscitou grandes debates em torno da questão da normatividade, particularmente no cenário da emergente filosofia analítica de língua inglesa. A fim de respondermos à questão "o que é realismo moral?" e à sua correlata contraposição "o que é anti-realismo moral?", é mister recapitular que não se trata de defender posições mas antes direções (*directions, not positions*), na medida em que os extremos devem ser evitados e as devidas concessões devem ser feitas, segundo os relatos de autores contemporâneos de metaética analítica.(Smith, 1995) De acordo com o realismo moral, fatos, propriedades e valores morais não dependem de um sujeito ou de uma consciência moral que os represente. Em sua obra seminal de 1903, *Principia Ethica*, Moore deu o pontapé inicial do debate em torno da questão aberta (*the open question argument*) quanto à impossibilidade de defender de modo conclusivo qualquer argumento ético-normativo, tais como os propostos por modelos teleológicos, utilitaristas ou deontológicos, na medida em que o termo "bom" (*good*) não pode ser definido através da análise de suas propriedades naturais (por exemplo, "*pleasant, more useful, universalizable*") mas permanece *sui generis* e nos remete a uma propriedade não natural,

simples, embasada em quatro teses, que podem ser sumariamente enunciadas nos seguintes termos: (1) Tese Platônica: termos valorativos básicos (*basic value terms*) remetem a propriedades não naturais (*nonnatural properties*); (2) Tese Humeana: enunciados avaliativos (*Ought*) não podem ser derivados de enunciados descritivos (*Is*); (3) Tese Cognitivista: enunciados morais são verdadeiros ou falsos e reivindicam de modo objetivo a realidade moral, que pode ser conhecida; (4) Tese Intuicionista: verdades morais são descobertas pela intuição, isto é, são evidenciadas (*self-evident*) pela própria reflexão.(Moore, 1988)

O realismo platônico em metaética afirma, portanto, que há fatos ou verdades morais independentes das nossas experiências pessoais ou intersubjetivas. Pode-se imediatamente entender por que uma versão tão forte do realismo moral dificilmente se sustentaria e provocaria novas versões de realismo, sobretudo em resposta a posições não cognitivistas que colocavam em xeque a objetividade em epistemologia moral ou a tese diretriz do cognitivismo de que existem proposições morais que podem ser verdadeiras ou falsas. Assim, podemos falar em antirrealismo moral em pelo menos duas versões distintas, a saber, (1) a de que proposições morais não são passíveis de atribuição de valor de verdade – esta seria uma versão forte (*strong antirealism*), geralmente identificada com o não cognitivismo ou instrumentalismo de Hume, emotivistas e expressivistas (Ayer, Stevenson); (2) a versão segundo a qual proposições morais dependem de um sujeito (transcendental) que as represente, por exemplo, como leis da liberdade – esta seria uma versão fraca (*weak*) de antirrealismo, como o construtivismo proposto pela interpretação que Rawls nos oferece de Kant. Podemos destarte enunciar o problema da verdade dos juízos morais nos seguintes termos:

J: "O assassinato é moralmente errado" (entendendo-se "assassinato"ou "assassínio" como "o ato de matar arbitrariamente outra pessoa")

J é geralmente tomada como uma proposição normativa, universalizável e prescritiva. Os realistas morais acreditam que podemos atribuir um valor de verdade ao juízo moral J. Assim:

B: X acredita que J (por exemplo, Marcos acredita que é moralmente errado matar arbitrariamente outra pessoa, assim como todo mundo que subscreve à crença moral B). Se usarmos a seguinte notação simbólica para os operadores modais (de necessidade e de possibilidade), podemos notar que:

$\square$ = é necessário que (*necessarily*)

$\lozenge$ = é possível que (*possibly*)

$\square$ x $\leftrightarrow$ ~ $\lozenge$ ~x

$\lozenge$ x $\leftrightarrow$ ~ $\square$ ~x

Algo (um evento ou uma ação) é necessário se e somente se não é possível a sua negação. Do mesmo modo, algum evento ou alguma ação é possível se e somente se não é necessária a sua negação. Adotemos agora a seguinte notação para explicitar o problema moral da normatividade:

J = juízo moral (*moral judgment*)

D = desejo (*desire*)

B = crença (*belief*)

M = motivação (*motivation*)

Quando obtemos uma equivalência lógico-semântica entre J e B, podemos falar de uma tese cognitivista que coincide, nesta exposição, com a tese do realismo moral, segundo a qual um juízo moral é equivalente a uma crença moral:

$\square$ (J $\leftrightarrow$ B) (cognitivismo ou realismo moral: é verdade que J, portanto B; se eu creio que não devo assassinar, logo eu não devo assassinar).

Todavia, é mister que diferenciemos uma descrição de uma prescrição. Por exemplo, do fato de que Marcos e muitas pessoas (ou até mesmo a maioria das pessoas) acreditem que não se deva matar arbitrariamente outra pessoa, não se pode inferir que não se deve assassinar. O desafio metaético consiste precisamente em tentar justificar a normatividade ética de um princípio ou de normas substantivas (como as encontramos na ética normativa de modelos teleológicos, utilitaristas ou deontológicos), por exemplo, como sugeriu R.M. Hare, estabelecendo a sua universalizabilidade e a sua necessidade prescritiva. Assim, consideremos que:

F: É um fato que Marcos matou Eliza (o que não significa que ele devia ter praticado tal ação).

Seguindo uma argumentação lógico-modal ou lógico-deôntica, podemos formular as versões antirrealistas no seguintes termos:

(1) segundo um antirrealismo moral forte, juízos morais enquanto juízos de valor não são passíveis de atribuição de valor de verdade (V ou F):

$\Diamond$ (B . ~D) (tese do não cognitivismo que, segundo Hume, é possível termos crenças morais sem desejos, isto é, crenças e desejos são independentes)

(2) versão fraca do antirrealismo moral, como exemplificado pelo construtivismo moral ou pelo construcionismo social fraco:

juízos de valor J devem ser diferenciados de juízos de fato F.

Ora, temos ainda de lidar com o problema da justificação de juízos morais e o correlato problema da explicação das ações morais. Consideremos que:

D: X deseja algo que contradiz J.

M: X está motivado a realizar D.

Por exemplo, sem atentarmos para eventuais coincidências com os nomes de pessoas vivas ou mortas, suponhamos que:

(3) Marcos Aparecido dos Santos assassinou Eliza Samudio a pedido de Bruno Fernandes Souza.

(4) Marcos desejou ganhar uma boa quantia de dinheiro, em detrimento de princípios morais.

O problema da normatividade pode ser agora entendido através de duas interpretações triviais, a saber, apesar de J, Marcos quis algo que transgrediu um princípio ético-moral fundamental; por causa de uma certa quantia de dinheiro, uma pessoa acabou cometendo um crime hediondo. Uma coisa foi ter assassinado um ser humano inocente, uma outra coisa foi ter desejado receber um determinado valor para fazer um "serviço sujo". Todo o problema moral da normatividade reside justamente em se tomar a primeira premissa como sendo *prima facie* moralmente válida, a saber, que não devemos matar um ser humano arbitrariamente ou que não se deve assassinar. Asserir que tal premissa é verdadeira não é, todavia, algo claramente evidente, *self-evident* ou que *va de soi*. O estado de coisas que pode ser descrito enquanto evento que pode ser analisado através de leis da natureza (por exemplo, da balística, da perícia e de detalhes técnicos que permitem a reconstituição fidedigna de um crime aberrante) parece ser diferenciado da ação intencional de um agente moral que fez o que não devia ou que agiu segundo motivações ou desejos que fazem da sua ação uma ação moralmente condenável. Mas ainda assim, o nível de argumentação normativa do que deve ser (ou do que deve ou devia ser feito ou deixar de ser feito) se diferencia de um nível meramente constatativo ou descritivo da ação e detalhes da execução de um crime. O antirrealismo fraco, como a contraposição kantiana entre dever-ser (*Sollen*) e ser (*Sein*), limita-se a manter esses dois níveis diferenciados, como duas perspectivas diferentes de interpretação de nosso modo humano, demasiadamente humano, de ser no mundo: o que somos não coincide geralmente com o que devemos ser, justamente porque devemos ser livres mas nem sempre somos ou agimos como seres verdadeiramente livres. Afinal, para Kant e para os antirrealistas que mantêm uma versão cognitivista da normatividade, ser livre é querer o que deve ser quisto. A motivação externa ou tudo que poderia ser tomado como um incentivo, interesse, inclinação, instinto, paixão, pulsão ou desejo seria, como sabemos, um mero condicionamento empírico de nossa natureza heterônoma, tão cheia de contradições e conflitos – afinal, acabamos fazendo justamente aquilo que não devemos ou devíamos fazer... Assim, podemos reformular o problema normativo do internalismo moral e das atitudes envolvendo motivação para fazer algo:

I: □ (J → M) (internalismo)

A: □ (M → D) (pró-atitude da parte do agente)

Segundo Michael Smith, o problema moral pode ser reformulado em termos de uma platitude (o que X tem razões para fazer é o que X desejaria fazer se

X fosse plenamente racional, assim como o agente kantiano), que pode ser programaticamente resumida pelas três teses abaixo:

(1) a tese da objetividade (*objectivity thesis*, isto é, juízos morais nos remetem a crenças racionais que podem ser epistemicamente justificadas, "It is right that I ☐"),

(2) a exigência de praticabilidade (*practicality requirement*, ou seja, o juízo moral é suficiente para explicar a ação que deve ser realizada)

(3) a psicologia crença-desejo de inspiração humeana: "An agent is motivated to act in a certain way just in case she has an appropriate desire and a means-end belief, where belief and desire are, in Hume's terms, distinct existences".(Smith, 1994, p. 184 ss.)

7. A pretensão de Smith é de fornecer uma argumentação internalista não humeana compatível com o naturalismo, de forma a salvaguardar razões normativas para o agir moral sem descartar as concepções motivacionais atribuídas ao não cognitivismo humeano e sem incorrer no relativismo decorrente de interpretações particulares ou de uma hermenêutica contextualizada (contextualismo ou externalismo institucional ou cultural). Embora Smith proponha uma reformulação bastante razoável do que faz de uma ação uma ação moral, minhas investigações em metaética, particularmente em torno do problema do realismo moral (assumindo uma orientação deliberadamente antirrealista) levam-me a postular uma hipótese de trabalho e uma tese diretriz alternativas ao seu realismo racionalista, a saber, o único modo plausível de defender o naturalismo é propor um naturalismo empírico, correlato a um antirrealismo quasitranscendental ou, em termos analítico-hermenêuticos, a um construcionismo social. Ao contrário de não cognitivistas emotivistas ou expressivistas (juízos morais não são descritivos, mas suscitam emoções ou expressões de repúdio ou aprovação) e de construcionistas relativistas e adeptos da *error theory* (juízos morais são "estranhos", *queer*), versões fracas de antirrealistas e construcionistas sociais refutam o intuicionismo de Moore e o não cognitivismo de Hume para reiterar a tese de Hare segundo a qual juízos morais não são descritivos, mas prescritivos e universalizáveis. Se J exprime um querer racional ("querer o que deve ser quisto"), como justificar tal idealização da vontade e explicar por que muitas vezes fazemos justamente o que não devemos desejar ou desejamos (ou somos motivados a desejar), algo que contradiz a razão prática (querer racional, "boa vontade" kantiana)? Uma saída razoável e plausível seria recorrer a uma estratégia como a de Harry Frankfurt e reformular o imperativo categórico como desejos de segunda ordem. Por exemplo,

D1: "eu desejo deixar de fumar" (mas não consigo)

D2: "eu desejo H" (desejo de segunda ordem: "eu desejo desejar parar de fumar")

Na medida em que uma lei moral seria incondicionalmente válida para a vontade racional, idealmente concebidade forma universalizável, um construcionismo social fraco exige apenas uma fenomenologia moral que identifique o sentido valorativo do desejo de segundo ordem segundo uma reflexividade de autocompreensão compartilhada numa cultura ou comunidade ética – que poderia ser universalizável em termos pragmáticos como regras de um jogo que todos podem e devem seguir sem maiores problemas. Decerto, Geoffrey Sayre-McCord mostrou de maneira satisfatória que não podemos, em última análise, recorrer a operadores modais ou deônticos, particularmente a uma argumentação coerente e estritamente consistente em lógica deôntica, a fim de estabelecermos um suposto princípio de neutralidade em metaética, como se fosse possível evitar os chamados dilemas morais. Por exemplo, quando aceitamos obrigações conflitantes – típicas de situações concretas de dilemas morais, tais como argumentos em favor do aborto (*pro-choice*) *versus* argumentos contrários ao aborto (*pro-life*):

1. O(A/C) & O(-A/C),

onde O significa "é obrigatório que" (*Ought*) façamos A em tal circunstância C. Tal proposição 1 nos levará a uma contradição aberrante se assumirmos tanto a tese kantiana (2) de que o dever-ser implica o poder-ser (*"ought" implies "can"*) e um princípio de distribuição deôntica (3), se temos o dever de fazer uma coisa e a obrigação de fazer uma outra coisa, logo temos uma obrigação ou dever de fazer ambas (e vice-versa):

2. Se O(A/C), logo ◊ (A/C)

3. O(A/C) & O(B/C) se e somente se O((A & B)/C)

A inconsistência de teorias que permitem dilemas morais é que acabam sem poder aceitar 2 e 3 sem contradição, na medida em que se mostram inconsistentes com a possibilidade modal e, *a fortiori*, com a lógica de argumentação deôntica.(Sayre-McCord, 1986) O problema moral da normatividade à luz da crítica hermenêutica ao naturalismo poderia agora ser revisitado pela reformulação da própria falácia naturalista, como propõe Daniel Dennett em *Darwin's Dangerous Idea*:

> From what can "ought" be derived? The most compelling answer is this: ethics must be somehow based on an appreciation of human nature – on a sense of what a human being is or might be, and on what a human being might want to have or want to be. If that is naturalism, then naturalism is no fallacy. No one could seriously deny that ethics is responsive to such facts about human nature. We may just disagree about where to look for the most telling facts about human nature – in novels, in religious texts, in psychological experiments, in biological or anthropological investigations.(Dennett, 1995, p. 467)

8. Contra um naturalismo reducionista, sobretudo o chamado "*greedy ethical reductionism*" da sociobiologia que nos condenaria a derivar uma ética através do estudo da socialidade de formigas e aranhas, Dennett nos oferece uma

releitura da falácia naturalista que retoma a hermenêutica de artefatos contra toda ideia de desígnio ou intencionalidade não natural:

> The fallacy is not naturalism but, rather, any simple-minded attempt to rush from facts to values. In other words, the fallacy is greedy reductionism of values to facts, rather than reductionism considered more circumspectly, as the attempt to unify our world-view so that our ethical principles don't clash irrationally with the way the world is. (Dennett, 1995, p. 468)

Afinal, toda discursividade naturalista pressupõe a interpretação e a autocompreensão de textos e codificações meméticas do legado evolucionista. O naturalismo materialista não se opõe, de resto, às ideias de liberdade, responsabilidade moral e livre arbítrio, mas defende um compatibilismo na medida em que refuta todo platonismo e cartesianismo substancialista: segundo Dennett, "nós somos compostos de trilhões de *robots* sem mente e nada mais" (*we are composed of trillions of mindless robots and nothing else*) (Dennett, 2008, p. 25). Quando identifica uma base emotiva natural para os sentimentos e juízos morais, o naturalismo inerente a abordagens analíticas de filosofia da mente não exclui nenhum nível axiológico, normativo de autocompreensão (Prinz, 2006) A meu ver, tal abordagem naturalista ainda prescindiria, neste caso, de uma justificativa para a sobreposição valorativa de normatividade com relação a estados de coisas encontrados ou até mesmo socialmente construídos da realidade. A persistência de uma crítica ao naturalismo consiste precisamente em reconhecer que mesmo que admitamos a sobreveniência (*supervenience*) de valores morais com relação a fatos, eventos ou propriedades naturais ou físicas, ainda assim não seria possível reduzir propriedades morais a tais estados de coisas. Na concepção do construcionismo social, isso equivale a reconhecer que, embora sejam socialmente construídos, valores morais, práticas, dispositivos e instituições como família, dinheiro, sociedade e governo não podem ser reduzidos a propriedades físicas ou naturais mas também, por outro lado, prescindem das mesmas na própria constituição de seus elementos intersubjetivos de autocompreensão – daí o adjetivo "mitigado" (*weak*) para diferenciá-lo de um construcionismo subjetivista, relativista ou pós-moderno.(Hacking, 1999) Mesmo que a socialização de indivíduos possa explicar como se dá, em grande parte, um processo de valoração ético-moral, o fenômeno intersubjetivo de "seguir regras" num determinado contexto social não seria redutível a meras constatações empíricas, como já sugeriu o segundo Wittgenstein, mas prescinde de uma análise linguístico-filosófica dos complexos jogos de racionalidade que subordinam meios a fins, na medida em que uma concepção filosófico-analítica de ética se define, antes de mais nada, como um estudo lógico-semântico da linguagem moral. Desse modo, uma pesquisa social-construcionista visa a reconstruir o que seria uma "fenomenologia moral da justiça", combinando leituras analítico-hermenêuticas com uma fenomenologia moral numa "perspectiva da primeira pessoa" (ou, segundo a expressão consagrada por Thomas Nagel, a sua experiência de "*what-it-is-likeness*"). De acordo com T. Horgan e M. Timmons, o termo "fenomenologia moral" tem sido pouco desenvolvido em filosofia analítica e tem sido usado de maneira vaga ou abrangente para compreender um ou mais dos três aspectos enraizados no complexo fenômeno da experiência moral: "(1) its grammar and logic, (2) people's critical practices regarding such thought and discourse (including, for example, the assumption that genuine moral disagreements are possible), and (3) the what-it-is-likeness of various moral experiences, including, but not restricted to, concrete experiences of occurrently morally judging some action, person, institution, or other item of moral evaluation." (Horgan & Timmons, 2008, p. 116) Ao contrário de naturalistas reducionistas como B.F. Skinner e Ed Wilson, Dennett abraça um naturalismo ontológico-metodológico apenas para defender uma visão mais complexa da natureza humana quando lidamos notadamente com o problema da liberdade e do *self*, inseparáveis da nossa autocompreensão, da nossa historicidade e da nossa linguisticidade. Como mostrou de maneira assaz convincente Tomasello e seu grupo de pesquisa interdisciplinar em neurociências da Universidade de Leipzig, a capacidade de interpretar estados mentais, de compartilhar a intencionalidade e de reinterpretar contextos socioculturais é especificamente humana: "we believe that the study of culture would benefit from a comparative perspective, and that future work should address the question of whether various forms of culture are best viewed as falling along a continuum or as discrete categories."(Tomasello, 2005, p. 675)

Referências

Berger, Peter and Thomas Luckman. 1967. *The social construction of reality: A treatise in the sociology of knowledge*. London: Penguin Publishers.

Bernstein, Richard J. 1983. *Beyond Objectivism and Relativism: Science, Hermeneutics, and Praxis*. Philadelphia: University of Pennsylvania Press.

Blackmore, Susan. 2006. Conversations on consciousness: What the best minds think about the brain, free will, and what it means to be human. Oxford University Press.

Burns, Edward McNall. 1979. *História da Civilização Ocidental*. Porto Alegre: Editora Globo.

Dennett, Daniel C. 1995. Darwin's dangerous idea: Evolution and the meanings of life. New York: Simon & Schuster.

——. 2008. "Autobiography Part 2," Philosophy Now (September/October 2008), p. 21-25.

Gadamer, Hans-Georg. 1986. *Truth and Method* . New York: Crossroad.

——. *Philosophical Hermeneutics*, California, University of California Press, 1976

Geertz, Clifford. 1973. *The Interpretation of Cultures*. New York: Basic Books.

Habermas, Jürgen. 1988. *On the Logic of the Social Sciences*. Boston: MIT Press.

——. 1983. "Urbanizing the Heideggerian Province," in *Philosophical-Political Profiles*, trans. F. Lawrence. Cambridge, MA: MIT Press, p. 189–98.

Hacking, Ian, 1999. *The Social Construction of What?* Harvard University Press.

Honneth, Axel. 2003. "On the destructive power of the third Gadamer and Heidegger's doctrine of intersubjectivity," Philosophy & Social Criticism 29/1 (2003): p. 5-21.

Horgan, Terry & Mark Timmons. 2008. "Prolegomena to a future phenomenology of morals", *Phenomenology and Cognitive Science* (2008) 7:115–131.

Ineichen, Hans. 2002. "Analytische Hermeneutik", in Nythamar de Oliveira e Ricardo Timm de Souza, *Fenomenologia Hoje II: Significado e Linguagem*. Porto Alegre: Edipucrs, p. 211-240.

Kögler, Hans Herbert and Karsten Stueber. 2000. Empathy and agency: The problem of understanding in the human sciences. Westview Press.

Malpas, Jeff et alii (eds). 2002. Gadamer's Century: Essays in Honor of Hans-Georg Gadamer. Boston: MIT Press.

Mueller-Vollmer, Kurt (ed). 1988. The Hermeneutics reader: texts of the German tradition from the Enlightenment to the present. Continuum International Publishing Group.

Mukerji, Chandra & Michael Schudson. 1991. *Rethinking popular culture: Contemporary perspectives in cultural studies*. University of California Press.

Newman, Jay. 1997. *Inauthentic Culture and Its Philosophical Critics*. Westport, Connecticut: Praeger Publishers.

Oliveira, Nythamar de. "Affirmative Action, Recognition, Self-Respect: Axel Honneth and the Phenomenological Deficit of Critical Theory", *Civitas* 9/3 (2009): p. 369-385.

Prinz, Jesse. 2006. "The Emotional Basis of Moral Judgments." *Philosophical Explorations*, Vol. 9, No. 1 (March 2006): p. 29-43.

Rockmore, Tom. 1997. "Gadamer, Rorty and Epistemology as Hermeneutics," *Laval théologique et philosophique*, vol. 53, n° 1, 1997, p. 119-130.

Smith, Michael, 1994. *The Moral Problem*. Oxford: Blackwell.

—— (ed.) 1995. *Meta-Ethics*. Aldershot: Dartmouth.

Taylor, Charles. 1971. "Interpretation and the sciences of man," *The Review of Metaphysics* 25/1 (1971): p. 3-51.

Tomasello, Michael et alii. 2005. "Understanding and sharing intentions: The origins of cultural cognition," *Behavioral and Brain Sciences* 28 (2005): 675–735

Turner, Stephen. 1998. The Limits of Social Constructionism. The Politics of Constructionism, edited by I. Velody and R. Williams. London: Sage, 109-20.

Villa, Dana R. 1995. *Arendt and Heidegger: The Fate of the Political*. Princeton University Press.

Welton, Donn. 2000. *The Other Husserl: The Horizons of Transcendental Phenomenology*. Bloomington and Indianapolis: Indiana University Press.

— 7 —

HISTÓRICA E HERMENÊUTICA
UM ENSAIO SOBRE O DEBATE KOSELLECK-GADAMER

Marcelo Andrade Cattoni de Oliveira[1]

> *Para Ernildo Stein,*
> *Lenio Streck e*
> *Rafael Tomaz de Oliveira,*
> *nos 50 anos de Verdade e Método.*

Todavia, a jovem que nos oferece os frutos é superior àquela natureza dos frutos mesmos que se oferece em modo imediato, à natureza mobilizada nas suas condições e nos seus elementos: a árvore, o ar, a luz, etc.; a jovem, de fato, segundo uma modalidade superior, reúne tudo isso no brilho do olhar autoconsciente e no gesto de oferecer. Do mesmo modo, o espírito do destino, o qual nos oferece aquelas obras de arte, é superior à vida ética e à realidade daquele povo: ele é interiorização-rememorante ou recordação (Er-Innerung) daquele espírito que em tais obras de arte estava ainda alienado e exteriorizado: ele é o espírito do destino trágico, o qual reúne todos os deuses e todos os atributos individuais da substância no Panteão uno, no Espírito que é consciente de si mesmo como Espírito.

(Hegel, 1807, § 753)

Hegel expressa assim uma verdade decisiva na medida em que a essência do espírito histórico não consiste na restauração do passado, mas na mediação do pensamento com a vida atual. Hegel tem razão quando se nega a pensar esta mediação como uma relação externa e posterior, e a coloca no mesmo nível que a verdade da arte. Com isso se situa realmente em um ponto de vista superior ao da idéia de hermenêutica de Schleiermacher.

(Gadamer, 1991, p. 222)

Se nós nos reconhecemos a tarefa de seguir Hegel mais do que a Schleiermacher, a história da hermenêutica deve receber um acento novo.

(Gadamer, 1991, p. 225)

---

[1] Mestre e Doutor em Direito Constitucional (UFMG). Estágio pós-doutoral com bolsa da CAPES em Teoria do Direito (Università degli studi di Roma TRE – Itália). Professor Associado do Departamento de Direito Público (UFMG). Professor Associado de Teoria da Constituição e de História do Direito (UFMG). Coordenador *pro tempore* do Bacharelado em Ciências do Estado (UFMG).

Mas caracterizar o hegelianismo como um acontecimento de pensamento revelador da condição finita da compreensão da consciência histórica por si só não constitui um argumento contra Hegel. Isso testemunha simplesmente que nós não pensamos mais segundo Hegel, mas após Hegel. Pois qual leitor de Hegel, uma vez seduzido como nós pelo poder de seu pensamento, não se ressentiria do abandono de Hegel como de uma ferida que, à diferença precisamente das feridas do Espírito absoluto, não se curaria? A esse leitor, que não deve ceder às fraquezas da nostalgia, é preciso desejar ou esperar a coragem do trabalho de luto. (Ricoeur, 1985, p.372)

Koselleck encontra-se assim intercalado entre Hegel, a quem renuncio, e Gadamer, a quem me alio.

(Ricoeur, 2007, p 311)

Como indagava Ricouer (1985, p. 349-433; 2007, p. 309-421), se após Hegel caberia renunciar a um *saber absoluto de si da História* ou, para dizer com Gadamer (1991, p. 415-433), cabe reconhecer o caráter finito e aberto de toda experiência hermenêutica da consciência histórica (*efetual*), renunciando fundar a Hermenêutica numa "mediação absoluta entre história e verdade tal como pensava Hegel", como sustentar uma hermenêutica da condição histórica que, ao mesmo tempo, critique, portanto, toda pretensão a uma mediação absoluta entre história e verdade, mas que seja capaz de sustentar a possibilidade histórica e finita de reconhecimento de sentido da/na história? Ou, em outros termos, quais são os pressupostos ontológicos de compreensão da/na história?

A reconstrução[2] dos argumentos centrais do debate entre Koselleck e Gadamer sobre Histórica – *Historik*, Teoria da História – e Hermenêutica (Koselleck e Gadamer, 1997), que nesta oportunidade – as comemorações dos 50 anos de publicação de *Verdade e Método* – proponho realizar, faz parte da justificativa teórica do projeto de pesquisa intitulado *História e Teoria do Processo de Constitucionalização Brasileiro*, desenvolvido sob a minha coordenação junto aos cursos de graduação e de pós-graduação da Faculdade de Direito de Universidade Federal de Minas Gerais. Esse projeto visa a reler partes da história da Constituição brasileira como processo de constitucionalização, da Independência à Constituição de 1988, por meio da adoção e do desenvolvimento de marcos teóricos que pretendem inovar nos campos da História e da Teoria do Direito, ao incorporarem grandes contribuições da Teoria da História e da Filosofia contemporâneas. Tem por objetivo contribuir para uma reflexão acerca do sentido normativo que se autoexpressa na práxis de autodeterminação política no constitucionalismo, por meio de uma reconstrução acerca do modo como a Constituição brasileira enquanto processo de constitucionalização articula memória e projeto, experiência e expectativa – e, assim, deixa entrever as suas relações com o tempo histórico. Apresenta a hipótese segundo a qual as relações que a

---

[2] Agradeço imensamente a Adamo Dias Alves porque sem a sua colaboração eu não teria podido escrever este texto.

Constituição brasileira enquanto constitucionalização desenvolve com o tempo histórico podem ser compreendidas como processo não linear e descontínuo, reconstruído como processo de lutas por reconhecimento e de aprendizagem social com o Direito, que se realiza ao longo da história, todavia sujeito a interrupções e a tropeços, mas que também é capaz de se autocorrigir. A justificação teórica entrecruza, de forma tensa e complexa, três marcos ou perspectivas fundamentais, a serem apenas esboçados aqui: 1 – Desconstrução, 2 – uma Filosofia Crítica da História atenta para os desafios postos pela Hermenêutica Crítica da Condição Histórica e 3 – Reconstrução.[3] Com isso, pretende-se romper com perspectivas teóricas presentes na chamada "tradição dos retratos ou intérpretes do Brasil", da qual parcela significativa da doutrina constitucional brasileira faz parte, perspectivas, essas, marcadas por uma leitura *teológico política da falta de povo soberano*, convergente quanto à proposta de uma *modernização autoritária* no marco de uma *democracia possível* e dualista da chamada *brasilidade*. Tais perspectivas teóricas tradicionais dos retratos ou interpretes do Brasil contribuem muitas vezes para a *reificação* da história constitucional brasileira ao impedir, com consequências deslegitimizantes, o reconhecimento de lutas da cidadania por direitos, que constituem internamente o processo político de aprendizado social com o Direito, de *longa duração*. Assim, pretende-se dar continuidade às reflexões desenvolvidas quando da realização de estágio pós-doutoral em Teoria do Direito, com bolsa da CAPES, sobre o *Tempo da Constituição*, durante os meses de setembro de 2008 a fevereiro de 2009, junto a Università degli studi di Roma III, sob supervisão de Giacomo Marramao. E esse projeto de pesquisa é também fruto de publicações, orientações em nível de mestrado e de doutorado, da supervisão de grupos de estudos e de pesquisa, assim como de cursos lecionados na graduação e na pós-graduação nos últimos anos, na UFMG e na PUC Minas.

O debate entre Koselleck e Gadamer deu-se por oportunidade de uma homenagem a Gadamer em razão de seus 85 anos. Nesta ocasião, Koselleck proferiu uma conferência, na Academia de Ciências de Heidelberg, no dia 16 de fevereiro de 1985, intitulada *Histórica – Teoria da Historia – e Hermenêutica*. Essa conferência teve uma resposta de Gadamer na mesma oportunidade, com o título *Histórica e Linguagem: uma resposta*. (Koselleck e Gadamer, 1997).

Koselleck que fora aluno de Gadamer, em sua conferência procura partir de uma leitura antropológica de *Ser e Tempo*, apesar das próprias críticas de Heidegger a uma semelhante "antropologização". A partir de uma complementação e desdobramentos aos existenciários propostos por Heidegger na sua analítica do *Dasein*, assim como aos temas da finitude e da historicidade, Koselleck propõe

---

[3] Em razão dos limites deste texto, esses marcos teóricos não serão desenvolvidos aqui, mas cabe com certeza chamar atenção para centralidade do debate entre Koselleck e Gadamer – e isso é o que me interessa – para uma hermenêutica crítica da condição histórica. Assim, após a filosofia especulativa da história de Hegel, da histórica (*Historik*) e da história dos conceitos de Koselleck à hermenêutica filosófica de Gadamer, à desconstrução de Derrida e à teoria social reconstrutiva de Habermas, e, enfim, à teoria do direito como integridade de Dworkin.

uma Teoria da História ou Histórica (*Historik*) enquanto "doutrina das condições de possibilidade das histórias", para além da distinção entre história-relato e história-acontecimento, *Historie* e *Geschichte*. Para Koselleck, uma doutrina transcendental das condições de possibilidade das histórias iria além de meras narrativas históricas e trataria de questões pré-linguísticas, extratextuais ou pretextuais (ainda que se as busque por via linguística), escapando por isso, segundo ele, à pretensão de universalidade da Hermenêutica.

No início de sua conferência, Koselleck faz uma saudação, referindo-se à longevidade de Gadamer (Koselleck e Gadamer, 1997, p. 67-68). Afirma que "a longevidade de um homem modifica de maneira evidente a qualidade de vida pelo progressivo encurtamento de seus laços de tempo biológicos. Com o passar dos anos, a falta de tempo ganha uma densidade de experiência impossível de adquirir no caso de uma vida que foi interrompida de forma precoce" e afirma que o caso de Gadamer desse ponto de vista é muito especial. Segundo Koselleck, "quanto mais velho, mais rejuvenescido e cheio de vida Gadamer se apresentava" (Koselleck e Gadamer, 1997, p. 67). Gadamer concluiu a sua grande obra, *Verdade e Método*, em 1960, quando completava 60 anos, "e baseando-se nessa obra dirigiu a sua atenção muito mais do que nos anos precedentes a aspectos do passado e do futuro" (Koselleck e Gadamer, 1997, p. 68) E, assim, segundo Koselleck, "disporíamos de uma via de acesso biográfica ao problema central da questão científica proposta por Gadamer, a saber, como se relaciona a hermenêutica com o tempo. Toda compreensão sem um índice temporal é muda." (Koselleck e Gadamer, 1997, p. 68) Como sabemos, Gadamer, em *Verdade e Método* (1991, p. 360-370), chamava a atenção para a importância hermenêutica para o distanciamento no tempo, justamente no tópico anterior à sua reflexão sobre a historia dos efeitos (1991, p. 370-377), sobre os efeitos do tempo na história, sobre o ser afetado no e pelo tempo, sobre aquilo que num certo sentido Heidegger ainda chamou de *historicidade*, lançando mão, se não diretamente do conceito hegeliano, ao menos da riqueza do próprio significante de *Geschichlichkeit*. Koselleck prossegue:

> Toda compreensão sem índice temporal é muda, permanece muda, trate-se da compreensão de um texto, ou então que se a entenda, a compreensão, ontologicamente como um projeto de existência humana que pretenda ter um sentido. Todo compreender está vinculado por princípio ao tempo, não apenas à situação temporal ou ao espírito de época, que determinam sincronicamente o homem, não somente ao decurso e à mudança do tempo. A compreensão está ligada, para Gadamer, retrospectivamente à história dos efeitos cujas origens não se podem calcular diacronicamente e cujo ponto central consiste em que somente se pode experimentar no próprio tempo de cada um. (Koselleck e Gadamer, 1997, p. 68)

Ou seja, mais uma vez, Koselleck chama atenção para a importância hermenêutica do distanciamento no tempo para a compreensão:

A vida de Gadamer ilustra a sua experiência hermenêutica. O tempo não é somente uma sucessão de dados ônticos, mas se cumpre na maturação de quem chega a ser consciente de seu tempo compreendendo-o, reunindo em si todas as dimensões temporais e, por conseguinte, esgotando completamente a própria experiência. A hermenêutica filosófica desenvolvida por Gadamer e a questão das condições históricas – por que necessitamos compreender permanentemente se queremos viver – estão entrelaçadas. (Koselleck e Gadamer, 1997, p. 68)

Cabe desde já chamar atenção que a resposta final de Gadamer a Koselleck é sobretudo a essa questão: por que necessitamos compreender permanentemente se queremos viver? Voltando a Koselleck, "Por isso a hermenêutica de Gadamer tem que ver o que a ciência histórica reclama para si mesma enquanto Histórica (*Historik*), a de tematizar as condições de possibilidade das historias. Considerar as aporias da finitude do homem em sua temporalidade". (Koselleck e Gadamer, 1997, p. 68) A questão que se coloca, e que Koselleck pretende resolver, é a da relação, portanto, da Histórica, que tematiza as condições de possibilidade de histórias e considera as condições as aporias da finitude do homem em sua temporalidade, com a Hermenêutica na medida em que esta última se relaciona com o tempo, em que toda compreensão sem um índice temporal permanece muda. A questão para Koselleck é que interessa um diálogo com a Hermenêutica na medida em que a Hermenêutica liga compreensão e tempo. Ou o tempo da compreensão. Segundo Koselleck,

(...) a Hermenêutica de Gadamer contém implicitamente a pretensão de abraçar a Histórica. Como a teologia, a jurisprudência, a poesia e sua interpretação, também a história se converte num subcaso do compreender existencial: para poder viver o homem orientado à compreensão não pode menos que transformar a experiência da historia em algo com sentido ou por assim dizê-lo assimilá-lo hermeneuticamente.

(...)

Logo admitamos desde o começo que a história (*Historie*, narrativa histórica), como ciência da história (*Wissenschaft von der Geschichte*) e como arte de sua representação ou narração (*Darstellung oder Erzählung*), seja parte do cosmos hermenêutico projetado por Gadamer. (Koselleck e Gadamer, 1997, p. 69).

Então, a narrativa histórica ou a história como narrativa é o que Koselleck afirma fazer parte desse cosmos hermenêutico gadameriano. E essa afirmação tem a sua importância pois, em última analise, o que Koselleck afirma é que a *Historie*, a narrativa histórica, a história como narrativa, esta sim, faz parte do cosmos hermenêutico. Mas a *Geschichte*, a história como acontecimento, e, sobretudo, a Histórica, a *Historik* como investigação das condições transcendentais de histórias, esta escaparia da Hermenêutica.

Através do escutar, do falar e dos textos, também o historiador se move sobre a mesma plataforma sobre a qual se movem as outras figuras paradigmáticas da hermenêutica gadameriana: o teólogo, o jurista e o intérprete da poesia. Admitamos, portanto, que é a história narrada (Historie) seja abarcada elasticamente pela hermenêutica existencial de Gadamer e que apenas possa se subtrair dificilmente dela, da hermenêutica. Quem tem necessidade da linguagem e dos textos não pode subtrair-se à pretensão da hermenêutica. (Koselleck e Gadamer, 1997, p. 69)

Isso vale também para a narrativa histórica, para o trabalho da ciência histórica, para a representação narrativa da história. Entretanto, a questão é:

Mas vale também para a Histórica, isso é, para uma teoria da história dos acontecimentos (*Theorie der Geschichte*) que não estuda as marcas ou rastros, as pegadas determináveis empiricamente de historias passadas, senão que pergunta sobre quais são as condições de possibilidade de uma historia? Ou há condições extralingüísticas, prelingüísticas, ainda que se busquem linguisticamente? Se existem tais pressupostos da história que não se esgotam na linguagem nem se remetem a textos, então a Histórica deveria ter de um ponto de vista epistemológica um *status* que a impede de ser tratada como um subcaso da hermenêutica. Esta é a tese que quero fundamentar. (Koselleck e Gadamer, 1997, p. 69)

E aqui Koselleck estaria dizendo que a Hermenêutica se remete aos textos, às narrativas, e não propriamente aos acontecimentos ou às suas condições de possibilidade.

E para fundamentar a sua tese, Koselleck procura dar dois passos. O primeiro, esboçar uma Histórica ou teoria da história dos acontecimentos dirigida a suas características prelinguísticas, o que se buscará fazê-lo por meio de uma leitura de *Ser e Tempo*, de Heidegger, já que sem esta obra, segundo Koselleck, nem sequer a hermenêutica gadameriana poderia ser concebível. E o segundo, confrontar os resultados esboçados de uma Histórica com posições que segundo Koselleck seriam defendidas por Gadamer em *Verdade e Método* (Koselleck e Gadamer, 1997, p. 70).

Koselleck, assim, procura primeiramente propor algumas indicações tendo em vista uma teoria da história, uma Histórica como doutrina transcendental das condições de possibilidade de histórias (Koselleck e Gadamer, 1997, p. 70). Nesse sentido, diferentemente de uma história empírica (*Historie*), ou seja dos rastros, dos registros, das narrativas, em outras palavras, diferentemente de uma narrativa histórica, a teoria da História, a Histórica, como ciência teórica, não se ocupa das histórias *(Geschichten)*, mas, enquanto ciência teórica, das condições de possibilidade das histórias. Ela indaga acerca das pretensões fundadas teoricamente, que devem ser inteligíveis do porquê de acontecer histórias, como podem realizar-se e, assim mesmo, como e por que se as deve estudar, representar ou narrar.

"A Histórica aponta, portanto, à bilateralidade própria de toda história, entendendo por isso tanto os nexos entre os acontecimentos, como a sua representação". (Koselleck e Gadamer, 1997, p. 70). É isto que é a Histórica. Na medida em que a Histórica se questiona acerca das condições de possibilidade de toda história, ela então se volta, ela estuda, os nexos entre o que é a narração, ou a "representação historiadora" (como na expressão de Ricoeur, 2007, p. 247-296) e os próprios acontecimentos.

Segundo Koselleck,

Heidegger ofereceu em o *Ser e Tempo* uma exposição sumária de ontologia fundamental, que aspirava entre outras coisas a derivar quase necessariamente, a condição de possibilidade de uma narração histórica (*Historie*), assim como a condição de possibilidade de uma história dos acontecimentos (*Geschichte*) a partir da análise existenciária (*Existentialanalyse*) do *Dasein* finito. Estendida e tensionada entre nascimento e morte, a estrutura fundamental do *Dasein* humano é sua maturação: brota da experiência insuperável daquela finitude que pode ser experimentada apenas no antecipar a morte (im *Vorlauf zum Tode*). (Koselleck e Gadamer, 1997, p. 71)

Cabe lembrar que o *Dasein* é o ser-para-a-morte, que se sabe mortal por ser finito, e nesta finitude se encontra a temporalidade. A temporalidade adentra o mundo em razão da finitude. Koselleck, nesta passagem, cita o papa Inocêncio III: "Morremos enquanto vivemos e apenas quando deixamos de morrer, deixamos de viver". (Koselleck e Gadamer, 1997, p. 71)

Para Koselleck,

[a] intenção sistemática de Heidegger era precisamente tematizar, de tal modo a possibilidade do não-ser no *antecipar* a morte *(Vorlauf zum Tode)* que o horizonte de sentido de toda experiência do ser devia aparecer na maturação do *Dasein*. Mas na análise de sua determinação da finitude se intercalaram, todavia, numerosas categorias e interpretações [e Koselleck adota esta possibilidade de leitura, apesar de ela ser altamente controversa] de leituras antropológicas, suscetíveis de serem aperfeiçoadas e ampliadas, por mais que o próprio Heidegger rapidamente se opusesse a semelhante *antropologização*" de tais categorias. (Koselleck e Gadamer, 1997, p. 72)

Assim, na análise de Heidegger, segundo Koselleck,

foram introduzidos conceitos como cuidado (*Sorge*) e angústia (*Angst*), ou como aceitação do destino (*Schicksals*) e história como sina (*Geschick*), conceitos como autenticidade e inautenticidade (*Eigentlichkeit und Uneigentlichkeit*), povo, fidelidade, herança, ser livre para a morte (*Freisein zum Tode*) e, finalmente, morte, culpa (*Schuld*), consciência (*Gewissen*) e liberdade (*Freiheit*). Em suma, já não se podia desconsiderar a semântica política desta terminologia adotando medidas preventivas de ordem metodológica. (Koselleck e Gadamer, 1997, p. 72)

Para Koselleck, o que importa, para além da conhecida semântica política a que categorias como essas deram curso, sobretudo se vistas pós-1945, é julgar se as determinações de Heidegger bastariam para desenvolver uma Histórica que fosse capaz de derivar também as condições de possibilidade de histórias a partir da determinação fundamental da finitude e da historicidade. Para Koselleck, "se elas resultarem insuficientes, este não será precisamente o caso". E, assim:

O homem como *Dasein* não é todavia livre para seu próximo nem aberto em sua conflituosidade com seus semelhantes. Os tempos da história não são idênticos e nem sequer derivados totalmente das modalidades existenciais desenvolvidas no homem como *Dasein*. Desde o começo, os tempos da história estão constituídos por inter-relações humanas. Se trata sempre da contemporaneidade do que não é contemporâneo *(Gleichzeitigkeiten des Ungleichzeitigen)*, de determinações de diferenças que contém sua própria finitude irredutível a uma *existência (Existenz)*. (Koselleck, 1997, p.73)

Esta é uma questão que, por exemplo, Ricoeur tratou em *A memória, a história, o esquecimento* sob o signo da temporalidade (2007, p. 364-380) Ricoeur retomou ali a questão da finitude ou mesmo releu o tema da finitude, sob o signo da temporalidade compartilhada, chamando atenção para algo que não estaria presente propriamente em Heidegger de forma tão decisiva, o que poderíamos chamar, talvez com Apel, do *a priori da comunidade de comunicação*. O *Dasein* estaria desde sempre mergulhado na intersubjetividade. O *Dasein* não é apenas um ser-para-a-morte, mas um ser-com-os-outros. Ricoeur, inclusive, procurou destacar que a finitude é comum a todos os homens e não apenas ao homem, e que isso tem um sentido no quadro de uma antropologia filosófica, por exemplo, da antropologia do homem capaz, que ele desenvolveu. Mais uma vez, o problema da condição de pluralidade que Hannah Arendt chamou atenção inclusive contra a posição do próprio Heidegger. (Ricoeur, 2007, p. 368-373)

Na verdade, Koselleck parte de Heidegger, e afirma que, apesar das críticas desse acerca do desenvolvimento de uma leitura antropológica de *Ser e Tempo*, o próprio Heidegger teria apresentado uma série de categorias legíveis antropologicamente, apesar de Koselleck entender que, principalmente após 1945, há de se perguntar até que ponto as determinações de Heidegger poderiam por si sós servir de base para se desenvolver uma Histórica. E a resposta que Koselleck dá nesta conferência é negativa, por isso a necessidade, para ele, de desenvolver e de ampliar a oferta de categorias.

Koselleck entende, pois, ser oportuno completar especialmente as determinações de finitude da analítica do *Dasein* de Heidegger para dirigir a atenção à possibilidade de histórias factuais. (Koselleck e Gadamer, 1997, p. 73)

O par antitético *(Oppositionspaar)* central de Heidegger – o *estar lançado (Geworfenheit)* (considerado empiricamente, o nascimento) e o *antecipar* a morte *(Vorlaufen zum Tode)* (empiricamente, o ter que morrer) *(Sterbenmüssen)* – se pode completar com outras determinações antitéticas, que definem o horizonte temporal das nossas experiências de finitude com maior rigor e, em qualquer caso, também de um modo diverso. E em nada deve perturbar-nos o fato de que se trate de categorias que aconselham uma ampliação na antropologia histórica, pois foram justamente as categorias do próprio Heidegger as que, por sua legibilidade e interpretabilidade antropológicas, provocaram uma Histórica, ainda que tão somente permitissem uma fundamentação insuficiente. (Koselleck e Gadamer, 1997, p. 73)

Com isto pode-se pensar a influência de Heidegger na própria história da *História dos conceitos*.

De fato, com as noções de *proveniência (Herkunft), herança, fidelidade, sina, povo, destino, cuidado* e *angústia*, para repetir algumas determinações importantes, não se consegue uma fundamentação suficiente das condições de possibilidade de histórias. (Koselleck e Gadamer, 1997, p. 73)

Koselleck serve-se de cinco categorias, segundo ele, conhecidas e aparentemente idôneas, enquanto pares antitéticos, para problematizar algo como "a estrutura fundamental temporal de possibilidades históricas". (Koselleck e Gadamer, 1997, p. 73) Nesse sentido, para além daquelas categorias apresentadas por Heidegger, e que embora lidas antropologicamente não conseguiram fundamentar totalmente uma Histórica, Koselleck pretende ir além e apresentar outras, a partir de um conjunto de pares antitéticos, visando fundamentar estrutural e temporalmente uma teoria das condições de possibilidade do existir histórico.

1. O poder matar em complementação ao antecipar a morte:

[a] determinação central de Heidegger do *antecipar a morte (Vorlaufen zum Tode)* deve ser completada com a categoria do *poder matar (Totschlagenkönnen)*. As histórias dos homens se caracterizam pelo fato de que sempre, uma e outra vez, converteram-se em objetivo a sua sobrevivência, e isso não apenas no horizonte de seu ter que morrer *(Sterbenmüssens)*. Desde as ordas re-coletoras e coletoras, até as superpotências bem equipadas de armas atômicas, a luta pela sobrevivência está sempre sob a ameaça de morte aos outros ou mais ainda proferida pelo outro. (Koselleck e Gadamer, 1997, p. 74)

Na dicção de Heidegger cabe asseverar de maneira fundada que o *poder matar-se (Sichumbringenkönnen)* mutuamente é tão originário como o *antecipar a morte*, enquanto se trate do *Dasein* como um *Dasein* histórico. Portanto, a manutenção, preservação ou restauração da paz depois da guerra é também uma conquista histórica. (Koselleck e Gadamer, 1997, p. 74)

Sem a capacidade de poder matar a seus semelhantes, sem a capacidade de poder abreviar violentamente o lapso possível de vida de cada um dos outros, não existiriam as histórias que todos conhecemos. (Koselleck e Gadamer, 1997, p. 75)

2. O par antitético amigo/inimigo

Como lembra Koselleck, a oposição amigo/inimigo, como desdobramento do ter que morrer e do poder matar, faz parte da definição do político exposta por Carl Schmitt em *O conceito do político*, de 1932. Além disso, Koselleck considera que esse par conceitual:

procede do mesmo contexto político que deu a *Ser e Tempo* seu valor especificamente epocal, que o tornou legível atualmente como um texto histórico. Mas sem o prejuízo do viés político-ideológico destas finalidades e de sua aplicabilidade às cosmovisões, devemos ter claro que o par antitético amigo-inimigo considera de um modo inteiramente formal finitudes que se manifestam sobre o pano de fundo de todas as historias de auto-organização humana (...) Como determinações existenciárias *(existentiale)*, as categorias são mais rígidas e não se podem expor sequer a uma ideologização. Amigo o inimigo contém determinações temporais do futuro, em que o ser para a morte *(Sein zum Tode)* pode ser superado em todo instante pelo ser para matar *(Sein zum Totschlagen)*. (Koselleck e Gadamer, 1997, p. 76)

3. O par interior/exterior

Segundo Koselleck, a contraposição *(Gegensatz)* entre interior e exterior constitui a espacialidade histórica. (Koselleck e Gadamer, 1997, p. 77) Derivado dessas categorias surge outra contraposição, público/secreto, outros conceitos que, aqui, para Koselleck, sobretudo o conceito de segredo *(Großraum)*, adviriam de Schmitt. (Koselleck e Gadamer, 1997, p. 78)

4. A categoria de generatividade

Para Koselleck,

[a] análise da finitude, mediante a qual Heidegger fez aflorar o horizonte da tempora idade e da historicidade para demonstrar a possibilidade da história em geral, necessitar ainda uma ulterior diferenciação. Há que se diferenciar, por sua vez, o assim denominado *estar lançado (Geworfenheit)* – que, apesar de suas associações com o reino animal, se refere à coação para aceitar o próprio *Dasein* e, falando empiricamente, ao nascimento com que se inicia a vida e, portanto, também já a morte, esta determinação da finitude de cuja premissa fática pode ser derivada a maturação – para fundamentar as condições de possibil dade de histórias.

Koselleck propõe a categoria da generatividade, na possibilidade de se admitir o uso deste termo. Para ele, Hannah Arendt falava no mesmo sentido de natividade ou natalidade *(Gebürtlichkeit oder Natalität)*. Segundo Koselleck, em tal categoria

está contida aquela finitude pertencente aos pressupostos temporais para expelir sempre novas histórias. A sucessão inevitável de gerações, em sua re-engendradora superposição fática e temporal, leva sempre a novas exclusões, a determinações diacrônicas do interno e o externo, ao antes ou ao depois com respeito às unidades de experiência específicas de cada geração. Sem estas exclusões nenhuma história é pensável. As trocas e choques geracionais são constitutivos por antonomásia do horizonte temporal finito, por cujo respectivo deslocamento e solapamento gerador acontecem as histórias. (Koselleck e Gadamer, 1997, p. 82)

5. O par senhorio/servidão

Segundo Koselleck, apesar de esse par estar ligado à história da "velha Europa", de um ponto de vista formal, o que ele expressa seriam as relações hierárquicas, de cima para baixo. Também elas pertenceriam, para Koselleck, às determinações da finitude, sem as quais, "apesar de todos os adiantamentos técnicos da auto-organização política, não seriam possíveis historias". (Koselleck e Gadamer, 1997, p. 84)

Após expor aqueles que seriam os cinco pares conceituais problematizar algo como "a estrutura fundamental temporal de possibilidades históricas", Koselleck se pergunta onde se encontraria "o ponto de confluência dos cinco pares antitéticos citados que prepara o caminho para uma Histórica" (Koselleck e Gadamer, 1997, p. 84). Na medida em que se parte de Heidegger, essas categorias se tratam de determinações existenciárias *(existentialen)*, ou seja, "de certo modo de categorias transcendentais que nomeiam a possibilidade de histórias, sem por isso criar desde já, suficientemente, descritíveis histórias concretas" (Koselleck e Gadamer, 1997, p. 84). Embora esses pares conceituais apontem para complementos empíricos, não por isso poderiam captar a variedade das histórias que efetivamente acontecem. Assim, para Koselleck, [s]empre se deve adicionar condições suplementares para poder conferir a uma história seu caráter de realidade". (Koselleck e Gadamer, 1997, p. 85)

Segundo Koselleck, a razão de se pretender enumerar condições mínimas transcendentais das histórias é a de que, como pares antitéticos,

> seriam idôneas para ilustrar as estruturas da finitude que, por se excluírem mutuamente, evocam tensões temporais necessárias entre as unidades de ação e dentro destas. As histórias acontecem apenas porque as possibilidades inscritas nelas superam as que depois se podem cumprir *(eingelöst werden können)*. Este excedente de possibilidades deve ser consumido para poder realizar *(verwirklichen)* algo *no tempo*.

Após a realização do primeiro passo em sua exposição, um esboço teórico que deve levar adiante a análise existênciaria *(Existentialanalyse)* de Heidegger, Koselleck passa, num segundo momento, a comparar as categorias transcendentais com a Hermenêutica de Gadamer.

Koselleck inicia esse segundo passo de sua exposição afirmando que ate aquele momento teria omitido uma categoria, a da linguisticidade (Koselleck e Gadamer, 1997, p. 86). Segundo ele, a hermenêutica gadameriana, como "doutrina da compreensão", possuiria um nível histórico-ontológico,

> e a linguisticidade constitui o modo de execução ínsito nela que não se deixa objetivar metodicamente. Sem este tipo de possibilidade dada previamente de experiência do mundo, o *Dasein* humano, mais além de todas as ciências, nem sequer é pensável. Desta maneira a determinação da relação entre hermenêutica e Histórica se mostra sem dúvida numa nova luz. (Koselleck e Gadamer, 1997, p. 87)

Assim, o que caracterizava, pergunta Koselleck, o projeto categorial com o qual a Histórica, tal como se buscou descrever, procurou delinear as condições transcendentais de possíveis histórias? (Koselleck e Gadamer, 1997, p. 87)

A Histórica, segundo Koselleck, remeter-se-ia a nexos de ações, a formações de finitude, num âmbito também extralinguístico. Já a hermenêutica remeteria à sua compreensão. "Esta resposta tem indubitavelmente um certo valor intrínseco, mas resulta muito simples para ser apenas verdadeira" (Koselleck e Gadamer, 1997, p. 87).

Por isso, para concluir, Koselleck se pergunta, uma vez mais, pelo *status* linguístico das categorias implicadas em sua descrição das condições transcendentais de possíveis histórias. Para tanto, Koselleck decide partir de duas teses fortes, defendidas por Gadamer e que seriam esclarecedoras para seu propósito.

> Em primeiro lugar, Gadamer afirma que, ainda que nossa experiência do mundo seja possibilitada e mediada linguisticamente, nunca é apenas um processo linguístico, nem se esgota na linguagem. Ao contrário, em todo processamento linguístico *(Versprachlichung)* importa o objeto que é expresso linguisticamente. Portanto, também o objeto da Histórica permanece no âmbito da hermenêutica universal. Mas Gadamer, em sua discussão com Habermas e Apel, chega até o extremo de destacar a impossibilidade *(Uneinholbarkeit)*, a inalcançável pretensão de sentido *(unerreichbare Sinnvorgabe)* que a história impõe a todo intento de compreender e que a faz superior a todo esforço hermenêutico. A superioridade do que se deve compreender não é nunca inteiramente acessível *(einholbar)* mediante uma interpretação. Pois então a temática da Histórica seria, por dizer assim, um caso muito particular no qual toda linguagem se apressa em vão. (Koselleck e Gadamer, 1997, p. 89)
>
> (...)
>
> Em segundo lugar, Gadamer destaca que, inclusive no marco metodicamente mais reduzido das ciências sociais ligadas a textos e de suas interpretações, a atitude histórica frente às fontes difere consideravelmente das ciências do espírito afins que trabalham de toda forma vinculadas aos textos. Entre as ciências interpretativas de textos, a ciência histórica possui um nível que representa quase a superação de todo proceder hermenêutico. (Koselleck e Gadamer, 1997, p. 89)

Assim, o modo de trabalho seja do jurista, do teólogo ou do filólogo teriam em comum, segundo Koselleck, o fato de atribuir ao texto uma posição genuína, cujo pano de fundo de certa maneira não seria questionável. (Koselleck e Gadamer, 1997, p. 90)

Todavia, para Koselleck, o historiador procede de maneira diferente do modo de proceder do jurista, do teólogo e do filólogo:

> [Ele] se serve basicamente dos textos somente como testemunhos para averiguar a partir deles uma realidade existente além dos textos. Por conseguinte, tematiza, mais que todos os outros exegetas de textos, um estado de coisas que em qualquer caso é extratextual, ainda quando ele constitua sua realidade só com meios linguísticos. Soa quase como uma ironia. Fundamentalmente na união com as ciências do espírito, e não na práxis da investigação, o historiador tem menos dependência dos textos que o jurista, o teólogo ou o filólogo. Seus textos, ao serem transformados em fontes mediante perguntas, possuem sempre apenas o caráter indicativo daquela história em cujo conhecimento se está interessado. Escrever a história de um período significa fazer enunciados que não puderam ser feitos nunca no período. Esboçar a história baseando-se em condições econômicas significa intentar uma análise de fatores que não são deriváveis imediatamente de nenhuma fonte. (Koselleck e Gadamer, 1997, p. 92)

Assim, para Koselleck, a Histórica, quando apreende as condições de uma possível história,

remete a processos de longo prazo que não estão contidos em nenhum texto como tal, senão que provocam textos. Remete a conflitos insolúveis, fraturas, descontinuidades, modos elementares de comportamento que se podem bloquear, e nomeá-los *(benennen)* linguisticamente representa já uma forma de racionalização. O sem sentido *(Unsinn)* linguístico se pode descobrir linguisticamente. Mas o sem sentido que, com ajuda da linguagem, dimana de motivos e coações que escapam à linguagem, somente se pode buscar no marco de uma consideração racional mediante um processo adicional de tradução. Assim se alcançam os limites da falta de todo sentido *(Sinnlosigkeit),* mas sem possibilidade de os transgredir. (Koselleck e Gadamer, 1997, p. 92)

De acordo com isso, Koselleck propõe que se deva, ao menos uma perspectiva metodológica, diferenciar o que seja "orientar a compreensão feita aos textos, afim de entender sua enunciação de um estado de coisas, e inquirir algo que se filtra sem o querer através dos textos e que somente mais tarde resulta ser a verdade histórica." (Koselleck e Gadamer, 1997, p. 93) Assim, concluindo, Koselleck afirma que:

Devemos diferenciar entre a história efetiva que se matura na continuidade da tradição ligada aos textos e de sua exegese, por um lado, e, por outro, a história efetiva que, ainda possibilitada e mediada linguisticamente, vai mais além do que é acessível com a linguagem. Há processos históricos que escapam a toda compensação ou interpretação lingüística. Este é o âmbito a que a Histórica se dirige, ao menos teoricamente, e que a distingue, ainda quando pareça ser abraçada pela hermenêutica filosófica. (Koselleck e Gadamer, 1997, p. 93)

(...)

Logo, do ponto de vista de sua teoria e de seu método, a Histórica é algo mais que uma ciência ligada filologicamente ao texto. Em certa medida, a Histórica é facilmente discernível de uma hermenêutica ligada ao texto. Mas, é possível delimitá-la também com respeito a uma hermenêutica em que se insere toda Histórica como obra lingüística *(als eine sprachliche Leistung)*? Seguramente, no sentido de que seu tema dado, a história, precede a toda compreensão. O que dizia Fichte? "... e toda esta realidade como tal... não é em absoluto nada mais que a tumba do conceito que queria se provar expondo-se à luz". Também o conceito da história poderia ser um conceito que se consome na realidade. Por isso agradeço que o senhor Gadamer diga a última palavra. (Koselleck e Gadamer, 1997, p. 94)

Gadamer inicia sua resposta afirmando "não ser em vão" que Koselleck tenha, num primeiro momento de sua exposição, recorrido a *Ser e Tempo,* de Heidegger, para mostrar como, da perspectiva do historiador, seria possível desdobrar as estruturas da analítica do *Dasein* ali propostas. Segundo Gadamer, a exposição realizada por Koselleck corresponderia, num certo sentido, também aos seus próprios interesses filológico-estéticos, a partir dos quais, ele mesmo, Gadamer, procurou, à sua maneira, desenvolver as teses de Heidegger (Koselleck e Gadamer, 1997, p. 98).

Gadamer estava consciente de que o olhar de todo aquele que compreende busca sempre um sentido que lhe possibilite abrir constantemente algo como um *horizonte de expectativa*, "em meio a insensatez do acontecer e da história" (Koselleck e Gadamer, 1997, p. 100). Para ele, talvez a força suprema do homem consista em resistir a todo desafio imposto pela realidade por meio do *sem sentido (Unsinn),* da *demência (Wahnsinn)* e da desconcertante *absurdidade (Sinnlosigkeit),* "e fazê-lo perseverando na busca incansável do compreensível e do sentido" (Koselleck e Gadamer, 1997, p. 100).

Nesses termos, Gadamer esperava, com sua resposta, não tanto, segundo ele, "uma réplica tal que valesse como a verdadeira resposta" (Koselleck e Gadamer, 1997, p. 99), mas dizer algo, de forma clara e breve, sobre os fundamentos de uma verdade, ou seja, aquela segundo a qual todo aquele que compreende persevera incansavelmente, em meio à insensatez, na busca de sentido. E, segundo Gadamer, "pretender formular a peculiaridade do ser humano com meios aristotélicos – e Aristóteles é por fim o *mestre daqueles que sabem* [Dante], quer dizer refletir sobre o que significa que o homem possui a linguagem." (Koselleck e Gadamer, 1997, p. 100).

Para Gadamer, Aristóteles tinha razão quando afirmava que o que distingue o homem dos animais é exatamente a linguagem (Koselleck e Gadamer, 1997, p. 100). Isso significaria que o homem, diferentemente dos animais, está desgarrado das atitudes e das capacidades naturais "de tal modo que nesta liberdade está depositada simultaneamente a responsabilidade de si mesmo e dos seus, de si mesmo e de todos nós" (Koselleck e Gadamer, 1997, p. 100). O que nos diferenciaria de todos os outros seres naturais, apesar de sermos impelidos por coações e impulsos, é termos um campo de possibilidades, um campo de jogo (*Spielraum*) de outro tipo, aberto para nós:

É o espaço *(Raum)* das possibilidades ofertadas, das plausibilidades, que não são apenas aquelas compreendidas no campo do deixado aberto com o que joga o pensamento, senão que incluem também as decisões entre as quais se desenrola a luta contínua pela supremacia e pela restrição, isto é, o campo da história humana. Assim, a famosa definição do homem, conhecida na sua versão latina *animal rationale*, também aparece no escrito de Aristóteles sobre a política. Mas o que realmente o texto grego nos ensina é que aqui não está em jogo tanto a razão como a linguagem. Não consiste em uma troca de sinais, como o grito de alarme ou o de reclamo dos animais. Seu distintivo reside sobretudo no estado de coisas (vorzustellen Sachverhalt), a ele próprio e aos outros. E a própria palavra *Sachverhalt* [*Sache*, coisa + *Verhalt*, comportamento] tem algo muito peculiar. Há nela algo desinteressado desde o momento em que lhe concebemos a coisa (*Sache*) um comportamento (*Verhalten*) próprio e em nosso comportamento nos unimos ao seu. Isso é parte do que chamamos razão e que vive no nosso agir racional. (Koselleck e Gadamer, 1997, p. 101)

Segundo Gadamer,

isso é representado no milagre da distância que estamos em condições de experimentar na linguagem: a possibilidade de deixar algo incerto, sem decidir (...) O homem tem o sentido do tempo. A ele está ligado (como dá a entender Aristóteles, segundo uma lógica interna) o sentido da justiça e da injustiça. Parte desse argumento constatamos sempre, em razão da duvidosa liberdade do poder e do querer compreeender. Sempre se choca com as realidades e sobre tudo com a realidade do outro (...) Nós não *fazemos* tudo isso, senão que tudo isso nos ocorre. (Koselleck e Gadamer, 1997, p. 102)

E por isso afirma Gadamer:

Logo, tal como foi evidenciado razoavelmente o olhar certeiro e sóbrio do historiador, é exato que nunca seremos donos da história. Conhecemos apenas histórias e, para tornar possíveis as histórias sempre acabamos adentrando em todas as contraposições fundamentais, inexoravelmente severas, ilustradas pelo historiador: são as contraposições de *amigo e inimigo*, de *secreto e público* e as outras categorias fundamentais, cuja polaridade é própria de cada *história*. Ambas as coisas estão unidas e constituem a nota distintiva do homem: a posse da linguagem e da história. É, portanto, perfeitamente legítimo por parte de um historiador ler *Ser e Tempo* do ponto de vista de seu conteúdo enunciativo antropológico e desenvolver as categorias da historicidade tal como o fez Koselleck. Não obstante, restam ainda nesse caso categorias, conceitos fundamentais de um mundo objetivo e de seu conhecimento. Me parece que são basicamente diferentes dos conceitos heideggerianos, que pretendem elaborar a historicidade do *Dasein* e não as estruturas fundamentais da história e de seu conhecimento. Certamente, também a analítica do *Dasein* proposta por Heidegger pode a sua vez ser compreendida pelo historiador, desde o distanciamento histórico (in *geschichtlichem Abstand),* como un fenômeno histórico ou ao menos como um fenômeno da história contemporânea. A história é um *universal (Universale).* A Histórica de Koselleck oferece uma doutrina das categorias deste universo que articula um enorme campo de objetos do conhecimento humano; mas esta doutrina das categorias não quer dar uma legitimação do interesse no mundo objetivo da história e das histórias. E, todavia, em todo conhecimento histórico aninha um *compreender.* (Koselleck e Gadamer, 1997, p. 103)

Mas se todo conhecimento histórico aninha um compreender, o que aproxima e distingue Histórica e Hermenêutica Filosófica?

A *Histórica* de Droysen o declara resolutamente e por isso é uma *hermenêutica.* Isto não significa que Droysen pense somente na linguagem e nos testemunhos linguísticos quando define a tarefa do historiador como "compreender investigando" *(forschend verstehen)?* Schleiermacher, teólogo e exegeta, concebia assim a tarefa da hermenêutica, e Dilthey designava explicitamente como seu objeto as "expressões da vida conservadas por escrito". Considerando a hermenêutica em tal sentido, também a Histórica abarca seguramente todo nosso fazer linguístico na medida em que, nos enunciados formulados linguisticamente, sabe representar referências temporais e ambientais, por exemplo, ao atender às transformações que experimenta no tempo o uso da linguagem e em particular a conceitualidade de uma época *(Begrifflichkeit einer Zeit).* A hermenêutica filosófica não encobre, todavia, esta tradição da hermenêutica, de Dilthey, de Schleiermacher, Droysen, mas antes busca seu fundamento no mundo da vida. (Koselleck e Gadamer, 1997, p. 103)

Em outras palavras, a hermenêutica filosófica gadameriana não é uma filologia, não é uma hermenêutica do texto. Nem a linguisticidade pode ser reduzida a textos, no sentido de que a condição humana é linguística:

Não se dotou simplesmente de uma maior amplitude e universalidade à tarefa de compreender que o investigador da história persegue a bem seguro junto a outras tarefas que lhe são próprias, se, como Heidegger, segue uma *hermenêutica da facticidade*, da auto-interpretação do *Dasein* e, por isso, localiza no centro a linguisticidade. Não abarca unicamente todos os gêneros de textos, por exemplo os jurídicos e religiosos e, por conseguinte, também o texto de uma Histórica enquanto esta se formula lingüisticamente. A linguisticidade que a hermenêutica localiza no centro não é somente a dos textos; por isso a hermenêutica entende igualmente a condição do ser fundamental de todo atuar e criar humanos como Aristóteles reclamou energicamente destacando o conceito de *animal racional* para o distinguir de todos os outros seres vivos. (Koselleck e Gadamer, 1997, p. 104)

Assim sendo, como compreender as categorias propostas por Koselleck? E o que as faz *humanas*? Justamente o que é próprio do humano, a sua linguisticidade:

As categorias históricas de *amigo e inimigo, pais e filhos,* a sucessão de gerações, *antes ou depois,* as tensões entre *acima e abaixo,* assim como as tensões entre *dentro e fora* ou entre *secreto e público,* se podem falar em certa medida também nas sociedades animais. A etologia pode nos ensinar muito sobre o homem, posto que as sociedades animais são muito similares e, todavia, muito diversas. Mas precisamente este outro ser, esta alteridade *(Anders-Sein)* do semelhante é o importante. A luta entre acima e abaixo, entre supremacia e submissão, mostra nos homens estruturas diversas e próprias. O que se anuncia de tal modo na linguisticidade do homem e faz humanas estas formas não é nenhum dom suplementar que pode também desaparecer. É muito mais uma relação fundamentalmente diferente com o tempo e o futuro, e com a morte. O texto da história não está nunca concluído por completo, nem está nunca fixado definitivamente por escrito. Falar de escrito definitivo soa a um protesto impotente do espírito lingüístico contra o fluxo sempre modificativo do narrar. Entendo perfeitamente porque na época da ciência moderna a história *(Historie)* se considera a si mesma mais filosófica que a poesia — em Aristóteles não quer dizer senão que contém mais conhecimento, que é mais científica. Ela *(Historie)* se expõe inteiramente ao enigma da contingência e se desvanece nele. A facticidade do *factum* constatado pelo historiador nunca poderia competir em importância com a facticidade que cada um de nós conhece como a sua e que todos nós juntos conhecemos como a nossa. (Koselleck e Gadamer, 1997, p. 105)

Aqui Gadamer reintroduz a questão acerca do sentido da pergunta, da investigação, em História:

Certamente o historiador não conta apenas histórias. Estas devem ter acontecido como as conta. Mas então é preciso nos colocar as questões seguintes: Por que tanto esforço por preservar e investigar? Certamente não para se encobrir ao domínio da sorte do homem, de modo análogo a como o estudo da natureza possibilita um domínio dos fenômenos naturais ou se encaminha a sua utilização para fins humanos. Nem tampouco para aprender da história a ser mais inteligentes *(klüger)*. Jacob Burkhardt tinha razão: a história e o conhecimento histórico não podem ajudar-nos a ser mais inteligentes, senão a ser sábios *(weise)* para sempre. (Koselleck e Gadamer, 1997, p. 105)

E numa retomada do grande tema hegeliano, já tratado em toda a sua centralidade para a Hermenêutica Filosófica, sobretudo no capítulo 11, de *Verdade e Método*, intitulado *Análise da consciência da história efetual*, afirma Gadamer:

> Por quê nos prendem as histórias? Existe apenas a resposta *hermenêutica* a esta pergunta: porque nos reconhecemos no outro, no outro dos homens, no outro do acontecer. Isto vale também para os pares de categorias que Koselleck mostrou tão convincentemente. O reconhecimento pressupõe a distância, mas simultaneamente a anula. O reconhecimento que pode ser afirmado e descrito com todas estas categorias históricas não se esgota, todavia, na classificação satisfeita de acontecimentos de outros tempos e de mundos desconhecidos. É reconhecimento de nós mesmos e, portanto, se adentra constantemente na corrente de problemas que se nos impõe como homem. (Koselleck e Gadamer, 1997, p.105)

Gadamer, neste ponto, faz uma importantíssima digressão prático-moral, ou *ética*, se se quiser, do porquê das históricas nos interessarem tanto, ligando a questão socrática do bem, a caracterização aristotélica da linguagem e, mais uma vez, a temática hegeliana do reconhecimento (Gadamer, 1991, p. 236; Gadamer, 1996, p. 59-79; Calvet de Magalhães, 2009), como questões que não apenas se referem, mas que constituem internamente a própria dinâmica do processo hermenêutico do compreender na sua historicidade:

> Se trata da velha questão socrática do bem. Isto deveria nos recordar a caracterização aristotélica da linguagem. Não porque tudo seja linguagem. A linguagem não fala de *si,* mas do que o é presumivelmente *(vermeintlich ist).* Mas posto que a linguagem se orienta ante o aberto, ante o todo e a amplitude do tempo e do futuro, da livre escolha e do problema aberto, se delineia o vasto horizonte do *aí, do Dasein*, de mundos humanos. Por isso escutamos a quem narra histórias. Ainda que não escutemos simplesmente histórias, senão que perguntamos por sua verdade histórica, resta o interesse pelo reconhecimento do que é humanamente possível e do que efetivamente aconteceu. O mundo antigo já destacou que ao não equiparar a historiografia *(Historiographie),* incluindo também a de um maestro da crítica como Tucídides, com os *mathémata* dos *matemáticos*, senão com a poesia dos poetas, se bem que ela não alcança a potência de reconhecimento desta última. (Koselleck e Gadamer, 1997, p.106)

E aqui Gadamer finaliza sua explanação, de tal modo a fazer lembrar, num certo sentido, a perspectiva que será a adotada por Dworkin em sua *teoria do direito como integridade*:

> Nós também, com nossas histórias – como com cada uma de nossas decisões de vida prática – colaboramos na construção de uma comunidade baseada no que tem sentido para nós, naquilo que nos parece o bom, o melhor, o justo. Com estas grandes e belas palavras me sinto quase herdeiro de seu legado, apenas hoje conservado, e, todavia, entendo que todos deveríamos, ser plenamente conscientes do progressivo agravamento das tensões, da desordem crescente, do realizar o mal e do realizar o errôneo, dirigir nosso olhar compreensivo *(verstehenden)* ao que todos temos em comum e reconhecermos no outro o

melhor que em nós mesmos. Nunca deveríamos renunciar a inserir as duras realidades da história, sempre e de novo, em nossas possibilidades humanas. (Koselleck e Gadamer, 1997, p.106)

Por fim, restam algumas palavras a modo de síntese: Gadamer, portanto, responde a Koselleck dizendo que a Hermenêutica Filosófica que propôs não se reduz a uma hermenêutica do texto e assim critica a pretensão de Koselleck a categorias a serem investigadas por uma doutrina transcendental que escapariam à linguagem, avançando, assim, sua reflexão sobre o sentindo das histórias ao tema do reconhecimento como saber (prático): em última análise, também as categorias propostas por Koselleck *possibilitam contar histórias porque fazem sentido para nós e não apenas fazem sentido para nós porque possibilitam contar histórias.*

Referências

GADAMER, Hans-Georg. *Verdad y Método: Fundamentos de una hermenêutica filosófica.* Trad. Ana Agud Aparício e Rafael de Agapito. Salamanca: Sigueme, 1991.

HEGEL, Georg Wilhelm Friedrich. *Fenomenologia dello Spirito.* Testo tedesco a fronte. Trad. Vincenzo Cícero. Milano: Bompiani, 2006.

———. *Phénoménologie de l'Esprit*, II. Trad. Gwendoline Jarczyk e Pierre-Jean Labarrière. Paris: Gallimard, 1993.

KOSELLECK, Reinhart e GADAMER, Hans-Georg. *Historica y Hermenêutica.* Trad. Faustino Oncina. Barcelona: Paidós, 1997.

RICOEUR, Paul. *Temps et Récit 3. Le temps raconté.* Paris: Seuil, 1985.

———. *A Memória, a História, o Esquecimento.* Trad. Alain François. Campinas: UNICAMP, 2007.

— 8 —

O HIATO ENTRE A HERMENÊUTICA FILOSÓFICA E A DECISÃO JUDICIAL

Alexandre Morais da Rosa[1]

> Uma interpretação definitiva parece ser uma contradição em si mesma. A interpretação é algo que sempre está em marcha, que não conclui nunca. A palavra interpretação faz, pois, referência à finitude do ser humano e a finitude do conhecimento humano.
>
> (Gadamer)

Caso não houvesse Ernildo Stein e, depois dele e a partir dele, Lenio Luiz Streck – ou melhor, a entrega de um manuscrito por Rosane Streck a ele em uma aula sobre Lacan – a Hermenêutica Filosófica não teria a força que hoje possui no Direito. A acolhida disto na UNISINOS e nos demais centros de pós-graduação espraiou, por assim dizer, a proposta. Entretanto, ainda assim, falta desbravar o campo da prática forense. É sobre este hiato que se pretende enunciar algo.

Em texto de 1977, denominado "O jogo da arte" Gadamer afirma que: "Naquela época [Moderna], embriagadas pela distinção humana oriunda da autoconsciência, uma distinção que foi a intelecção determinante de Descartes, as pessoas viam no animal o mero autômato e somente no homem a criatura de Deus distinta pela autoconsciência e pela livre vontade. *Esta embriaguez dissipou-se de maneira fundamental.* Há um século vem crescendo a suspeita de que o comportamento humano – o comportamento do indivíduo e mais ainda o de grupos – é muito mais determinado pelas determinantes naturais do que corresponde à consciência dos que escolhem e agem livremente. *Faz muito tempo que nem tudo aquilo que acompanhamos com a consciência de nossa liberdade é realmente consequência de uma decisão livre. Fatores inconscientes, compulsões e*

---

[1] Professor Adjunto de Processo Penal e do Mestrado (CPGD) da UFSC. Doutor (UFPR), com estágio de pós--doutorado na UNISINOS e FDC-PT. Juiz de Direito (TJSC). Texto apresentado no Colóquio de Hermenêutica e Epistemologia: 50 anos de Verdade e Método, em São Leopoldo – UNISINOS, no dia 17 de novembro de 2010.

interesses não dirigem apenas nosso comportamento, mas também determinam nossa consciência".[2] Esta afirmação é forte e, talvez, possa servir como norte na reflexão sobre o hiato, enfim, o "Gap", entre a teoria da decisão manejada pelo "senso comum teórico" (Warat) e as possibilidades da Hermenêutica Filosófica, lançando a discussão sobre a perspectiva da "Moda". A situação hermenêutica, ou seja, o campo onde se poderá deitar a compreensão está historicamente condicionado por uma tradição que não pode ser desconsiderada, muito menos deixada à margem como um campo menor. A moda é uma variável importante, ainda que não protagonista.

A compreensão autêntica da noção de "Moda" (Simmel, Lipovetsky, Klein e Svendsen) pode nos auxiliar na busca por apontar das motivações da ausência de efetividade da Hermenêutica Filosófica no campo do Direito. Ainda que muito difundida – especialmente por Ernildo Stein e Lenio Luiz Streck – há um fosso entre os trabalhos acadêmicos e a implementação no campo das decisões judiciais.[3] Há, claro, certo preconceito em se buscar fora do campo do direito e da filosofia novas coordenadas simbólicas para pensar o lugar e função da Hermenêutica Filosófica no contexto da práxis contemporânea. Talvez, contudo, possa justamente este estranhamento – tão íntimo – servir de guia nesta investida. A Hermenêutica Filosófica é uma desconhecida, enfim, decide-se fora do "círculo hermenêutico". E é justamente este desconhecimento que se pretende marcar, a saber, este estar "fora de moda", em desconformidade com espaços uniformizados pelas "quatro estações".

Claro que se pode negar qualquer impacto da moda. Mas isto seria desconsiderar o que se passa, talvez se acreditando demais nas suas convicções... A "hermenêutica tradicional" continua operando com noções que não fazem mais sentido do ponto de vista hermenêutico, mas estão na moda. Este dilema contemporâneo, a saber, de um lado a discussão filosófica tão ultrapassada como a discussão entre objetivistas e subjetivistas continua na "moda", precisa ser indagado na sua perspectiva autêntica.

Pode-se dizer que nos encontramos na era do "Realismo Jurídico Tropical" em que a lógica que preside este modelo é a dos informativos etiquetados com as grifes com durabilidade efêmera, de uma semana, aliás, como as coleções da Grife "Gap". Até a próxima semana não se sabe, de fato, o que pode ter mudado. O aumento da velocidade constante impede, também, a possibilidade de reflexão. Os informativos são uma espécie de adição, de vício, dos jogados na inautenticidade. A última edição da interpretação (*sic*) ocupa o lugar da última versão da

---

[2] GADAMER, Hans-Georg. *Hermenêutica da Obra de Arte*. Trad. Marco Antonio Casanova. São Paulo: Martins Fontes, 2010, p. 49-50

[3] Cabe destacar a existência de autores (no Direito) que trabalham na mesma linha desvelada por Lenio Luiz Streck: Jacinto Nelson de Miranda Coutinho, Paulo de Tarso Brandão, Paulo Márcio Cruz, Ana Cláudia Bastos de Pinho, André Karam Trindade, Maurício Ramires, Rafael Tomaz de Oliveira, Marco Marrafon, Wálber Carneiro, Clarissa Tassinari, Marcelo Cattoni, Francisco Borges Motta, Júlio César Marcellino Jr., dentre outros.

moda e como a maioria não quer aparentar estar "out", o sentido migra "automaticamente". O paraíso da funcionalidade impede que as reflexões se postem de maneira constante, dada a fragmentação do momento. O produto – verbete – nesta nova economia simbólica do Poder Judiciário decide desde antes e pelo sujeito. Não lhe concede, ademais, espaço para dizer o contrário. O argumento da autoridade toma o lugar da reflexão, impondo o sentido aparentemente estático e paradoxalmente cambiante.

Joga-se, assim, de um lado com a premência de estar "in" e, de outro, com a irracionalidade do mercado consumidor. O cenário judiciário acabou, pois, transformando-se no cenário próximo ao da moda. Pode-se apontar que, de um lado, o sujeito deficiente filosoficamente e formatado a partir da Filosofia da Consciência acolher a última verdade apresentada, enquanto, por outro, o sujeito descobre que não há mais verdade verdadeira e se apoia na estrutura paranóica que lhe diz a verdade; não qualquer verdade: mas toda a verdade. Neste jogo de lugares, todavia, o papel de enunciação do sujeito resta aterrado pelo receptor inerme da sideração de sentidos que lhe é apresentada, no que já foi denominei de "Hermêneutica do Conforto". *Just in time*. O sujeito que não está por dentro dos últimos informativos, pelo que se passa, acredita que está por fora. O consumo de significantes transborda a razão. Buscava-se, até pouco tempo, razões para reflexão. Hoje a razão já é vendida com a aparente reflexão pronta, embalada em papel de presente aparentemente hermenêutico. O excesso faz seu efeito de exceção.

A pressa e a urgência são baseadas em um mecanismo de premência articulado em face de variáveis mercadológicas, cujo rigor racional cede espaço a contingências. Ela implica o estabelecimento num campo autônomo – mecanismo – pelo qual a articulação dos objetos que são mostrados no ambiente jurídico terão espaço e aceitação. A aceitação ou rejeição das novas tendências, de regra, depende do movimento propagandístico aparentemente "de carona", a saber, do que "se diz" sobre os novos objetos da interpretação, como se verá, cuja qualidade é subtraída em nome do conforto.[4]

As decisões judiciais deixaram de dizer o caso. Elas são produzidas para serem vistas. O computador e a *internet* propiciaram uma vitrine para decisões judiciais. Reproduzem-se como metâmeros. De um lado orquestradas pelos órgãos de cúpula e na lógica da Orquestra Judicial, espraiam-se como uma sinfonia única para todo o sistema. Há uma compulsão por admirar, copiar e legitimar quem nos conduz. A decisão judicial, pois, está vestida com as roupas da última coleção e garantida pela grife: STF e STJ. E a moda jurídica atende a interesses não ditos e muitas vezes obscenos. A lógica desta produção sem limites não é a de um melhoramento ou mesmo de um ultrapassado progresso. A lógica que preside

---

[4] Trata-se, em resumo, de consumir imagens e não texto. Por isto, talvez, não se consiga entrar no círculo hermenêutico, uma vez que não se trata de dialogar com o texto, mas com a imagem estática que dele deflui. A imagem possui, neste lugar, uma função de deslocar o sentido simbólico, limitando, por assim dizer, as possibilidades de deslocamentos. A Súmula Vinculante, diz Lenio Streck, pode ser compreendida por aqui.

esta situação é interna e de autorreprodução. As edições dos mesmos livros trazem na capa "atualizado até o dia tal" como se isto garantisse o atendimento das novas tendências ditadas pelas grandes Casas da Moda Jurídica (STF e STJ).

A lógica do mundo da moda ao adentrar no campo do direito desfaz a noção de tradição. A mudança contínua dos referenciais implica na ausência de uma consolidação do enleio social. A moda não se vincula à tradição, mas à escolha. E escolha é ato de vontade, bem aponta Lenio Streck. Não é hermenêutico. Dito de outra forma: o Direito quando gira em torno da moda não atende a racionalidades. Gira por gostos, caprichos, questões estéticas e econômicas. A sedução da novidade é o centro referencial do *semblant*. O sujeito, ao mesmo tempo livre das amarras da tradição e preso aos desígnios da moda, transforma-se em presa fácil dos discursos da eficiência, do pragmatismo, os quais podem ser chamados de "discurso do conforto". O espírito de nossa época é da "eficiência", atendida uma lógica de meios e não de fins (Jacinto Coutinho e Júlio Marcellino Jr.). A transparência dos informativos implica em coleções semanais e o sujeito precisa, para se achar "in", decidir conforme a última tendência, afinal, quem quer ser tachado de fora de moda? É justamente nesta excentricidade, neste lugar de borda, que nos encontramos hoje. A leitura pode parecer pessimista, e o é. Talvez sejamos jurássicos.

Pode-se sublinhar que a democratização do direito gerou uma espécie de suplementação de teorias incompatíveis como se todas coubessem no "mix" teórico, cujo resultado é um "polimorfismo hermenêutico" em que – aparentemente – vale tudo. Acrescente-se, de seu turno, que o Poder Legislativo e o Poder Executivo acreditam, hoje, que a produção de normas é a única função capaz de manter o direito atualizado. Demanda-se, pois, por um imaginário de eterna mudança mediante aceleração permanente. O paraíso da inautenticidade prevaleceu. E as tentativas de reerguer esbarram, na base, no "anafalbetismo funcional dos atores jurídicos".

Entre a decisão que serve de paradigma e a decisão tomada com base na primeira há um fosso de sentido preenchido pelo imaginário de uma analogia ingênua. A decisão paradigma real é substituída pelo signo simbólico que representa e não raro sua aplicação é imaginária, a saber, ela serve para legitimação de qualquer decisão, ainda mais quando fundamentada exclusivamente em verbetes de ementas. É impossível preencher o fosso do Real na ementa de uma decisão. Além do que pressupõe uma condição estática do mundo que se replica. A relação entre uma ementa e o caso que se diz aplicar é arbitrária. E isto é ingênuo, mas vende, e faz "decisões judiciais".

A contingência do caso – e seu contexto inigualável – resta soterrada pela ilusão do já-dito. Uma decisão antecedente, uma orientação jurisprudencial desonera a responsabilidade pela enunciação "como se" fosse possível o sujeito se desincumbir do seu lugar. Não pode a jurisprudência ser tratada como um fim em si mesmo ou ainda uma interpretação declarativa e desonerativa. A jurisprudência não é, nem pode ser, sinônimo de hermenêutica, muito menos de fundamentação, dado que demandam um contexto para fazer sentido. Decorre justamente deste lugar uma responsabilidade que não se pode fugir, nem oscilar. A decisão tinha uma marca e uma singularidade. Hoje se pode falar em banco de sentenças. Por elas tudo já está dito e não há mais decisão. Passa-se à adesão. A distinção possível é que a primeira guardava um juízo crítico de compreensão, enquanto no segundo apenas se escolhe. E escolher não é compreender (Lenio Streck).

O fato de a moda possuir um papel considerável, ainda que não preponderante, quem sabe, precisa adentrar no círculo hermenêutico e ser um condicionante do sentido. Esta posição do sujeito, todavia, implica uma responsabilidade. Negar esta nova economia das decisões judiciais parece ser o caminho mais fácil, apesar de ilusório. A ilusão, como tal, traz certo alívio, acompanhado, claro, de uma angústia recalcada, cujo preço, não raro, se faz no corpo do sujeito. A tradição pode constranger o sujeito sem que com ele se confunda, dado que é somente no momento em que o sujeito realiza o corte, abre-se para enunciar. Os constrangimentos somente podem funcionar se forem introjetados por mecanismos simbólicos advindos da tradição.

A Hermenêutica Filosófica aponta justamente que não se pode tudo, enfim, que todos os estilos pessoais guardam uma referência coletiva e que não se pode fazer um idioleto, ou seja, uma língua individual. De certa forma a semiologia do poder (Warat) precisa ser invocada para se mostrar que o seu lugar é dominado. Liberados da tradição e munidos de criatividade e individualidade, sem dívidas, nem amarras, o sujeito sente-se liberado para dizer o que quiser, não raro sob o *semblant* de um mal-dito. O pluralismo democrático da louvação do sujeito solipsista gera o furor dos sentidos, no qual o discurso da moda ocupa um efeito devastador.

Diálogo entre dois magistrados: *"– Concordas com a decisão?" "– Sim, se for do Supremo."* Responde o Juiz que decide conforme a moda. *"– Mas e o conteúdo, você concorda?"* Pergunta o primeiro magistrado. *"– E precisa? A embalagem me satisfaz."*

Para isto precisamos opor a nossa recusa, procurando inserir a responsabilidade do sujeito, sempre, insistindo no que se passa no cotidiano. É preciso, assim, resgatar a enunciação e a compreensão autêntica, via Hermenêutica Filosófica.

— 9 —

O DIREITO E AS POSSIBILIDADES EPISTEMOLÓGICAS DO PARADIGMA HERMENÊUTICO

Wálber Araujo Carneiro[1]

Introdução

A simples aproximação taxonômica entre *hermenêutica filosófica* e *epistemologia* já representa um desafio, ainda que tais dificuldades se deem muito mais pela força simbólica das perspectivas que comandaram os debates do que pela real incompatibilidade entre suas temáticas. De um lado, a subjetividade reflexiva da epistemologia e a construção de verdades comandadas metodologicamente; de outro, o acontecer fenomenológico do sentido de uma tradição que se lança à finitude em um movimento indomável e que chega inexoravelmente antes de qualquer esforço reflexivo. As face(ta)s dessas duas perspectivas encontram na "pergunta pelo direito" um lugar privilegiado, pois a desconstrução hermenêutica de uma epistemologia ingênua assumida pelo direito moderno nos leva, inexoravelmente, à pergunta pela possibilidade de um sistema jurídico autônomo em relação a outros sistemas, a exemplo da moral, da política e da economia. Da denúncia quanto à impossibilidade do método na hermenêutica jurídica à renúncia pela autonomia e normatividade da compreensão jurídica deu-se tão somente um passo. Já nas primeiras leituras hermenêutico-filosóficas que o direito recebeu – para além, evidentemente, da breve passagem feita por Gadamer ainda em *Verdade e método*[2] – esse afunilamento fora revelado pela crítica, gerando um retorno-avanço dialético na relação entre o método e as pretensões normativas da compreensão jurídica.

---

[1] Doutor em Direito pela Universidade do Vale do Rio dos Sinos – UNISINOS em "sanduíche" com a Universidade de Coimbra. Mestre em Direito Público pela Universidade Federal da Bahia – UFBA. Professor da Universidade Salvador – UNIFACS. Advogado.

[2] GADAMER, Hans-Georg. Verdade e método I, 2003, p. 426-44.

A tese que venho defendendo é a de que existe um espaço epistemológico dentro do paradigma hermenêutico, desde que o situemos nos limites e possibilidades dessa filosofia paradigmática e de que estejamos atentos aos diferentes enfoques que giram em torno do problema do "método". Em primeiro lugar, ao falarmos em um espaço epistemológico dentro do paradigma hermenêutico, não estamos nos referindo a uma epistemologia de cariz cartesiano, marcada pela construção de sentido e pela relação imediata entre a verdade e o método que possibilitaria sua construção. Essa epistemologia a qual nos referimos é sinônimo de uma reflexividade "vigilante", levada a cabo por imposições normativas que transitam pelo "lado de fora" da verdade, mas que provoca reações pelo "lado de dentro" de uma linguagem que se estrutura "como" hermenêutica. No caminho até ela, tentaremos reproduzir um movimento que, ao se perguntar pela *essência da verdade*, descobre a inexorável *verdade sobre a essência* historial do homem. Uma fundamentação dinâmica que se equilibra no próprio movimento da viravolta e que nos permite ir de Heidegger a Gadamer[3] e, logo em seguida, nos perguntar pelo direito, por sua fundamentação e por suas possibilidades metodológicas.

1. O lugar da verdade e o método filosófico

1.1. A destruktion do conceito tradicional de verdade

Em *Ser e tempo*, já tendo abandonado a abordagem metacrítica que fazia à intencionalidade da consciência de Husserl, Heidegger parte de sua própria analítica (existencial) para estabelecer a relação da verdade com *Dasein*,[4] constatando que, por estar sempre ligada ao *ser* através de um nexo originário, "o fenômeno da verdade remete ao âmbito da problemática ontológica fundamental".[5] A partir daí, sua abordagem fenomenológica parte para a análise do conceito tradicional de verdade e, ao mesmo tempo, ao esclarecimento sobre o sentido ontológico da verdade. Para Heidegger, o conceito tradicional de verdade está pautado em três teses que caracterizam a apreensão da essência da verdade. A primeira diz respeito ao fato de se considerar a proposição o *lugar* da verdade; a segunda, ao fato de que a "essência da verdade" reside na concordância entre o juízo proposicional e seu objeto; a terceira, ao fato de ser atribuído a Aristóteles não apenas o surgimento da lógica, como também a concepção de verdade como concordância.[6] Para Heidegger, não foi Aristóteles quem explicou as duas primeiras, tampouco

---

[3] Cf. GADAMER, Hans-Georg. Verdade e método I, 2003, p. 353.

[4] STEIN, Ernildo. Sobre a verdade, 2006, p. 22.

[5] HEIDEGGER, Martin. Ser e tempo, 2005, p. 281.

[6] Idem. Ibidem, p. 282. As três teses já estavam expostas desde 1925 nos seminários sobre Lógica. Cf. HEIDEGGER, Martin. *Lógica: la pregunta por la verdad*, 2004, p. 108.

teria ele, indiretamente, ensinado aquilo que elas afirmam, consoante a sugestão presente na terceira tese.[7]

A nova interpretação empreendida por Heidegger o leva a crer que Aristóteles em nenhum momento definiu a verdade como um fenômeno que remonta à proposição, sendo que, ao relacionar λογος (proposição) com verdade, o faz de tal modo que a proposição é que será definida mediante a verdade, e não a verdade mediante a proposição. A proposição se voltaria para aquilo que "pode ser verdadeiro", definindo-a (proposição enunciativa) como o discurso que pode ser verdadeiro ou falso.[8] O fato de uma proposição poder ser falsa seria a prova inequívoca de que a verdade não estaria na proposição. O pano de fundo desse desvio estaria, segundo Heidegger, na tradução das passagens em que Aristóteles se refere ao problema da verdade. A expressão que os gregos se utilizavam para "ser verdadeiro" (oληθεοειν) significa desencobrir no sentido de desvelar, retirar do ocultamento.[9] O antônimo dessa expressão não será, tampouco, a expressão "falso", pois aquilo que não está desvelado está, em verdade, *velado*. Se *aletheia* (αλοθεια) é o que hoje traduzimos pela expressão "verdade", deveríamos notar que, em grego, a expressão vem precedida pelo prefixo "α", que indica a negatividade. É o sentido contrário de αληθεια que denota um sentido positivo (ψεϖδος).[10] Desse modo, a proposição enquanto λογος não é aquilo que carrega a verdade, mas, por uma perspectiva mais originária, aquilo que serve para que algo seja des-velado. A essência da proposição, dirá Heidegger, é "fazer ver um ente" (αποφαινεσθαι), desencobri-lo, desocultá-lo. Fazer com que ele seja visto a partir dele mesmo, trazê-lo para a visão, mostrá-lo.

A revelação do sentido originário da proposição repercute diretamente no conceito tradicional de verdade, identificada por Heidegger como uma "concordância".[11] Admitindo que não se trata de uma análise completa, mas da identificação de um "esquema básico" dessa concepção de verdade, Heidegger a compreende como uma teoria que concebe o verdadeiro como "aquilo que está de acordo, que concorda".[12] Esse esquema pode se manifestar de duas maneiras: a) a conformidade entre uma *coisa* e o que dela previamente se presume ou b) a conformidade entre o que é significado pela enunciação e a coisa,[13] embora resu-

---

[7] Idem. Ibidem, p. 108.

[8] "*La proposición está definida en referencia a la verdad, y no al revés, que la verdad procede de la proposición*". HEIDEGGER, Martin. *Lógica: la pregunta por la verdad*, 2004, p. 108.

[9] Idem. Ibidem, p. 110.

[10] HEIDEGGER, Martin. Da essência da verdade, 2007, p. 234.

[11] Esse conceito tradicional de verdade é comumente retratado por outros autores como sendo a *correspondência* entre proposição e *coisa*. Cf. KIRKHAM, Richard L. Teorias da verdade, 2003, p. 173-174.

[12] HEIDEGGER, Martin. Sobre a essência da verdade, 2005, p. 155.

[13] Idem. Ibidem. p. 155-156.

ma seu esquema básico à "concordância entre a sentença e a coisa".[14] Com isso, abre-se a possibilidade do reverso, isto é, da não concordância entre a enunciação e a coisa, o que caracterizaria a não verdade, o não estar de acordo.[15] Portanto, para que houvesse uma relação entre uma enunciação sob a forma proposicional e uma coisa, ambos deveriam ter existência substancial independentes. Entretanto, Heidegger chama atenção para o fato de o enunciado só fazer sentido diante do *ente*, sendo o sentido do enunciado, no fundo, o sentido daquele ente que o enunciado faz ver. Como seria, então, possível comparar a coisa consigo mesma? A partir do momento em que deslocamos a verdade para fora do enunciado (da proposição), perdemos um dos polos da comparação e somos, consequentemente, forçados a ir ao encontro do *ente* e deixar que ele venha à fala.[16] Com isso, podemos concluir que a relação entre *verdade* e *proposição* decorre, no fundo, da compreensão de um *ente* que foi por esta iluminado. A proposição, por sua vez, só é possibilitada por uma antecipação de sentido relativo ao *ente*, o que, mais uma vez, exige o deslocamento de nossas atenções para o pano de fundo hermenêutico.

A terceira e última tese esboçada sobre as concepções clássicas – a de que Aristóteles seria o "pai" da ideia de proposição como sendo o lugar da verdade – é derrubada naturalmente pela desconstrução das outras duas. Não apenas Aristóteles, mas os gregos de um modo geral, não viam a proposição como o lugar privilegiado da verdade, entendendo o *logos* como algo que ilumina o *ente* e que faz com que ele seja visto. Esse caráter derivado da proposição assume o *ente* como aquele dado objetivo a partir do qual a verdade acontecerá, impedindo qualquer tipo de *correspondência*. Mas, se essa conclusão é, por um lado, necessária para descortinar a visão tradicional de verdade, é, por outro, perigosa, na medida em que pode encobrir o modo como essa verdade se dá, isto é, encobrir o *ser* através de sua entificação, um alerta que atravessa toda a obra de Heidegger quando vê na *história da filosofia* a história do encobrimento do *ser*, a *estória* de querer ver na suposta essência imanente ao *ente* o próprio *ser*.

---

[14] Idem. Ibidem, p. 132

[15] Idem. Ibidem, p. 157.

[16] "A realização da enunciação representativa com a coisa é a realização desta referência; esta se realiza originariamente e cada vez, como o desencadear de um comportamento. Todo comportamento, porém, se caracteriza pelo fato de, estabelecido no seio do aberto, se manter referido àquilo que é manifesto enquanto tal. Somente isto que, assim, no sentido estrito da palavra, está manifesto foi experimentado precocemente pelo pensamento ocidental como "aquilo que está presente" e já, desde há muito tempo, é chamado "ente". (...) Todo trabalho e toda realização, toda ação e toda previsão, se mantêm na abertura de um âmbito aberto no seio do qual o ente se põe propriamente e se torna suscetível de ser expresso naquilo que é e como é. Isto somente acontece quando o ente mesmo se pro-põe, na enunciação que o apresenta, de tal maneira que a esta enunciação se submete a ordem de exprimir o ente assim como é. (...) Assim, cai por terra a atribuição tradicional e exclusiva da verdade à enunciação, tida como o único lugar essencial da verdade. A verdade originária não tem sua morada original na proposição. Mas, surge simultaneamente a seguinte questão: qual é o fundamento da possibilidade intrínseca da abertura que matem o comportamento e que se dá antecipadamente uma medida? É somente desta possibilidade intrínseca da abertura do comportamento que a conformidade da proposição recebe a aparência de realizar a essência da verdade". HEIDEGGER, Martin. Sobre a essência da verdade, 2005, p. 158-159.

Consoante o quanto já alertado, esse lugar originário não pode ser confundido com a essência do *ente*, na medida em que o *ser* acontece como um fenômeno no sentido fenomenológico.[17] Ir ao encontro do ente não é buscar nele a verdade que se esconde em suas "entranhas objetivas", mas se abrir para o acontecer de uma verdade que se dá sob a forma do *ser*. Com isso, Heidegger demonstra a relação imanente e necessária que existe entre uma *teoria da verdade* e uma *ontologia fundamental*, revoluciona as possibilidades de ambas e promove o *giro linguístico,* pois logo descobriremos que o "ser que pode ser compreendido é linguagem". Essa relação permite perceber com mais clareza o modo "como" a verdade se dá a partir de uma estrutura "dobrada", ou seja, "como" hermenêutico e "como" apofântico, estando este fundado naquele.[18]

1.2. A verdade e o Ser dos Entes

Já sabemos que a verdade não está na *proposição*, sendo esta algo que faz com que o *ente* seja visto. Mas, caberia ainda a seguinte pergunta: quem ou o que garantiria que o *ser* que acontece é, de fato, um ser verdadeiro? A resposta a essa pergunta é uma das "pedras de toque" do pensamento de Heidegger sobre a verdade e que pode levar seus intérpretes a pontos diametralmente opostos. A rigor, nada e ninguém garantem que o *ser* que acontece é um *ser* verdadeiro, pois o lugar da verdade será também o da *não verdade*. "Se o ser-aí existe, ele é como tal na verdade, no desvelamento; necessariamente, ele é na verdade e na não verdade ao mesmo tempo. Ele sempre se movimenta faticamente em uma livre opção entre duas coisas".[19] Essa constatação pode receber da fenomenologia heideggeriana uma explicação mais esclarecedora. É que o *ente* nunca se mostra isoladamente, estando sempre em meio a um conjunto complexo de *entes* que, embora sempre se mostre, nunca se mostra por inteiro. Essas são variáveis que nos levam, necessariamente, a um ver parcial do *ente*, seja por que nunca o veremos como um todo, nem nunca o veremos na completude do seu contexto. Assim, quando o *ente* vem ao nosso encontro – abertura que provoca o acontecer fenomenológico do *ser* – o que se dá não é o *absoluto*. Isso não é um defeito da *verdade*, mas uma imposição das nossas limitações compreensivas, ou seja, uma limitação decorrente da nossa finitude. O *Dasein* estará sempre na *verdade* e, ao mesmo tempo, na *não verdade*, pois o acontecer da *verdade* é sempre um *vir-*

---

[17] "O *logos* não é o lugar primordial da verdade porque é um método determinado de fazer ver. Ainda que se determine que a verdade pertence ao juízo, certo é que, para os gregos, o verdadeiro reside na *aistheses* mais originalmente, enquanto apreensão sensível de alguma coisa. É nela no *noein*, incapaz de encobrir, que se dá o verdadeiro desvelamento. A síntese já explica e faz ver um ente mediante outro ente e, assim, mais facilmente pode ocultar. Por isso a verdade do juízo é, de muitas maneiras, derivada." STEIN, Ernildo. Compreensão e finitude, 2001, p. 166-167.

[18] HEIDEGGER, Martin. Ser e tempo, 2005, p. 292.

[19] Idem. Introdução à filosofia, 2008, p. 163.

a-ser de um *ente* que se mostra parcialmente, o que nos leva a crer que sempre haverá algo mais a ser visto!

Ainda assim, mesmo deixando de lado a pretensão de uma abertura à totalidade, caberia uma outra pergunta. O que se vê, por não ser uma característica objetiva do ente, faria do acontecer da verdade uma subjetividade arbitrária? Neste ponto, encontramos o epicentro de leituras que fazem crer que a filosofia hermenêutica é relativista. Devido ao fato de o acontecer da verdade se dar na diferença ontológica e, portanto, não ser "objetivo", poderíamos crer que esse acontecer seria "subjetivo" e, portanto, arbitrário. Mas, não podemos esquecer que o paradigma heideggeriano aposta em uma terceira possibilidade. De fato, o que acontece não é o *ente* objetivamente, embora seja ele quem está sendo desvelado em seu *ser*. Mas também não é um sentido subjetivo que implique a arbitrariedade do intérprete e que coloque a compreensão à "disposição" do sujeito.[20] O que acontece é um *ser* que não nos pertence, na medida em que somos nós quem pertecemos a ele. Esse *ser* acontece *como* hermenêutico, em um projeto que não dominamos e que se antecipa independente das nossas possibilidades, o que nos permite concluir que todo acontecer antecipado é, necessariamente, um acontecer verdadeiro. Assim, o fato de o acontecer do *ser* na compreensão depender do sujeito não torna a compreensão "subjetiva" no sentido de "arbitrária".[21]

Considerando que o que acontece enquanto verdade é um sentido intersubjetivo, só faz sentido falar em verdade porque o *eu* sempre esteve *aí* com os *outros*. Se estivéssemos sozinhos e se esse *estar sozinho* significasse ausência total do *outro*, o *eu sozinho* representaria algo equivalente a *Deus*. E para *Deus* não faz sentido falar em *verdade* e em conhecimento, tampouco em diferença ontológica entre *ente* e *ser*. Só falamos em verdade e em conhecimento porque há um mundo de sentido que não construímos sozinhos, e que já pressupõe o *estar com o outro*. A tese de um relativismo só faria sentido se acompanhada de um total ceticismo, que, mesmo assim, teria que pressupor uma certeza: a de que não existem verdades.[22] Ao cético só resta o riso irônico da indiferença, pois qualquer outra *performance* que vise ao *outro* implica assumir pretensões de racionalidade e de verdade, ainda que estas se resumam à defesa do *ceticismo*. Portanto, se estando sozinho – no sentido absoluto – não faz sentido falar em *verdade* ou em *conhe-*

---

[20] "Toda verdade é relativa ao ser da presença na medida em que seu modo de ser possui essencialmente o caráter de pre-sença. Será que essa relatividade significa que toda verdade é 'subjetiva'? Caso se interprete 'subjetivo' como o que 'está no arbítrio do sujeito, certamente não'." Idem. Ser e tempo, 2005, p. 296.

[21] "No sentido tradicional, o sujeito é um eu inicialmente encapsulado em si e cindido de todos os outros entes, um eu que se comporta de maneira bastante auto efervescente no interior de sua cápsula. Denominamos essa concepção de mero sujeito a *má subjetividade*; má porque ela não toca absolutamente a essência do sujeito. Designamos terminologicamente o sujeito com a palavra 'ser-aí'. Portanto, a essência da subjetividade não é justamente algo 'subjetivo' no mau sentido". HEIDEGGER, Martin. Introdução à filosofia, 2008, p. 120.

[22] É essa recaída em uma contradição performática que Dworkin se utiliza para derrubar os argumentos dos críticos céticos quanto à existência de respostas corretas em direito. Cf. DWORKIN, Ronald. O império do direito, 1999.

cimento verdadeiro; se com o *outro*, mesmo quando cético, assumo pretensões de *verdade*, podemos concluir que a *verdade* é uma forma de *ser* desse *ente* que todos nós somos.

1.3. Da essência da verdade à verdade sobre a essência do homem

As nossas angústias em relação à verdade não estão na correspondência entre a *proposição* e a *coisa*, mas na relação "interna" entre *verdade* e *não verdade*, isto é, entre o *velado* e o *des-velado*, entre o que se mostrou e o que ainda se encontra encoberto. A *não verdade*, que pertence à essência da *verdade*,[23] apresenta-se sob a forma da *dissimulação*, que nos remete ao fenômeno do *mistério*, isto é, ao *ente* velado na sua totalidade.[24] "Não se trata absolutamente de um mistério particular referente a isto ou àquilo, mas deste fato único que o mistério (a dissimulação do que está velado) como tal domina o ser-aí do homem".[25] A não essência originária da *verdade* é, portanto, o *mistério*, e não a *falsidade* das proposições.

De qualquer sorte, mesmo nesse ambiente dissimulado e misterioso, o homem irá se relacionar com o *ente*, embora se limite, habitualmente, "a este ou àquele ente em seu caráter revelado", ou seja, a uma "realidade corrente e passível de ser dominada".[26] Neste ambiente, o que está velado (a *não verdade*) acaba sendo "tolerado sob a forma de um limite que acidentalmente se anuncia" e a dissimulação como acontecimento fundamental cai no esquecimento.[27] Tal qual demonstrado em *Ser e tempo* quando Heidegger tratava da alienação em meio aos *entes* da manualidade, o homem tende a se dirigir ao que é corrente e, com isso, se afastar do *mistério*.[28] "Esse vaivém do homem no qual ele se afasta do mistério e se dirige para a realidade corrente, corre de um objeto da vida cotidiana para outro, desviando-se do mistério, é o *errar*".[29] Como dirá Heidegger, "o homem erra. O homem não cai na errância num momento dado".[30]

> A dissimulação do ente em sua totalidade, ela mesma velada, se afirma no desvelamento do ente particular que, como esquecimento da dissimulação, constitui a errância. A errância é a antiessência fundamental que se opõe à essência da verdade.[31]

---

[23] Idem. Sobre a essência da verdade, p. 165.

[24] Idem. Ibidem, p. 165

[25] Idem. Ibidem, p. 165.

[26] Idem. Ibidem, p. 165.

[27] Idem. Ibidem, p. 166.

[28] Idem. Ibidem, p. 166.

[29] Idem. Ibidem, p. 166-167

[30] Idem. Ibidem, p. 167.

[31] Idem. Ibidem, p. 167.

Encontramo-nos agora no "olho" da viravolta do pensamento heideggeriano. É que, para Heidegger, o deixar-ser do *ente* como tal e em sua totalidade acontece, autenticamente, apenas quando, de tempos em tempos, ele "é assumido em sua essência originária",[32] revelando o "fundamento da imbricação da essência da verdade com a verdade da essência".[33] Uma *essência historial* do homem que encontrou na filosofia a postura que se pergunta pelo *ente* do modo mais originário,[34] mas que também encontrou, neste mesmo momento, a dominação expressa pelo *senso comum* mediante a sofística.[35] Já na modernidade, os gregos foram lidos a partir de uma situação hermenêutica dominada pela *técnica*, que busca as respostas que já podem ser encontradas e mantém no esquecimento o *erro* e a *dissimulação*. Quando Galileu, Descartes e Kant buscam na matemática o fundamento filosófico das ciências, esquecem aquilo que está para além da matemática. A *verdade sobre a essência* do homem se revela como *historial* e determinante para a *essência da verdade* que, na modernidade, se revelou como científica. Se o nosso caminho em busca da *essência da verdade* foi determinado por uma história de verdades encobertas, encontramo-nos, agora, em um momento de luta pela *verdade*, o que deve ser entendido como uma luta na qual admitimos a incontornabilidade da *errância* e da *dissumação*, e partimos em busca do desvelamento do *ser*. "A *essência da verdade é a luta com a não verdade*, em que *não verdade se põe junto no processo que possibilita a essência da verdade*".[36] Como a *verdade* é sempre uma *verdade* para *nós*, resta-nos (re)conquistá-la. "Temos que conquistar a verdade, é a decisão de nossa missão. Somente com a decisão desta luta abre-se para nós a possibilidade de um *destino*".[37] Essa luta é a razão pela qual nos perguntamos pelo *diálogo*.

1.4. A busca pelo diálogo desvelador

Como o diálogo se encaixa em um contexto onde a verdade já se deu? Qual o seu fundamento? Por que o diálogo e não a guerra? Por que o diálogo democrático e não o despotismo esclarecido? Estando a nossa aposta voltada para o diálogo, como colocá-lo em curso? Essas perguntas nos remetem a três problemas cruciais à nossa tese: o primeiro está relacionado ao lugar (função) que o diálogo assumirá em uma matriz hermenêutica que denuncia nossas limitações diante de uma linguagem que já se deu; o segundo se relaciona ao fundamento filosófico da nossa aposta no diálogo e o terceiro à realizabilidade de nossa proposta.

---

[32] Idem. Ibidem, p. 168.

[33] Idem. Ibidem, p. 168.

[34] Idem. Ibidem, p. 168.

[35] Idem. Ibidem, p. 168.

[36] Idem. Da essência da verdade, 2007, p. 270.

[37] Idem. Ibidem, p. 271.

A primeira questão se encontra no plano descritivo de nossa estrutura existencial-compreensiva, enquanto que as demais já se encontram no plano normativo e prescritivo, deslocando-se para um plano funcional. Tais questões estão diretamente relacionadas à dupla dimensão de nossa finitude, pois a primeira diz respeito aos nossos limites cognitivos, a segunda aos nossos limites históricos e a terceira ao fato de não termos tempo a perder. A primeira está diretamente ligada à *essência da verdade*, enquanto que as demais se ligam à verdade sobre a nossa *essência historial*. No fundo, foi isso que nos permitiu ler a hermenêutica filosófica a partir de *Ser e tempo* e avançar agora com *Verdade e método*, sempre na tentativa de acompanhar o movimento de uma interrogação fundamental.

Sob um ponto de vista analítico-existencial, o diálogo se situa no plano secundário do *logos*. Dialogar é, antes de tudo, dizer algo ao outro, e uma análise estática desse jogo revela sua estrutura básica, que é a proposicional. Enquanto *proposição*, o diálogo, portanto, não é o *lugar* da verdade e, consequentemente, o consenso a que chegamos através dele – se chegarmos – não poderá ser equiparado à verdade. Essa limitação faz com que não possamos depositar todas as nossas fichas no diálogo ou, ao menos, exige uma reflexão mais profunda sobre o seu *lugar* no paradigma hermenêutico. Mas, se o diálogo não poderá trazer consigo a verdade, poderá, na medida em que é proposição, assumir a sua função originária de fazer ver o ente, de mostrá-lo, aplicando-se ao diálogo tudo aquilo que tratamos pouco acima sobre a relação entre *verdade* e *proposição*. Rigorosamente falando, o diálogo não constrói sentido, mas ilumina o *ente* a partir de novas perspectivas. É o próprio ente que, ao ser visto em uma nova perspectiva, revelar-se-á em seu *ser*. Com isso, também podemos concluir que a argumentação só produzirá efeitos se o *ente* iluminado for visto naquela perspectiva pelo outro – o que já depende de uma antecipação de sentido do *auditório* – sob pena de estarmos "falando para as paredes". Por mais estranho que pareça, o diálogo em uma perspectiva hermenêutica apenas revela o *ente* que já pode ser visto, razão pela qual não será possível concebê-lo a partir de um "grau zero", nem ir além daquilo que já é possível antes mesmo de sua instauração. Para que haja diálogo é necessário que haja algo a ser mostrado, sendo esse *deixar ser visto* um acontecer fenomenológico de um *ente* que já pode *ser*.

Diante de tantas limitações, por que falar em diálogo em uma perspectiva analítico-existencial? Qual a sua função no processo compreensivo, já que este é uma antecipação de sentido? Embora as conclusões a que chegamos possam parecer pessimistas quanto a uma possível função relevante para o diálogo, de fato, o são apenas na aparência. Embora o lugar da verdade não seja a proposição e embora só mostremos aquilo que já vimos, iluminar o *ente* para que o *outro* veja é de fundamental importância para a integração dos homens. De certo, o outro só verá aquilo que já pode ver, mas aquilo que o outro pode ver é muito mais do que ele via antes do diálogo, isto é, antes de ter o ente iluminado pela articulação dinâmica das proposições no diálogo. Ainda que quem mostre esteja

O DIREITO E AS POSSIBILIDADES EPISTEMOLÓGICAS DO PARADIGMA HERMENÊUTICO   **141** limitado por sua própria finitude, aquele que se depara com uma nova perspectiva do *ente* mostrado poderá ampliar seus horizontes e, com isso, desalienar-se diante do acontecer da *verdade*. O consenso que daí surge não constrói *verdades*, mas alinha projetos compreensivos ou, em outras palavras, equipara perspectivas face ao *ente* que se mostra em seu *ser* verdadeiro. Na luta da verdade com a não verdade, o diálogo reduz o espaço do ocultamento, desvelando o *ente* que se mostra em seu *ser*, ainda que traga consigo a pecha inexorável do ocultamento provocado por toda e qualquer proposição. Entretanto, o diálogo reduz os efeitos desse ocultamento na medida em que dinamiza o *jogo* pondo o *ente* a girar e a mostrar seu lado oculto a todo momento. O dinamismo do *diálogo* está a serviço do desvelamento e, portanto, da *verdade* em contraposição à *não verdade*.

A viravolta heideggeriana não negou o modelo fenomenológico descrito em *Ser e tempo* e, consequentemente, não abandonou a ideia de que a nossa compreensão está limitada ao horizonte da abertura, mas impôs uma segunda limitação: a histórica. Segundo Stein, "Heidegger afirma que *Ser e tempo* é o caminho necessário, mas não suficiente" para o enfrentamento da história do ser.[38] Como vimos, no que diz respeito às nossas limitações cognitivas, o diálogo é um "fazer-ver"[39] pois ele vira e revira o ente para mostrá-lo em seu *ser*. Apostamos no diálogo, em primeiro lugar, porque queremos fugir da dissimulação, sendo ele a principal arma na luta pela verdade, pelo desvelar do que não foi visto. Mas essa aposta está limitada e condicionada pela variável histórica. Os efeitos da história que ecoarão no diálogo são os mesmos que fazem com que nós o busquemos. Ainda que haja uma relação interna transcendental entre o *diálogo* e a *essência da verdade* que proporcione a ele um lugar na analítica existencial, a opção pelo *diálogo*, pelo *consenso* e pela *democracia* – em contraposição à guerra, à imposição e à autocracia – não é transcendental, nem possui com sua posição na analítica uma relação de causalidade. A aposta no *diálogo* não está ligada à *essência da verdade*, mas à *verdade da essência* historial do homem. Está ligada à autenticidade da *tradição democrática*, da *igualdade* e da *alteridade*. Encontra um fundamento *existencial* que não tem "fundo" e que se sustenta justamente pelo fato de ser esta opção aquela que se sustenta circularmente na luta entre *verdade* e *não verdade*, cessando a compreensão e calando aos demais. A opção pelo *diálogo* e a necessária relação entre ele e a busca por *respostas corretas* em direito não é uma necessidade *a priori* para que se obtenha o conhecimento válido, mas uma marca da história que nos atropela na contramão de um movimento que se inicia como uma tentativa de ultrapassar os nossos limites e que nos traz de volta com uma força arrebatadora.

Por fim, ainda cabe uma resposta à terceira questão proposta: como colocaremos o diálogo em curso? Como viabilizaremos a implementação desse modelo

---

[38] STEIN, Ernildo. Sobre a verdade, 2006, p. 308.

[39] Heidegger já afirmara antes mesmo de Ser e tempo que o falar é um "fazer ver o ente". HEIDEGGER, Martin. Lógica: la pregunta por la verdad, 2004, p. 135.

estrutural? Esse foi um dos grandes problemas enfrentados por Habermas, na medida em que a *situação ideal de fala* como condição de possibilidade para o agir comunicativo (dialógico), embora passível de ser concebida no plano ideal, mostrava-se utópica no plano concreto.[40] Em *Verdade e justificação*, por exemplo, ele abre mão de estabelecer uma correlação direta entre verdade e consenso, e um dos motivos dessa mudança foi, justamente, a dificuldade de realização de seu modelo ideal em situações concretas. A questão, portanto, continua em aberto. Pôr o diálogo em curso dependerá de uma ética da responsabilidade? De uma teologia? Da empatia,[41] da amizade[42] ou do amor[43] que nos abre para o outro? Continuará sendo um modelo ideal que servirá para aferir o grau de racionalidade dos juízos sobre o mundo prático?

A posição que assumimos não depende de uma ética da responsabilidade construída a partir de um transcendentalismo forte, como faz Appel, tampouco por uma ética da obrigação, como propõe Habermas. Também não busca na virtude da amizade ou do amor as condições de possibilidade para a abertura ao outro, embora não seja incompatível com essa abertura. Distanciando-nos até mesmo das propostas de Heidegger e Gadamer,[44] a energia necessária para pôr o diálogo em curso aqui proposta reside, basicamente, na expansão do espaço consensual presente em todo dissenso mediante o *constrangimento ontológico* permitido pelo acontecer de uma *verdade* que imuniza o diálogo frente aos discursos metafísicos.

Sabemos que acreditar na *verdade* não é o mesmo que ter a certeza de tê-la atingido. A "mesmidade" do *ente*, como disse Heidegger, não implica uma mesma visão sobre ele. O dualismo entre *verdade* e *não verdade*, justamente por impedir a afirmação categórica sobre verdades, produz uma força que nos move em direção ao diálogo justamente pelo fato de o dissenso servir como contraprova da distância que nos separa do *ente* desvelado. Essa força decorre e, ao mesmo tempo, marca uma zona consensual presente em todo e qualquer dissenso, que não vem sendo explorada porque artifícios dogmático-metafísicos a escondem e permitem que os sujeitos sustentem pontos de vista arbitrários, esquivando-se do constrangimento ao qual se submeteriam se estivessem diante do acontecer do *ente* em seu *ser*. Assumir a existência da verdade permite tomá-la como um "motor imóvel" que nos leve ao alinhamento de nossas perspectivas. E sempre haverá algo a mais em comum, algo para além da própria pressuposição da verdade, caso contrário sequer teríamos consciência de onde começa e onde termina o dissenso.

---

[40] Cf. TUGENDHAT, Ernst. Lições sobre ética, 2003, p. 161-176.

[41] HEIDEGGER, Martin. Introdução à filosofia, 2008, p. 149.

[42] Cf. ROHDEN, Luiz. Hermenêutica filosófica, 2008.

[43] Cf. WARAT, Luis Alberto. Mediación, derecho, ciudadanía, ética y autonomía en el humanismo de la alteridad, 2004.

[44] Cf. GADAMER, Hans-Georg. A incapacidade para o diálogo, 2002.

Concluir que estamos no dissenso já é, portanto, um pano de fundo significativo para edificarmos a ampliação desse consenso originário.

Esse caminho para o alinhamento de perspectivas (ou de projetos compreensivos) exige que nos afastemos dos mitos metafísicos que obstaculizam o acontecer da *verdade* (e, consequentemente, a redução de espaço da *não verdade*), pois a metafísica coloca barreiras ao *constrangimento ontológico* dos sujeitos e impede que o *ser* do *ente* se manifeste. Nesse ambiente imunizado, criam-se as condições de possibilidade para que o *jogo* e o *diálogo* permitam que o *ente* se mostre em seu *ser*, "venha à fala". Esse movimento constante nos levará à ampliação paulatina do espaço consensual e à redução diretamente proporcional do espaço de dissenso, embora novos desvelamentos abram novos debates e novos espaços para a diferença. Esse é um movimento incontornável, cujo enfrentamento exige um esforço constante voltado para uma consumação que jamais será alcançada. Mas aqui o que mais importa é a aceleração desse movimento.

Podemos pressupor que essa ação reflexiva poderá não garantir um consenso imediato, tendo em vista que o constrangimento ontológico pode perder força diante da fragmentação de tradições, cuja autenticidade dependeria de um distanciamento histórico. Ainda que o diálogo acelere o *tempo* ontológico, a limitação do tempo cronológico impediria a diluição do dissenso. Mas, de qualquer sorte, a ação dialógica *heterorreflexiva* nos colocaria diante do verdadeiro motivo do dissenso e exigiria, pelo simples fato de nenhum dos lados possuírem a prerrogativa de invocar a "sua" verdade, um consenso em torno do problema. Neste caso, não estaríamos diante de um consenso pura e simplesmente pragmático, pois essa alternativa seria mediada pela *coisa mesma* e não admitiria qualquer resposta, mas a melhor resposta a ser atingida naquelas condições. A *verdade* sobre questões paralelas à discussão central continuaria sendo, portanto, o vetor a partir do qual o consenso seria viabilizado. De qualquer sorte, resta afirmado que a condição de possibilidade para colocar o diálogo em curso não se encontra do lado de fora, em uma opção pragmática por uma *ética da alteridade*, mas do lado de dentro, naquilo que o diálogo, ao mostrar, faz se manifestar. Está no desvelamento do *ser* dos *entes* e no *constrangimento ontológico* que as zonas consensuais necessariamente existentes na nossa forma de *ser com o outro* nos proporciona. Fugimos delas em razão da artificialidade metafísica, que mascara e nos torna *persona*. Há muito sabemos que o Rei é mais bonito *nu*, o que também pode ser dito em relação ao intérprete.

Ainda que cheguemos a um consenso que alinhe projetos compreensivos sobre a questão central do debate, jamais poderemos ter a certeza de que estaremos na *verdade* e, portanto, não poderíamos acreditar que a estabilização ontológica conquistada permaneceria imune aos efeitos da história que estaria por vir ou, até mesmo, da que já tivesse chegado. Assim, qualquer que seja o nível de estabilidade ontológica que conquistemos, deveremos permanecer *vigilantes* para a ocorrência de novas questões. De uma forma ou de outra, sempre iremos conviver com o fantasma do tempo e dos efeitos da história, o que acaba impedindo a dissolução completa do dissenso em sociedades complexas e plurais. Justamente por isso, nos tornamos dependentes de um modelo regulatório que seja produzido em condições políticas laboratoriais, ainda que ele se coloque em caráter complementar à moral.

2. O direito como padrão regulatório

Com Heidegger e Castanheira Neves[45] podemos fazer o seguinte questionamento: por que o direito e não antes o nada? Castanheira Neves se vale do questionamento fenomenológico sobre o *ser* para buscar a resposta mais originária possível para o problema do direito. Segundo o mestre lusitano, as análises teóricas sobre essa questão confundem a *universalidade do problema* que demanda o direito com a suposta *universalidade do direito* propriamente dito, como se a universalidade da *pergunta* implicasse, necessariamente, a universalidade da *resposta*.[46] Para Castanheira Neves, que rechaça tanto o jusnaturalismo a-histórico quanto o positivismo histórico-condicionado, "o direito é só uma resposta possível, para um problema necessário"[47] e, com isso, leva-nos à conclusão de que há um fenômeno mais originário, que nos coloca *no* problema fundamental: a *unicidade pluralmente participada de mundo* e a necessária *intersubjetividade*[48] que faz da *coexistência* a condição ontológica para o direito.[49]

Com isso, podemos concluir que o direito se coloca como um elemento de caráter normativo produzido *artificialmente*, ainda que busque seu fundamento no plano existencial. Ele não se constitui, por si só, como uma *resposta universal*. O problema da *intersubjetividade* é que é, de fato, universal, posto que incontornável para aqueles que co-habitam um único mundo, ainda que apostem na guerra. O que se constrói existencialmente é o sentido ético da conduta, que pode ser concebido como uma *moral*. Aqui, a ideia de *moral* se afasta da concepção kantiana, que a concebe como um fenômeno individualizado de autolegislação, e assume o sentido de uma normatividade gerada existencialmente a partir da convivência humana, do *ethos*. Se a evolução da sociedade nos levou a uma diferenciação entre *moral* e *direito*,[50] isso não faz do direito um fenômeno existencial. Ao contrário, exige uma postura crítica sobre a conveniência de sua manutenção como padrão regulatório e, mais ainda, demanda pesquisas que reflitam sobre as possibilidades de um *direito cosmopolita* fundado em novos parâmetros, que ultrapasse a relação direta entre a unidade do ordenamento e a soberania nacional para uma concepção

---

[45] NEVES, A. Castanheira. Coordenadas de uma reflexão sobre o problema universal do direito, 2002, p. 838.

[46] Idem. Ibidem 02, p. 839.

[47] Idem. Ibidem, p. 839.

[48] Idem. Ibidem, p. 842.

[49] Idem. Ibidem, p. 844.

[50] Cf. LUHMANN, Niklas. Sociologia do direito I, 1983

transconstitucional,[51] ainda que seja em uma perspectiva de "projeto-*promessa*".[52] Não há nenhuma razão *a priori*, tampouco existencial, para que o direito se torne sinônimo de Estado nacional. A resposta jurídica ao problema da intersubjetividade deve, portanto, ser analisada em uma unidade circular que integra a opção sociológico-funcional pelo direito e o espaço epistêmico-reflexivo onde ele poderá se desenvolver, o que adiante será traduzido em uma unidade teórica hermenêutica que congrega uma *teoria da constituição* e uma *teoria da decisão*.

Em uma perspectiva sociológico-funcional, a opção pelo direito está condicionada por uma função central ao modelo democrático.[53] Necessitamos do direito como um subsistema social funcionalmente diferenciado[54] porque, em uma sociedade complexa, essa diferenciação é necessária para assegurar que as decisões políticas sejam legitimadas pelo direito – a exemplo do que propõe Habermas – e, ao mesmo tempo, serve como proteção *contramajoritária*, impedindo que os processos democráticos se transformem na ditadura de uma maioria quantitativa. Para Lenio Streck, a autonomia do direito é "o grande ponto de contato – poderíamos dizer transteorético – que une as propostas de Canotilho, de Farrajoli, da Hermenêutica, de Dworkin e de Habermas", podendo, ainda, acrescentar a essa lista a matriz sistêmica luhmanniana que vê na autonomia do direito a condição de possibilidade para a própria observação do sistema.[55] Ainda no plano sociológico-funcional, já se encontra em pauta o debate em torno do caráter transnacional do direito. Por um lado, se não nos encontramos em condições de adotar um modelo de regulação que não esteja pautado na ideia de autonomia e limitação da responsabilidade e se ainda necessitamos de um Estado nos moldes do moderno para direcionar a redução dos déficits de um projeto inacabado, já é possível falar na necessária interconexão dessas unidades em uma rede transconstitucional,[56] que não promove a opressão de uma pela outra, mas que as coloca em constante diálogo e aprendizado recíproco, o que eleva ainda mais a demanda por novas soluções no plano epistemológico.

Nessa busca nos colocamos diante de um grande *desafio*, uma vez que a opção pelo direito não nos retira da nossa condição existencial e, consequentemente,

---

[51] Cf. NEVES, Marcelo. Transconstitucionalismo, 2009.

[52] "De discutir a *universalidade* do direito perguntando se a vinculação do seu percurso a uma 'experiência' civilizacional (greco-romana, judaico-cristã, e européia) determina também um compromisso insuperável com as possibilidades de um certo humanismo (e com o ciclo ou ciclos prático-culturais que historicamente o assumiram). Perguntando também se tais vínculos – seguramente a uma civilização, eventualmente a um ciclo ou ciclos de afirmação desta – podem (ou devem) hoje compreender-se (decifrar-se) como obstáculos à universalidade do direito, ou à universalização do direito, ou mais directamente, como obstáculos à participação lograda deste direito num projecto-promessa de hospitalidade universal". LINHARES, José Manuel Aroso. Jus cosmopoliticum e civilização de direito: as alternativas da tolerância procedimental e da hospitalidade ética, 2006, p. 152.

[53] Cf. STRECK, Lenio. Jurisdição constitucional e hermenêutica, 2004.

[54] LUHMANN, Niklas. *El derecho de la sociedad*, 2002, p. 52.

[55] Idem. Ibidem. p. 97.

[56] Cf. NEVES, Marcelo. Transconstitucionalismo, 2009.

não imuniza nossa compreensão de antecipações de sentido de ordem moral. A opção por uma estrutura sistêmica artificial não nos coloca isolados na artificialidade. Além disso, como se não bastasse essa confusão existencial entre *direito* e *moral*, o direito não é autosuficiente. Isso quer dizer que, mesmo se conseguíssemos por uma vigilância reflexiva imunizar os nossos pré-juízos de moralidade, não conseguiríamos nos movimentar exclusivamente no *direito*, já que sua artificialidade não conferiria resposta a todos os problemas. Haverá sempre um *não dito* no direito. O desafio consiste, portanto, em diferenciar *direito* e *moral*[57] ainda que não seja possível imunizar o sujeito de sua *existencialidade* e, ao mesmo tempo, utilizar o potencial emancipatório dessa esfera cooriginária para que a articulação entre ambos assegure o caráter democrático da carga criativa que se encontra em todas as manifestações de *criação* e *aplicação* do direito. Temos de ter consciência de que o direito é uma *artificialidade política* que seleciona condutas de significado *intersubjetivo* e que a distinção entre *direito* e *moral* não é, portanto, existencial. *Direito* e *moral* são *co-originários* se analisarmos a relação entre ambos por uma perspectiva hermenêutica, já que o sentido *moral-prático* de um problema sempre se anteciparará antes mesmo de buscarmos uma resposta exclusivamente jurídica para ele. Já sob uma perspectiva sistêmica, o *direito* decorre de uma diferenciação resultante de uma adaptação do sistema social. Não é possível cindir *direito* e *moral* no momento da compreensão, na medida em que ambos são "filhos" do *ethos*, são expressões de uma racionalidade *moral-prática* que acontece fenomenologicamente, sem que haja tempo para atitudes reflexivas capazes de efetuar essa distinção. A *co-originariedade* entre *direito* e *moral* se deve, portanto, a esse modo de sermos no mundo: compreensão. Se quisermos, portanto, pensar na ciência de um direito (autônomo) viável nas condições paradigmáticas expostas, temos de depositar nossa atenção em um plano reflexivo, onde se abre espaço para a busca explícita de uma compreensão *jurídica*. Neste momento, vamos em busca de uma unidade que ultrapassa a discussão do método no âmbito da filosofia paradigmática e que vai além de um debate circular entre as questões de ordem sociológico-funcional no espaço epistemológico-reflexivo. Trata-se de uma dimensão notadamente metodológica, em relação a qual Gadamer não era resistente,[58] uma vez que não negava "o caráter imprescindível do trabalho metodológico dentro das assim chamadas ciências do espírito".[59]

---

[57] STRECK, Lenio. Verdade e consenso, 2009, p. 174.

[58] "(...) *sería un malentendido el ver en la hermenéutica de Gadamer un alegato "contra el método" (como sucede, por ejemplo, con Paul Feyerabend, en su obra Against Method). Hay que seguir métodos, si se quiere construir una puente, resolver un problema matemático, hallar un remedio contra el Sida o publicar una edición crítica. Esto es obvio para Gadamer, ya a él no se le ocurrió nunca discutirlo. Gadamer mismo aprendió mucho de las metodologías – muy apreciadas por él – de las ciencias. Para él se trata de evidencias. Por consiguiente, lo que censura no es la ciencia metódica como tal (lo cual sería necio), sino la fascinación que dimana de ella y que nos seduce a entender de manera puramente instrumental el entender, y a errar así en cuanto a entenderlo"* GRONDIN, Jean. Introducción a Gadamer, 2003, p. 41.

[59] GADAMER, Hans-Georg. Verdade e Método I, 2003, p. 15.

3. Hermenêutica jurídica heterorreflexiva

O desafio narrado acima nos lança dois problemas fundamentais. O primeiro diz respeito à legitimidade do sistema jurídico, isto é, à sua necessária reflexividade social. Essa discussão envolve o debate em torno da Constituição, de seus princípios e, consequentemente, dos limites e possibilidades do dirigismo substancial e do diálogo transnacional. Aqui estaremos transitando no âmbito de uma *teoria da constituição* e de sua relação fundamental com a *integridade* do direito. O segundo diz respeito ao fechamento operativo do sistema jurídico em face de situações concretas, o que envolve a prática judicial e as condições de sua legitimação. Esse debate se conecta a uma *teoria da constituição*, especialmente no que toca aos limites do Judiciário na concretização de direitos fundamentais. Aqui estamos no âmbito de uma *teoria da decisão* e de sua relação fundamental com a *coerência* do direito. Esses dois âmbitos, na proposta que apresentamos em outra oportunidade,[60] estarão mediados por uma unidade teórica que denominamos *hermenêutica jurídica heterorreflexiva* e que se apresenta como uma filosofia hermenêutica *no* direito, cujo espaço epistêmico-reflexivo impõe, ao mesmo tempo, seus limites e suas possibilidades.

Essa mediação é possibilitada por uma metodologia que, em razão das imposições fenomenológicas apresentadas, exige um modelo problemático que se volte para o *ente* e que *jogue* dialogicamente com o seu desvelamento. Ao mesmo tempo, deve garantir a juridicidade do sentido atribuído ao problema, sob pena de não garantir a autonomia funcional do direito. Para tanto, o modelo proposto leva em consideração dois tempos reflexivos que se desenvolvem em torno do problema.

O primeiro tempo reflexivo, denominado de *jogo dialógico contratextual*,[61] corresponde à edificação das bases que irão, em um segundo momento, sustentar o sistema. Trata-se de uma abertura cognitiva voltada para a consolidação das bases que pressupõem o direito, uma vez que a co-originariedade hermenêutica entre direito e moral exige que entremos corretamente na circularidade, tornando-a virtuosa. É *jogo* porque estamos em meio ao ente e dispostos a sermos surpreendidos por ele. É *dialógico*, porque não estamos sozinhos nesse jogo e, em sendo assim, o diálogo se mostra como instrumentos que "lançam" o *ente* em novas perspectivas. É *contratextual* porque não é contrafático e não porque rechaçaria um diálogo com textos. Ao contrário, aqui é o espaço para o aprendizado com outros sistemas, e os textos literários, científicos, filosóficos, dentre outros, serão fundamentais. O único bloqueio é em relação ao sistema jurídico e aos seus textos normativos. A questão no *jogo dialógico contratextual* é delimitar a demanda moral-prática do problema, mapeando a zona consensual e a dissensual, já se valendo das potencialidades constrangedoras da ontologia na tentativa de ampliar

---

[60] CARNEIRO, Wálber Araujo. Hermenêutica jurídica heterorreflexiva, 2011.

[61] Idem. Ibidem, p. 252-254.

o consenso e de, consequentemente, reduzir o espaço dissensual. Somente com o esgotamento dessa primeira etapa reflexiva – ainda que determinado por limitações cronológico-temporais – é que podemos nos voltar para o direito, iniciando um segundo momento reflexivo.

O segundo momento reflexivo coloca em cena um *jogo dialógico problemático em face do sistema*.[62] Uma vez delimitada a demanda pelo direito – pois onde não há intersubjetividade não faz sentido falarmos em direito, sob pena de estarmos subordinados à armação da técnica – segue-se um diálogo circular do problema com o sistema. Não se trata de um modelo sistemático, tampouco da tentativa de mixar um modelo problemático com um modelo sistemático. O sistema só mostra seus contornos diante do problema, pois este é quem demanda respostas. Aqui a pergunta não gira em torno das diferentes interpretações de um texto, mas para a compreensão juridicamente mais adequada a um determinado problema. Para tanto, a circularidade não se dá entre sistema e problema, mas entre o *sentido do problema*, cujo projeto compreensivo já foi mapeado, e o *sentido do sistema* assume diante do problema. A rigor, não podemos falar em uma circularidade entre problema e sistema, pois a circularidade se dá, por força da diferença ontológica, entre os sentidos dos entes e não entre eles propriamente dito.

Esse segundo momento reflexivo deve assumir diferentes níveis reflexivos. O primeiro, diz respeito ao nível principiológico-constitucional que assumirá o papel de conectar o sistema ao seu fundamento existencial. Não podemos pensar os princípios em sua dimensão semântica, como ainda insiste boa parte da doutrina e da chamada "nova hermenêutica constitucional". Princípios, como afirma Lenio Streck, são existenciais e o "mínimo de entificação" através do texto constitucional não são pontos de partida para traduções semânticas, mas sim receptáculos que captam o consenso produzido no *jogo dialógico contratextual*, deontologizando-o. O conteúdo material dos princípios corresponde a um consenso moral-prático em torno do problema, o que significa dizer que os princípios não resolvem todos os problemas, pois sociedades plurais e complexas exigem soluções pragmáticas que se legitimam no jogo democrático deliberativo. Aqui entra em cena a segunda camada reflexiva, que congrega possíveis soluções tecnológicas para os problemas e que possuem uma dupla função. Enquanto algumas regras se voltam para assegurar a observância dos princípios, outras solucionam pragmaticamente problemas que transitaram na zona dissensual. A passagem dos dois tempos reflexivos, bem como a relação entre princípios e regras é monitorada constantemente por um terceiro nível reflexivo intrasistêmico, que corresponde à doutrina. A doutrina não é sinônima de doutrinador, mas de uma rede na qual diversos doutrinadores estão conectados em uma estrutura acadêmico-universitária. Da extensão e do diálogo constante com a comunidade, para a produção de conhecimento e para o ensino, a rede doutrinária atualiza, fecha

---

[62] Idem. Ibidem, p.254-260.

e legitima as diferentes leituras que as camadas anteriores poderiam produzir. A última camada reflexiva que deve ser observada pelos julgadores no momento da construção de uma norma de decisão, que proporciona o fechamento sistema a partir de uma equivalência análoga com o problema, é a jurisprudência. Não é a jurisprudência que legitima a doutrina, e sim a rede doutrinária que legitima jurisprudência. Ao juiz é dada a possibilidade de romper com a jurisprudência somente se a rede doutrinária assim o permitir, sendo que esse rompimento atrai o ônus argumentativo do rechaço do modelo jurisprudencial rechaçado, bem como dos modelos doutrinários que o sustentava.

O modelo hermenêutico heterorreflexivo que apresentamos não garante a unicidade de respostas, embora acredite na resposta correta como sendo a possibilidade ideal de alinhamentos compreensivos decorrentes da força integradora da dimensão hermenêutica da linguagem. De todo modo, acreditamos que a equação que subjaz ao modelo aqui defendido garantiria um constante caminhar para a convergência. Um caminhar que jamais será esgotado, mas que assume no horizonte a idealização de uma sociedade fraterna, na qual o direito não seria mais necessário.

Referências

CARNEIRO, Wálber Araujo. *Hermenêutica jurídica heterorreflexiva*: uma teoria dialógica do direito. Porto Alegre: Livraria do Advogado, 2011.

DWORKIN, Ronald. *O império do direito*. Trad. Jefferson Luiz Camargo. São Paulo: Martins Fontes, 1999.

GADAMER, Hans-Georg. *Sobre a originalidade da ciência*. In. ——. Hermenêutica em retrospectiva: a posição da filosofia na sociedade. Trad. Marco Antônio Casanova. Petrópolis: Vozes, 2007. v. 4

——. *Verdade e método I*. 5 ed. Petrópolis: Vozes, 2003.

——. *A incapacidade para o diálogo*. In. Verdade e método II. Petrópolis: Vozes, 2002.

——. *A razão na época da ciência*. Trad. Ângela Dias. Rio de Janeiro: Tempo Brasileiro, 1983.

GRONDIN, Jean. *Introducción a Gadamer*. Trad. Constantino Ruiz-Garrido. Barcelona: Herder, 2003.

HEIDEGGER, Martin. *Introdução à filosofia*. Trad. Marco Antônio Casanova. São Paulo: Martins Fontes, 2008.

——. *Da essência da verdade*. In. ——. Ser e verdade. Trad. Emmanuel Carneiro Leão. Petrópolis: Vozes, 2007. (Coleção Pensamento Humano)

——. *Lógica*: la pregunta por la verdad. Trad. J. Alberto Ciria. Madrid: Alianza, 2004.

——. *Ser e tempo*. Tradução Márcia de Sá Cavalcante. 9. ed. Petrópolis: Vozes, 2002. Parte II. (Coleção Pensamento Humano)

——. *Sobre a essência da verdade*. Trad Ernildo Stein. In. Conferências e escritos filosóficos. São Paulo: Nova Cultural, 2005 (coleção Os pensadores).

KIRKHAM, Richard L. *Teorias da verdade*: uma introdução crítica. Trad. Alessandro Zir. São Leopoldo: Unisonos, 2003. (Coleção ao Idéias)

LUHMANN, Niklas. *El derecho de la sociedad*. México: Universidad Iberoamericana, 2002.

——. *Sociologia do direito I*. Rio de Janeiro: Tempo Brasileiro, 1983. (Coleção Biblioteca Tempo Universitário)

LINHARES, José Manuel Aroso. *Jus cosmopoliticum e civilização de direito*: as alternativas da tolerância procedimental e da hospitalidade ética, 2006.

NEVES, A. Castanheira. Coordenadas de uma reflexão sobre o problema universal do direito, 2002, p. 838.

NEVES, Marcelo. *Transconstitucionalismo*. São Paulo: Martins Fontes, 2009.

ROHDEN, Luiz. *Hermenêutica filosófica*: entre a linguagem da experiência e a experiência da linguagem. São Leopoldo: UNISINOS, 2003. (Coleção Ideias)

STEIN, Ernildo. *Compreensão e finitude*: estrutura e movimento da interrogação heideggeriana. Ijuí: Unijuí, 2001.

——. *Sobre a verdade*: lições preliminares ao parágrafo 44 de Ser e Tempo. Ijuí: Unijuí, 2006.

STRECK, Lenio. *Jurisdição constitucional e hermenêutica*: uma nova crítica do direito. 2. ed. Rio de Janeiro: 2004.

——. *Verdade e consenso*: constituição, hermenêutica e teorias discursivas. 3. ed. Rio de Janeiro: Lumen Júris, 2009.

TUGENDHAT, Ernst. *Lições sobre Ética*. Trad. Róbson Ramos dos Reis *et al*. Petrópolis: Vozes, 2003

WARAT, Luis Alberto. *Mediación, derecho, ciudadanía, ética y autonomía en el humanismo de la alteridad*: notas algo dispersas y varias veces modificadas para provocar el dialogo en una clase. Novos Estudos Jurídicos, v. 9, p. 85-127, 2004.

— 10 —

HERMENÊUTICA E DECISÃO JURÍDICA: QUESTÕES EPISTEMOLÓGICAS

Lenio Luiz Streck[1]

1. Uma questão propedêutica e prosaica: o direito não está imune às rupturas paradigmáticas ocorridas na filosofia

Embora o ceticismo de parcela considerável da comunidade jurídica, é impossível negar as consequências da viragem proporcionada pela filosofia hermenêutica e pela hermenêutica filosófica para a interpretação do direito. Está-se a tratar de uma ruptura paradigmática que supera séculos de predomínio do esquema sujeito-objeto. E, consequentemente, está-se a tratar da superação daquilo que, no direito, representou o *locus* privilegiado da relação sujeito-objeto: o positivismo. Essas questões (são as que mais) têm gerado críticas (e perplexidades) em determinados setores da comunidade jurídica, a partir de uma série de subtemas: por que a hermenêutica filosófica – que representou a ruptura com o método – assume tamanha importância? Por que é necessário romper com a discricionariedade na interpretação do direito? Por que a hermenêutica é antirrelativista e por que essa circunstância não é devidamente compreendida pela comunidade jurídica? É possível construir uma teoria da decisão jurídica a partir da hermenêutica?

Essas perguntas já foram por mim respondidas em outros textos, especialmente em *Verdade e Consenso* (Streck: 2014). Mas há alguns pontos que atravessam as diversas temáticas e que nos cobram, a todo o momento, um reforço de sentido, porque dizem respeito à legitimidade e validade do direito em tempos de ruptura com a tradição positivista *lato sensu*. Com efeito, parece recorrente dizer

---

[1] Doutor e Pós-Doutor em Direito (UFSC e FDUL); Professor Titular da Unisinos e Unesa; Coordenador do Dasein – Núcleo de Estudos Hermenêuticos da Unisinos; Professor Visitante das Faculdades de Direito das Universidades de Coimbra e Lisboa; Professor Visitante da Pontifícia Universidade Javeriana de la Compañía de Jesús, sede em Bogotá; Presidente de Honra do IHJ – Instituto de Hermenêutica Jurídica; Membro Catedrático da Acedemia Brasileira de Direito Constitucional; Procurador de Justiça aposentado.

que esse problema (central) está localizado na discussão entre direito e moral. E, consequentemente, no papel desempenhado pela razão prática no contexto d(e um)a teoria do direito que já não pode conviver com as divisões/cisões entre faticidade-validade, moral-direito, teoria e prática, para ficar apenas nestas.

Nesse sentido, faz-se necessário alertar para a existência de nítidas diferenças entre uma razão prática (*stricto sensu*) e o "mundo prático" de que fala a hermenêutica (filosófica), problemática que assumirá ainda maior relevância – embora essa questão não vá ser abordada neste espaço – na discussão do papel dos princípios (constitucionais), que, como venho afirmando, introduzem o mundo prático no direito, pondo fim a serôdia cisão estrutural (Tomaz de Oliveira: 2008) "regra-princípio".

(Re)lembremos: a razão prática nos vem desde a filosofia grega quando Aristóteles delimitou uma filosofia teórica (que pergunta pela verdade ou pela falsidade) e uma filosofia prática (que pergunta pelo certo e pelo errado). Na primeira, está em jogo uma observação de uma determinada realidade, ao passo que, na segunda, tem-se o questionamento de uma ação concreta. Na modernidade, a problematização entre razão teórica e razão prática foi retomada por Kant em sua *Crítica da Razão Pura* e na *Crítica da Razão Prática*. O que há de comum entre Kant e Aristóteles é que em ambos há uma barreira que separa a filosofia teórica da prática e nenhum deles conseguiu explicar como a filosofia teórica pode determinar a filosofia prática ou vice-versa. A partir de Kant e da revolução copernicana por ele instaurada, o problema razão teórica/razão prática passa a agregar a questão da subjetividade que não estava presente na problemática grega. Desse modo, além do problema da cisão, tem-se por acrescido também o problema do solipsismo do sujeito transcendental kantiano.

Com o giro ontológico operado por Heidegger[2] se dá – de uma forma inédita em toda tradição filosófica – uma reconciliação entre prática e teoria e, ao mesmo tempo, ocorre um deslocamento do solipsismo subjetivista para um contexto intersubjetivo de fundamentação. Há um texto que é particularmente importante no contexto desta questão. Trata-se das *Interpretações Fenomenológicas de Aristóteles* na qual Heidegger apresenta, pela primeira vez, a operação que estaria na base de *Ser e Tempo*: a ontologização dos conceitos éticos e a eticização dos conceitos ontológicos. A partir disso, é possível dizer que Heidegger cria um

---

[2] Há uma tendência – muito peculiar ao pensamento jurídico – de se falar em hermenêutica, círculo hermenêutico, pré-compreensão e alguns outros conceitos filosóficos sem citar – ou, na pior das hipóteses, ignorando completamente – aquele que foi o grande filósofo que introduziu estes conceitos ou, no caso do conceito de hermenêutica e de círculo hermenêutico, renovou seu conteúdo. Este filósofo foi Martin Heidegger. Registre-se que tal lembrança é condição de possibilidade para se falar em Hermenêutica filosófica. O próprio Gadamer reconhece que seu projeto filosófico retira da obra heideggeriana seu elemento mais fundamental: a descoberta da estrutura prévia da compreensão. Ou seja, *falar em hermenêutica no contexto atual e não enfrentar a obra de Heidegger é como falar em Metafísica e ignorar Aristóteles, Tomás de Aquino ou Francisco Suarez* (ou, no Brasil, falar em Heidegger e em hermenêutica sem citar a vasta obra de Ernildo Stein). Há uma fundamentalidade na obra de Heidegger com respeito ao modo como se trabalha com a hermenêutica, que não pode ser afastada por conveniência ou por um pseudo mal-estar político.

novo conceito que descreve um ambiente no interior do qual conhecimento prático e conhecimento teórico se relacionam a partir de uma circularidade: o círculo hermenêutico (*hermeneutische Zirkel*). Há uma espécie de "privilégio" do conhecimento prático em virtude da estrutura do *logos hermenêutico*.

Esse (novo) modo de tratar a relação entre teoria e prática passa a privilegiar a dimensão de vivências fáticas. É assim que (re)aparece o "mundo prático" na filosofia – que se manifestou no início grego com os pré-socráticos, mas que foi encoberto pelo *logos* socrático-platônico. Por isso que as preleções de 1921 até 1923 estão recheadas de expressões como vivência, mundanidade e faticidade. Como nos lembra Safranski na sua excepcional biografia de Heidegger, era o tempo da iluminação da "postura primordial do vivenciar".

É desse modo, pois, que a hermenêutica irá responder ao problema da relação entre teoria e prática: um contexto intersubjetivo de fundamentação (a noção de pré-compreensão, contexto antepredicativo de significância, etc.) no interior do qual tanto o conhecimento teórico quanto o conhecimento prático se dão na abertura do pré-compreender estruturante (razão hermenêutica, para usar a expressão cunhada por Schnädelbach). É – por assim dizer – desse comportamento moral que se dá na pré-compreensão que podemos extrair a ideia de resposta correta e de institucionalização do mundo prático pelos princípios.

Nesse contexto, as teorias positivistas do direito recusaram-se a fundar suas epistemologias em uma racionalidade que desse conta do agir propriamente dito (escolhas, justificações, etc.). Como alternativa, estabeleceram um princípio fundado em uma razão teórica pura: o direito, a partir de então, deveria ser visto como um objeto que seria analisado segundo critérios emanados de uma lógica formal rígida. E esse "objeto" seria produto do próprio sujeito do conhecimento. Daí o papel do sujeito solipsista (*Selbstsüchtiger*).

Na verdade, é dessa maneira que se distinguia no pensamento jurídico uma perspectiva "teórica" ("científica") e uma perspectiva "prática" – a "teoria" e a "prática" – e se instituía o que se poderá designar por dualismo normativista – ser do direito nas normas (as normas do sistema jurídico) e interpretação e conhecimento dele através destas, primeiro, e a sua aplicação, depois: dualismo de entidades, de momentos, de atos (Castanheira Neves: 2008, p.389).

Isto significa dizer que, para o positivismo jurídico, pouco importava colocar em discussão – no campo d(e um)a teoria do direito – questões relativas à *legitimidade* da decisão tomada nos diversos níveis do poder estatal (legislativo, executivo ou judicial). No fundo, operou-se uma cisão entre validade e legitimidade, sendo que as questões de validade seriam resolvidas através de uma análise lógico-semântica dos enunciados jurídicos, ao passo que os problemas de legitimidade – que incluem uma problemática moral – deveriam ficar sob os cuidados de uma teoria política que poucos resultados poderiam produzir, visto que esbarravam no problema do pluralismo de ideias presente num contexto democrático, o que levava inexoravelmente a um relativismo filosófico (essa problemática se gravou em países com grandes períodos de ausência de democracia como o Brasil).

Por certo, a pretensão das teorias positivistas era oferecer à comunidade jurídica um objeto e um método seguro para produção do conhecimento científico no direito. Isso levou – de acordo com a atmosfera intelectual da época (problemática que, entretanto, ainda não está superada) – a uma aposta em uma racionalidade teórica asfixiante que isolava/insulava todo contexto prático de onde as questões jurídicas realmente haviam emergido. Melhor dizendo, essa racionalidade teórica possibilitou – e continua a possibilitar – a "entender" o direito em sua "autônoma objetividade". Ou ainda em outras palavras, os fatos sociais, os conflitos, enfim, a faticidade, não fazem parte das "preocupações" da teoria do direito. Portanto, ironicamente, a pretensão estabilizadora e cientificizante do positivismo jurídico acabou por criar uma babel resultante da separação produzida entre questões teóricas e questões práticas, entre validade e legitimidade, entre teoria do direito e teoria política.

Essa questão tem em Kelsen o seu corifeu. Mas Kelsen era um pessimista moral, uma espécie de cético que apostava em uma moral relativista. Para Kelsen (1985, p.74), o problema da vinculação do direito à moral se apresenta problemático porque não há como sustentar uma moral absoluta – válida e vigente em todos os lugares e em todos os tempos – que possa servir como parâmetro para determinação dos conteúdos das normas jurídicas. Sua argumentação procura demonstrar como há vários sistemas morais que variam de acordo com a época e o lugar de onde se originam: "o que é mais importante, porém – o que tem de ser sempre acentuado e nunca o será suficientemente – é a ideia de que não há uma única Moral, 'a' Moral, mas vários sistemas de Moral profundamente diferentes entre os outros e muitas vezes antagônicos" (Kelsen: 1985, p.75). Ou seja, há uma impossibilidade de conhecimento dos conteúdos morais expressos nas condutas dos indivíduos. A única coisa que permanece uniforme em todos os sistemas morais é – tal qual acontece com os sistemas jurídicos – sua forma, seu caráter de norma. A forma da moral é estudada, segundo os postulados kelsenianos, pela ética; ao passo que a forma do direito é responsabilidade da ciência jurídica, isto é,

> A necessidade de distinguir o Direto da Moral e a ciência jurídica da Ética significa que, do ponto de vista de um conhecimento científico do Direito positivo, a legitimação deste por uma ordem moral distinta da ordem jurídica é irrelevante, pois a ciência jurídica *não tem de aprovar ou desaprovar seu objeto*, mas apenas tem de conhecê-lo e descrever (idem).

No fundo, Kelsen estava convicto de que não era possível fazer ciência sobre uma casuística razão prática. Desse modo, todas as questões que exsurgem dos problemas práticos que envolvem a cotidianidade do direito são menosprezados por sua teoria na perspectiva de extrair da produção desse manancial jurídico algo que possa ser cientificamente analisado.

É exatamente nisso que reside o ponto fulcral, cujas consequências podem ser sentidas mesmo em "tempos pós-positivistas": um dos fenômenos relegados a esta espécie de "segundo nível" foi exatamente o problema da aplicação judicial do direito. Com efeito, não é sem razão que a interpretação judicial é tratada como um apêndice em sua Teoria Pura do Direito e apenas apresenta interesse para auxiliar a diferenciação entre a interpretação que o cientista do direito realiza e aquela que os órgãos jurídicos proferem em suas decisões. Daí as conclusões de todos conhecidas: a interpretação dos órgãos jurídicos (os tribunais, por exemplo) é um problema de vontade (interpretação como ato de vontade), no qual o intérprete sempre possui um espaço que poderá preencher no momento da aplicação da norma (é a chamada "moldura da norma", que, no limite, pode até ser ultrapassada); enquanto que a interpretação que o cientista do direito realiza é um ato de conhecimento que pergunta – logicamente – pela validade dos enunciados jurídicos. É nesse segundo nível que reside o cerne do paradigma da filosofia da consciência. É também nesse nível que faz morada a discricionariedade positivista.

Conforme venho insistindo em vários trabalhos, há um ponto que marca definitivamente o equívoco cometido por todo o positivismo ao apostar em certo arbítrio (eufemisticamente epitetado como "discricionariedade") do julgador no momento de determinar sua decisão: sendo o ato jurisdicional um ato de vontade, ele representa uma manifestação da razão prática, ficando fora das possibilidades do conhecimento teórico. Isso ainda não foi devidamente entendido pela(s) teoria(s) do direito.

Note-se, agora, o modo pelo qual a questão da interpretação entendida como ato de vontade e a separação entre direito e moral se cruzam: ambos fazem parte daquilo que, desde os gregos, chamamos de filosofia prática e que, na modernidade kantiana, recebeu o nome de razão prática. Ou seja, o positivismo aposta na discricionariedade porque o paradigma filosófico sob o qual está assentado não consegue apresentar uma solução satisfatória para a aporia decorrente da dicotomia "razão teórica-razão prática".

Dito de outro modo, na medida em que esta questão carece de solução, os positivistas preferiram – e ainda preferem – apostar na razão teórica, deixando as questões relativas a razão prática fora de seu campo de preocupações. Por isso a aposta na discricionariedade. Por isso, a admissão de multiplicidade de respostas no direito (no plano da decisão).

Permaneço, destarte, fiel à tese assumida de há muito, de maneira a enfatizar e a reprimir com veemência a discricionariedade, que, em face da linguagem dos textos jurídicos, torna-se impossível de distinguir do arbitrário. Na hermenêutica que sustento não há respostas/interpretações (portanto, aplicações) antes da diferença ontológica ou, dizendo de outro modo, antes da manifestação do caso decidendo. Para ser mais simples: não há como definir "aplicações" da lei em abstrato, porque isso seria retornar ao mito do dado (metafísica clássica). Aliás, é Gadamer quem diz que o sentido somente ocorre na situação concreta.

Ou seja, no plano de uma "autônoma objetividade" do direito – em que a aplicação se dá a partir de um conceito previamente elaborado e onde a resolução concreta do direito se subsume nesse conceito –, até é possível – e talvez necessário – distinguir a discricionariedade da arbitrariedade. Ocorre que não posso perder de vista que a discricionariedade pregada e defendida pela maior parte da teoria do direito – em especial as teorias argumentativas e as axiologistas autodenominadas pós-positivistas – é exatamente a que se confunde com a arbitrariedade. Nelas, o afastamento da arbitrariedade é argumento e álibi teórico para a justificação da discricionariedade. Este é o ponto. A discricionariedade que combato é a do sub-jectum, que dis-põe dos sentidos do direito, circunstância que a aproxima das teses pragmatistas em geral, em que o caso concreto-decidendo é transformado em álibi para voluntarismos, a partir de um "grau zero de significado".

De todo modo – e penso estarmos de acordo com tal premissa –, a aposta na discricionariedade acarretou uma vitória de Pirro da epistemologia, isto porque, afastando a razão prática e apostando na razão teórica, os positivistas do direito acabaram "obrigados" a permitir – como uma espécie de "compensação" – esse "acentuado grau de discricionariedade" (*sic*) para dar conta dessa, para eles incontornável, questão: a razão prática tem guarida no domínio da moral e é impossível cindi-la do "mundo epistêmico" da pureza de intenções...!

É preciso ter claro, pois, que o direito, no paradigma do Estado Democrático de Direito, passa – em razão das contingências históricas – a se preocupar com a democracia e, portanto, com a legitimidade do direito (o problema da validade, pois), problemática que até então era "cindida" pela "ciência do direito": de um lado o direito, sem preocupações com a "razão prática" e, de outro, o território no qual a penetração do direito não tinha "conotação valorativa".

Nesse sentido é que se torna interessante notar como Kelsen (e aqui basta apenas me referir a ele) acaba preservando – mesmo com toda sofisticação de sua teoria – o elemento messiânico presente nas teorias objetivistas e subjetivistas da interpretação jurídica (vontade da lei e vontade do legislador), voluntarismo esse que o coloca no último princípio epocal da modernidade: a vontade de poder de Nietzsche. Veja-se que essa vontade (de poder) está presente nas diversas teorias voluntarias que tentaram superar o problema do positivismo exegético. Na verdade, tanto o Movimento do Direito Livre, a Jurisprudência dos Interesses, a Jurisprudência dos Valores e as correntes realistas (norte-americanas e escandinavas) terão esse elemento em comum: buscar a superação da razão pela vontade.

2. De como persistem esses dilemas no direito contemporâneo

O resultado disso é que – mesmo em tempos de "consenso pós-positivista" – o estado da arte da teoria do direito continua apontando para o fato de que, muito embora as transformações ocorridas no campo do conhecimento, continuamos reféns da antiga contraposição "objetivismo-subjetivismo", com algumas variações que, ao fim e ao cabo, acabam retornando a uma dessas posturas que perpassam o imaginário dos juristas há mais de dois séculos.

Com efeito – e venho insistindo nisso –, se a primeira "etapa" do *linguistic turn* foi recepcionada (principalmente) pelas concepções analíticas do direito, proporcionando consideráveis avanços no campo da teoria do direito, o segundo "giro" (que adiciona o mundo prático à filosofia, que se pode denominar de giro ontológico-linguístico ou *hermeneutic turn*) ainda não conseguiu seduzir suficientemente os juristas a ponto de levá-los a superar as velhas concepções que apostam, de um lado na objetividade textual e, de outro, no protagonismo do sujeito-intérprete.

Da epistemologia – entendida tanto como teoria geral ou teoria do conhecimento – avança(va)-se em direção a esse novo paradigma. Nele, existe a descoberta de que, para além do elemento lógico-analítico, pressupõe-se sempre uma dimensão de caráter prático-pragmático. Em Heidegger, isso pode ser visto a partir da estrutura prévia do modo de ser no mundo ligado ao compreender; em Wittgenstein II (*Investigações Filosóficas*), é uma estrutura social comum – os jogos de linguagem que proporcionam a compreensão. E é por isso que se pode dizer que Heidegger e Wittgenstein foram os corifeus dessa ruptura paradigmática, sem desprezar as contribuições de Austin, Apel, Habermas e Gadamer, para citar apenas estes.

Destarte, correndo sempre o risco de simplificar essa complexa questão, pode-se afirmar que, no *linguistic turn*, a invasão que a linguagem promove no campo da filosofia transfere o próprio conhecimento para o âmbito da linguagem, onde o mundo se descortina; é na linguagem que se dá a ação; é na linguagem que se dá o sentido (e não na consciência de si do pensamento pensante). O sujeito surge na linguagem e pela linguagem, a partir do que se pode dizer que o que morre é a subjetividade "assujeitadora", e não o sujeito da relação de objetos (refira-se que, por vezes, há uma leitura equivocada do giro linguístico, quando se confunde a subjetividade com o sujeito ou, se assim se quiser, confunde-se o sujeito da filosofia da consciência [s-o] com o sujeito presente em todo ser humano e em qualquer relação de objetos).

Com o giro – que aqui denomino de ontológico-linguístico para diferenciá-lo das pretensões analíticas, principalmente do neopositivismo lógico –, o sujeito não é fundamento do conhecimento. Trata-se, na verdade – e busco socorro em Stein –, de uma compreensão de caráter ontológico, no sentido de que nós somos, enquanto seres humanos, entes que já sempre se compreendem a si mesmos e, assim, o compreender é um existencial da própria condição humana, portanto, faz também parte da dimensão ontológica: é a questão do círculo hermenêutico- -ontológico.

Aqui é necessária uma explicitação: Heidegger elabora a analítica existencial como ontologia fundamental. Essa palavra "ontologia" usada ali é identificada com a fenomenologia. Por quê? Porque a fenomenologia é utilizada para descrever também o fenômeno da compreensão do ser. Então, a fenomenologia não se liga somente à compreensão, mas à questão do ser. E, na medida em que a compreensão do ser de que trata a fenomenologia diz respeito a uma questão ontológica que é prévia – antecipadora, porque a compreensão do ser é algo com que já sabemos e operamos quando conhecemos os entes –, a ontologia de que aqui se fala se refere a esse contexto.

É a partir daí que a fenomenologia (hermenêutica) faz uma distinção entre ser (*Sein*) e ente (*Seiende*). Ela trata do ser enquanto compreensão do ser e do ente enquanto compreensão do ser de um ou outro (ou cada) modo de ser. Classicamente, a ontologia tratava do ser e do ente. Aqui, a ontologia trata do ser ligado ao operar fundamental do ser-aí (*Dasein*), que é o compreender do ser. Esse operar é condição de possibilidade de qualquer tratamento dos entes. Tratamento esse que pode ser chamado na tradição de "ontológico", mas sempre entificado. Essa ontologia do ente é que Heidegger irá chamar de *met-ontologia*. Essa teoria tratará das diversas ontologias regionais (naturalmente, dos entes).

Desse modo, a ontologia ligada à compreensão do ser será uma ontologia fundamental, condição de possibilidade de qualquer ontologia no sentido clássico que sempre está ligado à entificação e objetificação. Assim, podemos dizer que a ontologia – originada na tradição hermenêutica – está ligada a um modo de ser e a um modo de operar do ser humano.

Lembremos que o próprio Gadamer reconhece que Heidegger somente ingressa na problemática da hermenêutica e as críticas históricas com o objetivo de desenvolver, a partir delas, desde o ponto de vista ontológico, a pré-estrutura da compreensão. De algum modo, temos, então, uma ontologia ligada à questão da hermenêutica e, dessa maneira, indissociavelmente entrelaçada com a pré-compreensão, elemento prévio de qualquer manifestação do ser humano mesmo na linguagem.

Assim, pode-se falar de uma transformação do conceito de ontologia, para então ligar esse novo conceito ao problema da linguagem do ponto de vista hermenêutico. A explicitação dessa dimensão ontológico-linguística irá tratar da linguagem não simplesmente como elemento lógico-argumentativo (plano epistemológico), mas como modo de explicitação que já é sempre pressuposto aí onde lidamos com enunciados lógicos.

Está aí a chave do problema: mesmo que o elemento lógico-explicitativo se apresente do modo como se apresenta nas teorias analíticas, isto é, de modo único, determinante e autônomo, portanto, dispensando o mundo vivido, ele já sempre está operando com uma estrutura de sentido que se antecipa ao discurso e representa a sua própria condição de possibilidade. Por essa razão, é preciso reconhecer que o elemento lógico-analítico já pressupõe sempre o elemento ontológico-linguístico. É isso que quero dizer quando me refiro ao giro ontológico-linguístico.

Numa palavra: a viragem ontológico-linguística é o raiar da nova possibilidade de constituição de sentido. Trata-se da superação do elemento apofântico, com a introdução desse elemento prático que são as estruturas prévias que condicionam e precedem o conhecimento. Nesse novo paradigma, a linguagem passa a ser entendida não mais como terceira coisa que se coloca entre o (ou um) sujeito e o (ou um) objeto e, sim, como condição de possibilidade. A linguagem não é produto de um sujeito solipsista *(Selbstsüchtiger)*.

Trata-se, fundamentalmente, de uma "virada hermenêutica", que, no plano do conhecimento jurídico, venho denominando – desde *Hermenêutica Jurídica e(m) Crise* (2013) – de *Crítica Hermenêutica do Direito*, isto é, um novo estilo de abordagem na filosofia pela qual se vê como tarefa primeira o reconhecimento de que a universalidade da compreensão é condição de possibilidade da racionalização (ou da positivação).

Daí que, com Ernildo Stein (1997, p. 86), podemos afirmar que, superando-se os paradigmas aristotélico-tomista e da filosofia da consciência, o acesso a algo não será mais de forma direta e objetivante; o acesso a algo é pela mediação do significado e do sentido. Não existe acesso às coisas sem a mediação do significado.

Esses são os elementos mínimos necessários para entendermos a questão "de como é possível compreender". Os paradigmas conformam o nosso modo de compreender o mundo. E nada está a indicar que o direito tenha "ficado de fora" ou que possa estar "blindado" aos influxos dessas verdadeiras revoluções copernicanas que atravessaram a filosofia ao longo de mais de dois mil anos da história ocidental.

Assim, em tempos de viragem ontológico-linguística, não pode(ria)m passar despercebidas teorizações ou enunciados performativos que reduzem a complexíssima questão do "ato de julgar" à consciência do intérprete, como se o ato (de julgar) devesse apenas "explicações" a um, por assim dizer, "tribunal da razão" ou decorresse de um "ato de vontade" do julgador.

Nesse contexto, há uma pergunta que se torna condição de possibilidade: por que o direito estaria "blindado" às influências dessa revolução paradigmática? Aliás, talvez por assim se pensar – e parece não haver dúvida de que a dogmática jurídica e até mesmo algumas posturas que se pretendem críticas apostam

HERMENÊUTICA E DECISÃO JURÍDICA: QUESTÕES EPISTEMOLÓGICAS

na presença da filosofia no campo jurídico tão somente como "capa de sentido" – é que o direito continua até hoje refém, de um lado, do objetivismo e, de outro, do solipsismo próprio da filosofia da consciência. Ou seria possível conceber o direito isolado das transformações ocorridas na filosofia (da linguagem)?

E é exatamente nesse sentido que textos como de Merold Westphal (2008, p.645) confirmam o acerto da "incorporação" que venho fazendo. Com efeito, de há muito sustento que a crítica do "mito do dado" feita por Heidegger é um dos pontos centrais para que se possa elaborar, por exemplo, uma crítica consistente às Súmulas Vinculantes e ao *modus* interpretativo dominante no plano da doutrina e da jurisprudência.[3]

Do mesmo modo, para além da visão "analítica" que parcela considerável dos juristas tem acerca da hermenêutica filosófica gadameriana, tenho deixado claro que textos são eventos, na esteira de filósofos como Ernildo Stein. E mais: desde *Hermenêutica Jurídica e(m) Crise* saliento que "questão de fato" e "questão de direito" não podem ser cindidas, havendo, ali, apenas uma diferença, que é ontológica (*ontologische Differenz*), assim como a relevante circunstância de que a interpretação do direito implica essa "diferença", porque, como diz Heidegger, "não lançamos um 'significado' sobre algo nu objetivamente presente em si". Com isso, damos um passo importante para a desmi(s)tificação da interpretação como um ato de "colocar" capas de sentidos aos "fatos"...!

Também venho deixando claro que a "explicitação do compreendido" é uma "questão epistemológica", o que é fundamental para a compreensão da *applicatio*. Enfim, nunca tive dúvidas de que, como bem assinala Westphal, a hermenêutica é um "universo de três andares" – questão fundamental para a compreensão do fenômeno da interpretação do direito –, em que a proposição é duplamente derivativa: ela se apóia na interpretação, que, por sua vez, se apoia na compreensão. É dizer, esta – a compreensão – sempre acontece antes (antecipação de sentido);[4] os métodos (de interpretação) sempre chegam tarde... Essa aproximação/imbricação, à evidência, não objetiva, sob hipótese alguma, transformar a filosofia em um discurso otimizador do direito, mas, sim, alçá-la à condição de possibilidade (filosofia entendida não como lógica ou "capa de sentido"). Aliás,

---

[3] Relembro que, muito antes de serem transformadas em "vinculantes", já sustentava (e denunciava) que há(via) nelas uma nítida pretensão objetivista, que nos joga(va) de volta ao "mito do dado". Trata-se da construção de enunciados assertóricos que pretendem abarcar, de antemão, todas as possíveis hipóteses de aplicação. São respostas *a priori*, "oferecidas" antes das perguntas (que somente ocorrem nos casos concretos). Isto é, as súmulas são uma espécie de "antecipação de sentido", uma "tutela antecipatória das palavras" ou, ainda, uma atribuição de sentido *inaudita altera partes*...! Mais ainda, são o produto de um neopandectismo, represtinando a pretensão de construção de "realidades supralegais", em que os conceitos adquirem "vida autônoma". As súmulas, assim como os ementários que (pré)dominam as práticas judiciárias, tem a pretensão de possuírem uma substância comum a todas "as demandas" (causas). Isso explica as razões pelas quais *não mais discutimos causas no direito e, sim, somente teses*. Essas teses – transformadas em super-enunciados – proporcionam "respostas antecipadas". No fundo, trata-se de um "sonho" de que a interpretação do direito seja isomórfica.

[4] Como bem diz Gadamer, aquele que compreende não elege arbitrariamente um ponto de vista; seu lugar lhe é dado com anterioridade.

como venho deixando isso mais claro principalmente na 5ª edição do *Verdade e Consenso*, não é "proibido" fazer epistemologia na hermenêutica. Trata-se de níveis diferentes (nível hermenêutico e o nível apofântico). Para além da epistemologia geral e da tradição das teorias da consciência (onde não se trata[va] mais de um conhecimento metafísico, mas de uma metafísica do conhecimento, como bem lembra Stein), a partir do giro hermenêutico, passa-se a falar do universo do mundo prévio, que é também conhecimento, só que falta(va) explicitá-lo. Esse "vetor de racionalidade de segundo nível" – explicitativo – é perfeitamente compatível com a hermenêutica, desde que não se situe como elemento "construtor" do próprio conhecimento (mundo compartilhado na pré-compreensão).

Nesse sentido, releva registrar que, efetivamente, a denúncia de Gadamer de que a interpretação (compreensão) não se faz por partes ou por etapas continua sem a necessária recepção no plano de algumas concepções baseadas nas teorias discursivas-procedimentais (embora seja "moda" a referência a Gadamer quando se fala em "interpretação" e "pré-compreensão").

Por isso, aliás, é que cunhei a expressão "filosofia *no* direito", para diferenciá-la da tradicional "filosofia do direito". Afinal, o direito é um fenômeno bem mais complexo do que se pensa. Em definitivo: o direito não é uma mera racionalidade instrumental. Isso implica reconhecer que fazer filosofia no direito não é apenas pensar em levar para esse campo a analítica da linguagem ou que os grandes problemas do direito estejam na mera interpretação dos textos jurídicos. Mais importante é perceber que, quando se interpretam textos jurídicos, há um acontecimento que se mantém encoberto, mas que determina o pensamento do direito de uma maneira profunda.

Ou seja, fazer filosofia *no* direito não expressa uma simples "terapia conceitual", mas sim um exercício constante de pensamento dos conceitos jurídicos fundamentais de modo a problematizar seus limites, demarcando seu campo correto de atuação. Enfim, filosofia *no* direito implica construção de possibilidades para a correta colocação do fenômeno jurídico que, na atual quadra da história não pode mais ser descolado de um contexto de legitimação democrática.

Numa palavra: a hermenêutica assim compreendida vem para romper com a relação sujeito-objeto, representando, assim, uma verdadeira revolução copernicana. Coloca em xeque, dessa forma, os modos procedimentais de acesso ao conhecimento. E isso tem consequências. Seriíssimas.

3. *Applicatio* e decisão jurídica – as razões pelas quais não se pode confundir o nível hermenêutico com o nível apofântico

A hermenêutica filosófica tem sido – impropriamente – criticada no campo do direito (por todos, refiro Castanheira Neves, op.cit., p. 413-495) pelo fato de que, embora ela tenha oferecido o modo mais preciso de descrição do processo compreensivo, por outro lado ela não teria possibilitado a formação (normativa) de uma teoria da validade da compreensão assim obtida. A acusação é a de que a hermenêutica diz-nos o que acontece e segundo as condições em que compreendemos, mas não dá resposta à questão da validade da compreensão-interpretação assim obtida em razão de não ser "especificamente normativa". Também critica a hermenêutica em face do que ele denomina de défice metodológico.

Para mim, o principal problema está em determinar como ocorre e dentro de quais limites deve ocorrer a decisão judicial. Como dito e sabido, as diversas teorias do direito contemporâneas apostam na vontade do intérprete para resolver o problema, gerando a discricionariedade judicial. Ora, evidente que tais teorias sofrem de um letal défice democrático. Pergunto: como justificar, legitimamente, as decisões tomadas pelo Poder Judiciário?

A pergunta que se põe é: de que modo podemos reivindicar e defender a democracia se, no final do processo decisório, deixamos uma "(considerável) margem de atuação" para a livre escolha do juiz?[5] Isso é possível num Estado Democrático de Direito? Mas, se o constitucionalismo atua no plano do contra-majoritarismo – e esse é o ponto de compatibilização a partir da discussão dos limites da jurisdição constitucional – também é possível dizer que tal circunstância acarreta outro grande debate: como impedir que os juízes (ou os Tribunais Constitucionais) se substituam ao legislador? Isso implica, à evidência, discutir as condições de possibilidade de um efetivo controle das decisões judiciais. Enfim, trata-se de discutir a validade dos discursos jurídicos e as condições de possibilidade de uma teoria da decisão.

A teoria integrativa de Dworkin (1977) – e a hermenêutica filosófica gadameriana – têm procurado responder a essas questões, o que se pode verificar por algumas teses comuns. Embora a teoria dworkiniana aposte na existência de uma única resposta correta e a hermenêutica em verdades conteudísticas, superando qualquer possibilidade de subsunção a partir da ruptura com o esquema sujeito-objeto (veja-se, nesse sentido, a força da noção da *applicatio* de Gadamer), ambas sofrem, ainda, fortes contestações.

Nesse sentido, no contexto da (re)afirmação da importância paradigmática da *applicatio* gadameriana, é importantíssimo ter presente – ressaltando inclusive sua importância para o campo do direito – a seguinte passagem de Habermas (2007, p.247), na qual o filósofo não apenas reconhece o mérito da descoberta de Gadamer como assinala sua concordância com relação à tese gadameriana:

> Para mí el gran mérito de Gadamer consiste en haber demostrado que la comprensión hermenéutica está referida, de forma trascendentalmente necesaria, a la articulación de una autocomprensión orientadora de la acción. Analizando el caso de la teología y la jurisprudencia se puede mostrar la conexión interna entre comprensión y aplicación. La interpretación de la Biblia en la predicación, al igual que la interpretación del derecho positivo

---

[5] Desnecessário lembrar *o livre convencimento do juiz* previsto nos Códigos de *terrae brasilis*. Isso para dizer o mínimo acerca da aposta no protagonismo judicial.

en la judicatura, sirven a la vez, en tanto que interpretación, a la aplicación del contenido a una situación dada. La referencia práctica a la autocomprensión de los destinatarios, en este caso la comunidad eclesial y la comunidad jurídica, no es algo que se añada posteriormente después de hecha la interpretación. Antes bien, la interpretación sólo se cumple en la aplicación misma.

Portanto, não é possível concordar com as críticas de que a hermenêutica não conteria uma teoria da decisão. E isso por vários motivos. A hermenêutica deve ser examinada a partir dos dois teoremas fundamentais que a conformam – e que são os sustentáculos da ontologia fundamental: o círculo hermenêutico e a diferença ontológica. Isso implica dizer que a hermenêutica também deve ser compreendida desde uma dobra da linguagem, isto é, o como hermenêutico e o como apofântico. A compreensão ocorre a partir da pré-compreensão, que é estruturante. Por isso – e permito-me convocar Ernst Schnädelbach – "compreender sentido" não é apenas uma consequência, mas o fundamento da própria razão. E é exatamente por isso que o problema do sentido se situa sistematicamente antes do problema do conhecimento, pois devem ser pressupostos já como resolvidos, em todas as produções de conhecimento, os problemas da compreensão hermenêutica.

No campo do conhecimento do direito é preciso ter presente que nenhum processo lógico-argumentativo pode "acontecer" sem a pré-compreensão. Trata-se daquilo que Ernildo Stein (2004) denomina de "vetor de racionalidade" de primeiro nível (estruturante, transcendental não clássico). Lembremos que, na esteira de Ricouer, Castanheira Neves preocupa-se com o aspecto secundário que a hermenêutica dedicaria ao plano "epistemológico" (apofântico). Ocorre que a hermenêutica filosófica jamais negou a possibilidade de "se fazer epistemologia".

Aliás, é desnecessário lembrar que a hermenêutica não se volta contra qualquer epistemologia já que esta é um instrumento de que pode servir a qualquer análise filosófica quando pergunta pelos elementos que constituem o conhecimento científico. Do mesmo modo, toda tradição hermenêutica reconhece que a teoria do conhecimento representa/representou um passo importante na tradição filosófica, na medida em que significou já um primeiro passo para além de uma simples submissão do conhecimento a uma espécie de ditadura do objeto (metafísica clássica). A teoria do conhecimento foi um movimento no qual se passou a buscar a inteligibilidade, não simplesmente como vinda apenas dos objetos, mas sendo resultado de uma análise dos processos cognitivos que preparavam a formação de uma epistemologia e dos consequentes recursos metodológicos de que se serve a ciência.

A hermenêutica não chega a estender a sua pretensão aos campos específicos em que tem autoridade aquele tipo de analise que se preocupa com os problemas da teoria do conhecimento e os problemas metodológico-epistemológicos. Porém, é preciso ter claro que a hermenêutica apresenta um espaço que deve ser examinado como sendo o lugar onde se enraíza qualquer teoria do conhecimento ou uma epistemologia. Esse espaço é o que resulta de um processo pré-compreensivo que não é levantado como um argumento contra a teoria do conhecimento, ou da fundação epistemológica de uma determinada ciência – como é o caso do direito – mas é apenas um aprofundamento de aspectos que geralmente são encobertos pelas tentações de recorrer, no conhecimento, a posturas subjetivas ou a certas imposições dos objetos e de estruturas metodológicas rígidas e definitivas que encobrem o que há de essencial no processo compreensivo.

Portanto, a hermenêutica apenas amplia o espaço de legitimação dos processos cognitivos. Ela terá que dar conta do que significa esse processo de pré--compreensão, quais os limites da sua pretensão de universalidade, diante de outras pretensões que se apresentam na discussão, enfim, ela terá sim que dar conta de sua validade enquanto conhecimento efetivo.

Nessa medida, é possível perceber que a hermenêutica vai muito além da pergunta "como sabemos?"; na verdade – e aqui já aparece, de pronto, um forte aspecto a sustentar a existência de uma preocupação com a decisão/validade –, a pergunta a ser respondida na ontologia fundamental é: qual é o modo de ser deste ente que só existe compreendendo, o que demonstra a incindibilidade entre o hermenêutico e o apofântico.

Observemos como e porque Gadamer diz que interpretar é explicitar o compreendido. Ora, isso sempre significou a evidente preocupação com essa "comunicação detalhada" do que já ocorreu (compreensão) no modo próprio de ser no mundo. Explicitar o compreendido quer dizer que a compreensão ocorre em um nível estruturante (razão hermenêutica) em que o sentido se dá de forma antecipada, face aos nossos inelutáveis pré-juízos (autênticos ou inautênticos) que temos acerca dos entes intramundanos. A explicitação desse compreendido é a forma de entificação minimamente necessária para que, no plano da intersubjetividade – portanto, superando o cognitivo esquema sujeito-objeto – consigamos nos comunicar.

Assim, na medida em que a hermenêutica é filosófica – logo, não é lógica, pois no contexto da fenomenologia hermenêutica a lógica é uma metodologia, ou seja, uma espécie de disciplina que se constitui a partir da filosofia, o filosofar propriamente dito está ligado ao esforço explicitativo de algo que ainda não chegou a ser enunciado logicamente – esse nível explicitativo ocorre argumentativamente (se se quiser utilizar a expressão tão reclamada pelos críticos da hermenêutica). Ela não pretende "dispensar" os recursos argumentativos. Só que ela sabe que toda a argumentação se movimenta em um processo que a sustenta. E nós podemos chamar esse processo de hermenêutico, em que já sempre compreendemos para interpretar, e não o contrário. Ou seja, e isso é definitivo, a interpretação é a articulação do sentido projetado pela compreensão.

Ora, sem compreensão não há interpretação; sem compreensão não há explicitação. Só que tudo isso somente se dá em um círculo (do todo para a parte e da parte para o todo), portanto, sem categorias abstratas-universalizantes das quais se possa fazer deduções ou subsunções. É nesse espaço que se dá a não cisão entre interpretar e aplicar, porque não há conceitos (ou atribuições de sentido) "sem coisas". Não é demais reforçar, aqui, a tese hermenêutico-filosófica com autores como T. Gizbert-Studnicki (1970, p.357), para quem o sentido de um texto somente aparece (se dá) ao intérprete em referência a um determinado caso, imaginado ou real, que se tenha de decidir e Ralph Christensen (1989, p. 272), convicto de que o sentido de um texto da norma só se constitui na ação prática do interprete/aplicador, não havendo nenhuma significação fora de uma situação concreta situação de fala.

Já na *quaestio facti* está a *quaestio juris*, pela incindibilidade entre ser e ente (não esqueçamos o caráter marcadamente anti-dualista da hermenêutica filosófica). Também na superação do esquema sujeito-objeto fica nítida essa co-originariedade entre *quaestio facti* e *quaestio juris* e a impossibilidade de sua cisão. Aliás, o círculo hermenêutico (na diferença ontológica) é o que, de fato, proporciona a ruptura com qualquer possibilidade de cisão entre fato e direito, palavra e coisa (para falar apenas nesses dualismos). Graças a esse conjunto de elementos é que Gadamer rompe com qualquer possibilidade de subsunção ou dedução.

É preciso entender que a hermenêutica (filosófica)– e Dworkin segue essa mesma reflexão – (re)valoriza a dimensão prática da retórica oferecendo a possibilidade de instauração de um ambiente no qual os problemas da realidade são resolvidos concretamente, no interior desta mesma realidade, e não numa instância superior, de cunho ideal que, posteriormente, passa a ser aplicada por mimetismo à realidade. Note-se, portanto, que, por exemplo, a crítica de que há um excesso de abstração na teoria de Dworkin apresenta um equívoco de base: a orientação filosófica de Dworkin vai em direção a uma análise pragmática da realidade. Tal acusação da autora pode ser feita às teorias argumentativas e epistemo-procedurais, mas não a Dworkin ou à hermenêutica filosófica.

Em defesa de Dworkin – circunstância que pode ser estendida à hermenêutica filosófica –, é preciso lembrar que, enquanto um procedimentalista como Habermas desonera os juízes da elaboração dos discursos de fundamentação – porque desacredita na possibilidade de os juízes poderem se livrar da razão prática (eivada de solipsismo) –, ele (Dworkin) ataca esse problema a partir da responsabilidade política de cada juiz/intérprete/aplicador, obrigando-o (*has a duty*) a obedecer à integridade (similar à tradição em Gadamer) do direito, evitando que as decisões se baseiem em raciocínios *ad hoc* (teleológicos, morais ou de política).

Insista-se: quando Dworkin diz que o juiz deve decidir lançando mão de argumentos de princípio, e não de políticas, não é porque esses princípios sejam ou estejam elaborados previamente, à disposição da "comunidade jurídica" como enunciados assertóricos ou categorias (significantes primordiais-fundantes). Na verdade, quando sustenta essa necessidade, apenas aponta para os limites que devem haver no ato de aplicação judicial (por isso, ao direito não importa as convicções pessoais/morais do juiz acerca da política, sociedade, esportes, etc.; ele deve decidir por princípios).

Mas isso é assim – filosoficamente – porque Dworkin compreendeu devidamente o problema do esquema sujeito-objeto. Exatamente por superar o esquema sujeito-objeto é que Dworkin não transforma o seu "juiz Hércules" em um juiz solipsista e tampouco em alguém preocupado apenas em elaborar discursos prévios, despreocupados com a aplicação (decisão). Hércules é uma metáfora, demonstrando as possibilidades de se controlar o sujeito da relação de objeto, isto é, com Hércules se quer dizer que não é necessário, para superar o sujeito solipsista da modernidade, substituí-lo por um sistema ou por uma estrutura (*v.g.*, como fazem Luhmann e Habermas).

Fundem-se os horizontes de sentido da coisa com o intérprete. O sentido somente se dá se for possível ultrapassar as "capas de sentido endurecidas" do nível ôntico. Por isso é que no positivismo jurídico, que sempre apostou nas suficiências ônticas do mundo de regras, ocorre uma rendição de sentido (*Entseztung*) nos casos denominados de "fáceis", a partir da subsunção. Na verdade, subsunção é isso: uma rendição de sentido; uma mera capitulação. Ou seja – e aí se constata a indevida cisão estrutural entre casos fáceis e casos difíceis, regras e princípios, palavras e coisas, etc. – o positivismo (e seus sucedâneos), quando estão diante de *easy cases*, rende-se ao primado do ôntico, sendo que, quando não se "contenta" com essa "suficiência ôntica", abandona-a, a partir de uma "transcendência epistemológica", que nada mais é do que delegar – sem limites de sentido e sem o sentido desses limites – ao sujeito solipsista a tarefa de "ir além da "insuficiência da suficiência ôntica". Eis aí o fenômeno da discricionariedade positivista. O positivismo sempre andou sobre o fio da navalha: de um lado, confiava na objetividade, com fé no método, como se não existissem pré-juízos; de outro, buscava a partir da razão prática resolver os problemas da fissuras (e das insuficiências) da objetividade.

4. À guisa de conclusão: porque a hermenêutica responde adequadamente ao problema da decisão jurídica

Em face de tudo isso, é possível dizer que há vários modos de compreender essa (nova) fenomenologia (teorias discursivas, teorias argumentativas, teorias sistêmicas, teorias analíticas em geral, etc.). Um caminho promissor pode ser desenhado a partir da imbricação da hermenêutica filosófica com a teoria da "*law as integrity"*, de Dworkin. O antirrelativismo e o antidiscricionarismo constituem pontos fundamentais daquilo que denomino de Crítica Hermenêutica do Direito.

Tanto em Gadamer como em Dworkin é possível distinguir boas e más decisões (pré-juízos autênticos/legítimos e inautênticos/ilegítimos) que, quaisquer que sejam seus pontos de vista sobre a justiça e o direito a um tratamento igualitário, os juízes também devem aceitar uma restrição independente e superior, que decorre da integridade, nas decisões que proferem. Na especificidade, Dworkin, ao combinar princípios jurídicos com objetivos políticos, coloca à disposição dos juristas/intérpretes um manancial de possibilidades para a construção/elaboração de respostas coerentes com o direito positivo – o que confere uma blindagem contra discricionariedades (se assim se quiser, pode-se chamar a isso de "segurança jurídica") – e com a grande preocupação contemporânea do direito: a pretensão de legitimidade. Em síntese: a resposta correta (adequada) tem um grau de abrangência que evita decisões *ad hoc*. Entenda-se, aqui, a importância das decisões em sede de jurisdição constitucional, pelo seu papel de proporcionar a aplicação em casos similares. Haverá coerência se os mesmos princípios que foram aplicados nas decisões forem aplicados para os outros casos idênticos; mas, mais do que isso, estará assegurada a integridade do direito a partir da força normativa da Constituição.

Tudo isso deve ser compreendido a partir daquilo que venho denominando de "uma fundamentação da fundamentação",[6] traduzida por uma radical aplicação do art. 93, IX, da Constituição. E, a partir do exposto, entendo que é possível afirmar que, do mesmo modo que há o dever fundamental de justificar/motivar as decisões, existe também o direito fundamental a obtenção de respostas corretas/adequadas a Constituição. Essa é a especificidade do direito. Há uma ligação umbilical entre esse dever fundamental e esse direito fundamental. A complementariedade entre ambos representa uma blindagem contra interpretações deslegitimadoras e despistadoras do conteúdo que sustenta o domínio normativo dos textos constitucionais. Trata-se de substituir qualquer pretensão solipsista pelas

---

[6] Numa palavra: quando eu sustento o dever de *fundamentar a fundamentação* – que nada mais é do que aquilo que venho denominando de dever de *accountability hermenêutico-processual* – não estou simplesmente dizendo que (ess)a fundamentação "resolve" o problema decorrente da discricionariedade judicial ou daquilo que nos Códigos de Processo consta como "livre apreciação da prova pelo juiz" ou "livre convencimento do juiz". Claro que não é isso que estou dizendo. *Accountability*, nos moldes em que a proponho, não quer dizer uma "mera capa de sentido" ou uma fundamentação do tipo "primeiro decido e, depois, fundamento" (*sic*). Quero deixar claro que, nem de longe, o problema da exigência de fundamentação se resolve no nível apofântico. Ora, com tudo o que já escrevi, eu não seria ingênuo em pensar que o "dever de fundamentar as decisões" judiciais resolve(ria) o problema da decisão...! Um vetor de racionalidade de segundo nível – lógico-argumentativo – não pode se substituir ao vetor de racionalidade de primeiro nível, que é a compreensão. Nela, *na compreensão*, reside a "razão hermenêutica", para usar a expressão de Ernst Schnädelbach. Afinal, por que razão Gadamer diria que "interpretar é explicitar o compreendido"? Não esqueçamos, aqui, do dilema (ou aporia) das teorias cognitivistas-teleológicas: *não é possível atravessar o abismo do conhecimento – que nos "separa" das coisas – construindo uma ponte pela qual já passamos..!* Como se a compreensão ocorresse depois da interpretação...! Ou, como se fosse possível "primeiro decidir para, só depois, fundamentar"...! Quem pensa que o juiz primeiro decide e depois fundamenta, contenta-se com um "resto de significação", ou seja, contenta-se com uma capa de sentido para "justificar" a decisão solipsista "já tomada" (*sic*).

condições histórico-concretas, sempre lembrando, nesse contexto, a questão da tradição, da coerência e da integridade, para bem poder inserir a problemática na superação do esquema sujeito-objeto pela hermenêutica jurídico-filosófica.

Se o desafio de uma metódica jurídica é "como se interpreta" e "como se aplica" o direito explicitado em um texto normativo, as próprias demandas paradigmáticas do direito no Estado Democrático de Direito apontam para uma terceira questão: a discussão acerca das condições que o intérprete/aplicador possui para encontrar uma resposta que esteja adequada ao *locus* de sentido fundante, isto é, a Constituição. Quem está encarregado de interpretar a Constituição a estará concretizando, devendo encontrar um resultado constitucionalmente "justo" (a expressão é de Canotilho). E esse resultado deve estar justificado, formulado em condições de aferição acerca de estar ou não constitucionalmente adequado.

Há, assim, um direito fundamental a que a Constituição[7] seja cumprida. Trata-se de um direito fundamental a uma resposta adequada à Constituição ou, se quiser, uma resposta constitucionalmente adequada (ou, ainda, uma resposta hermeneuticamente correta em relação à Constituição). Essa resposta (decisão) ultrapassa o raciocínio causal-explicativo, porque busca no *ethos* principiológico a fusão de horizontes demandada pela situação que se apresenta. A decisão constitucionalmente adequada é *applicatio*.

Isto porque a interpretação do direito é um ato de "integração", cuja base é o círculo hermenêutico (o todo deve ser entendido pela parte, e a parte só adquire sentido pelo todo), sendo que o sentido hermeneuticamente adequado se obtém das concretas decisões por essa integração coerente na prática jurídica, assumindo especial importância a autoridade da tradição (que não aprisiona, mas funciona como condição de possibilidade).

Não esqueçamos que a constante tarefa do compreender consiste em elaborar projetos corretos, adequados às coisas, como bem lembra Gadamer. Aqui não há outra "objetividade" além da elaboração da opinião prévia a ser confirmada. Faz sentido, assim, afirmar que o intérprete não vai diretamente ao "texto", a partir da opinião prévia pronta e instalada nele. Ao contrário, expressamente, coloca à prova a opinião prévia instalada nele a fim de comprovar sua legitimidade, aquilo que significa, a sua origem e a sua validade.

O direito fundamental a uma resposta correta (constitucionalmente adequada a Constituição) não implica a elaboração sistêmica de respostas definitivas. Como já referido à saciedade, a hermenêutica filosófica não admite respostas definitivas, porque isso provocaria um congelamento de sentidos. Respostas definitivas pressupõem o sequestro da temporalidade. E a hermenêutica é fundamentalmente dependente da temporalidade. Ou seja, a pretensão a respostas definitivas (ou verdades apodíticas) sequer teria condições de ser garantida.

---

[7] Desnecessário dizer que não tomo a Constituição como um *fundamentum inconcussum*. Nesse sentido, ver meu *Verdade e Consenso*, op.cit.

Em outras palavras, a própria pretensão implica o risco de produzir uma resposta incorreta. Mas, veja-se, o fato de se obedecer à coerência e à integridade do direito, a partir de uma adequada suspensão da pré-compreensão que temos acerca do direito, enfim, dos fenômenos sociais, por si só já representa o primeiro passo no cumprimento do direito fundamental que cada cidadão tem de obter uma resposta adequada à Constituição.

A decisão (resposta) estará adequada na medida em que for respeitada, em maior grau, a autonomia do direito (que se pressupõe produzido democraticamente), evitada a discricionariedade (além da abolição de qualquer atitude arbitrária) e respeitada a coerência e a integridade do direito, a partir de uma detalhada fundamentação. O direito fundamental a uma resposta correta, mais do que o assentamento de uma perspectiva democrática (portanto, de tratamento equânime, respeito ao contraditório e à produção democrática legislativa), é um "produto" filosófico, porque caudatário de um novo paradigma que ultrapassa o esquema sujeito-objeto predominante nas duas metafísicas.

No campo jurídico, vários autores defendem a possibilidade/necessidade de respostas corretas e/ou adequadas (Habermas e Dworkin sustentam a única resposta correta; Gadamer, embora não tenha tratado diretamente dessa temática, vai dizer que *das gilt der Sache nach auch dort, wo sich das Verständnis unmittelbar einstellt und gar keine ausdrückliche Auslegung vorgenommen wird*, ou seja, que uma interpretação é correta quando ninguém se pergunta sobre o sentido atribuído a algo; que *Alle rechte Auslegung muss sich gegen die Willkür von Einfällen und die Beschränktheit unmmerklich Denkgewohnheit abschirmen und den Blick auf die Sachen selber richten* (toda a interpretação correta deve guardar-se da arbitrariedade dos chutes e do caráter limitado dos hábitos mentais inadvertidos, de maneira a voltar-se às coisas mesmas); e, mais ainda, que *So ist die ständige Aufgabe des Verstehens, die rechten, sachangemessenen Entwürfe auszuarbeiten, das heisst Vorwegnahmen, die sich na den Sachen erst bestätigen sollen, zu wagen*, isto é, a constante tarefa de compreender consiste em elaborar projetos corretos, adequados às coisas, ou seja, ousar hipóteses que só devem ser confirmadas nas coisas mesmas.

Assim, a tese aqui apresentada é uma simbiose entre as teorias de Gadamer e Dworkin, com o acréscimo de que a resposta não é nem a única e nem a melhor: simplesmente se trata "da resposta adequada à Constituição", isto é, uma resposta que deve ser confirmada na própria Constituição, na Constituição mesma.

Numa palavra final, se o método, para o paradigma da filosofia da consciência, é/foi o supremo momento da subjetividade, decretar a sua superação, como magistralmente fez Gadamer, não quer dizer que, a partir de então, seja possível "dizer qualquer coisa sobre qualquer coisa". Ao contrário: se o método colocava a linguagem em um plano secundário (terceira coisa entre o sujeito e o objeto), manipulável pelo sujeito solipsista, a intersubjetividade que se instaura com o *linguistic turn* exige que, no interior da própria linguagem, se faça o necessário controle hermenêutico (entre outras coisas, levar-se o texto a sério, circunstância que se coaduna perfeitamente com as Constituições na segunda metade do século XX e confere especial especificidade à interpretação do direito, em face do vetor de sentido assumido pelo texto constitucional, além de reafirmar a autonomia do direito).

Referências

CASTANHEIRA NEVES, António. Escritos acerca do Direito, do Pensamento Jurídico, da sua Metodologia e Outros. *Digesta*, v. 3, Coimbra Editores, 2008.

CHRISTENSEN, Ralph. *Was heißt Gesetzesbindung? Eine rechtslinguistische Untersuchung*. Berlin: Duncker & Humblot, 1989.

DWORKIN, Ronald. *A Matter of Principle*. Cambridge: Harvard University Press, 1985.

——. *O império do Direito*. São Paulo: Martins Fontes, 1999.

——. *Taking Rights Seriously*. Cambridge: Harvard University Press, 1977.

EISENBERG, José. Pragmatismo jurídico. In: Barreto, Vicente de Paulo. *Dicionário de Filosofia do Direito*. São Leopoldo: Ed. Unisinos, 2006.

GADAMER, Hans-Georg. *Wahrheit und Methode*. Grundzüge einer philosophischen Hermeneutik. I. Tübingen: Mohr, 1990.

——. *Wahrheit und Methode. Ergänzungen Register*. Hermeneutik II. Tübingen: Mohr, 1990.

GIZBERT-STUDNICKI T. Das hermeneutische Bewusstsein der Juristen. *Rechtstheorie*, vol. 18, nº3, p. 357. Berlin: Duncker & Humblot, 1970.

HABERMAS, Jürgen. *La lógica de las ciencias sociales*. 3. ed. Trad. Manuel Jimanez Redondo. Madrid: Tecnos, 1996.

HEIDEGGER, Martin. *Sein und Zeit. Siebzehnte Auflage*. Tübingen: Max Niemayer Verlag, 1993.

——. *Introdução à Filosofia*. Tradução de Marco Antônio Casanova. São Paulo: Martins Fontes, 2008.

——. *Los Problemas Fundamentales de la Fenomenología*. Tradução de Juan José Garciá Norro. Madrid: Trotta, 2000.

KELSEN, Hans. *Teoria pura do direito*. São Paulo: Martins Fontes, 1985.

TOMAZ DE OLIVEIRA, Rafael. *Decisão Judicial e o Conceito de Princípio*. A hermenêutica e a (in)determinação do Dirieto. Porto Alegre: Livraria do Advogado, 2008.

SCHNÄDELBACH, Herbert. Compreender. Epílogo. In: STEIN, Ernildo. *Racionalidade e Existência. O ambiente hermenêutico e as ciências humanas*. Ijuí: Unijuí, 2008

STEIN, Ernildo. *A caminho de uma fundamentação pós-metafísica*. Porto Alegre: EDIPUCRS, 1997.

——. Filosofia e Hermenêutica Jurídica. Os Standards de racionalidade. In *Exercícios de Fenomenologia*. Ijui, Ed. Unijuí, 2004.

STRECK, Lenio Luiz. *Hermenêutica Jurídica e(m) Crise*. 11. ed. Porto Alegre: Livraria do Advogado, 2013.

——. *Verdade e Consenso*: Constituição, hermenêutica e teorias discursivas. 5. ed. São Paulo: Saraiva, 2014.

WESTPHAL, Merold. A hermenêutica enquanto epistemologia. In: Greco, John; Sosa, Ernest (Orgs.). *Compêndio de Epistemologia*. São Paulo: Loiola, 2008.

— Epílogo —

HERMENÊUTICA E RELEVÂNCIA EPISTEMOLÓGICA

Quando hoje falamos de um livro que se apresentou na Filosofia como uma obra nova, e que se apresenta como um desafio para a crítica, a reação, certamente, não é a mesma que aquela que se pôde observar quando foi publicado *Verdade e método,* há 50 anos atrás. Podemos enumerar algumas razões para a mudança do ambiente em que apareciam os textos de filosofia: **1.** Certas correntes filosóficas se apresentavam com uma autonomia fortemente acentuada, talvez por serem em menor número e terem atrás de si uma história bem mais longa do que ocorre com as tendências filosóficas atuais; **2.** Isso tinha como consequência de que elas possuíam, ao lado de uma diferença bem acentuada, um universo de afirmação muito mais amplo; **3.** Eram certamente muito menos teorias que disputavam o espaço público da Filosofia, e por isso, os adeptos de cada escola tinham informações mais precisas uns sobre os outros; **4.** Quando aparecia um novo livro que chamava a atenção pelas suas características relevantes, a reação era cuidadosa e se apresentava como uma avaliação crítica no contexto global da Filosofia; **5.** Os primeiros elementos de um comentário ou de uma resenha procuravam acentuar as origens da obra num paradigma determinado; **6.** A avaliação sempre trazia, ao lado das questões centrais que eram abordadas, qual era a relação com os autores consagrados na tradição; **7.** Era próprio, das manifestações daquela época, tomarem posição comentaristas e intérpretes de escolas e correntes que muitas vezes não representavam afinidades diretas com o pensamento de uma tal obra; **8.** Isso tinha como consequência que o autor podia esperar as mais surpreendentes manifestações escritas sobre seu livro; **9.** Mas, de outro lado, o autor poderia, ao mesmo tempo, esperar avaliações qualificadas de autores e colegas de orientação; **10.** Assim, era possível realizar uma comparação sobre os diversos pontos de vista que eram expressos nas resenhas filosóficas.

Podemos imaginar o clima filosófico de cinquenta anos atrás, quando Gadamer publicou o seu livro *Verdade e método.* Certamente, ele já estava familiarizado com pontos de vista manifestados por colegas conhecidos. Mas poderia ser surpreendido com reações críticas de autores de outras correntes que procuravam tomar posição diante de uma nova obra que poderia atingir questões para eles importantes. Isso tinha como consequência que o autor sabia que os juízos sobre o seu livro surgiriam de uma comunidade científica interessada mas cuidadosa. Como muitos livros tinham que esperar, em geral, bastante tempo para receberem uma consideração crítica, livros que se presumia terem um efeito novo dentro de uma corrente determinada eram comentados por intérpretes muito bem informados, simpáticos e ao mesmo tempo críticos. Assim, a obra recebia o julgamento qualificado, mas, ao mesmo tempo, ele já trazia uma comparação de sua maneira de análise com outras interpretações de questões clássicas.

De Gadamer já se conheciam trabalhos avaliados pela academia em grande parte a partir do grupo de filósofos onde tinha recebido sua formação e que eram seus interlocutores através de artigos e de conferências em congressos. Ainda assim, muitos filósofos e colegas não estavam satisfeitos com o que se presumia poder ser uma produção que representasse uma grande obra. Era desse modo que se observavam entre si os filósofos tradicionais do século passado. Era preciso que, ao final de vinte ou trinta anos de trabalho, se apresentasse um grande livro. Surgiu assim *Verdade e método*, de Gadamer.

Quando o livro foi publicado, já havia várias décadas que as questões da hermenêutica se avolumavam em vários autores e comunidades filosóficas. Mas eram em grande parte estudos de caráter histórico, ou então ocupados com o debate da questão do método entre as ciências empírico-matemáticas e as ciências humanas. Hermenêutica era, portanto, o nome com o qual se entrava nas discussões sobre as características de um método próprio das ciências humanas e que as distinguisse, com clareza, dos métodos triunfantes das outras ciências. Assim, a hermenêutica era, ao mesmo tempo, uma questão histórica importante, mas também procurava se firmar no contexto de afirmação do método compreensivo das ciências do espírito.

Nesse contexto, *Verdade e método*, de Gadamer, poderia parecer mais uma obra que procurava participar de questões da epistemologia da época. Entretanto, quem lesse o subtítulo do livro já seria surpreendido com um aspecto novo que a obra anunciava: *Esboços de uma hermenêutica filosófica*. Já se conhecia, em diversos autores, o que se pretendia com uma filosofia hermenêutica; mas que a hermenêutica aparecesse como substantivo, levando consigo um adjetivo de tal peso, causou certamente surpresa em muitos dos seus leitores. Pelas reações que houve nos primeiros dez anos, pode-se avaliar a amplitude das repercussões do livro e a surpresa do anúncio de uma hermenêutica filosófica, que vinha como expressão nova, sobretudo, ao explicitar o título *Verdade e método*.

Quem se debruça sobre as reações dos primeiros anos após a publicação da obra pode observar, basicamente, três comportamentos. De um lado, começaram a aparecer vozes de áreas próximas à hermenêutica e relativamente familiarizadas com os temas centrais que nela se tratavam. De outro lado, por circunstâncias muito particulares, houve uma reação importante da teoria crítica. E por fim, foram muitas as manifestações dos que estavam preocupados com as questões epistemológicas no debate dos métodos.

Nesse contexto, causa surpresa o artigo publicado por Alphonse De Waelhens, na *Revue Philosophique de Louvain,* menos de dois anos do aparecimento de *Verdade e método,* artigo este que passamos a publicar a seguir. Que o livro encontrara um leitor muito preparado e familiarizado com a fenomenologia, pode-se saber pela obra de De Waelhens. Mas o que deveria ter causado impacto é a maneira original e inteligente com que o filósofo belga se manifesta sobre *Verdade e método.* Já o título – "Sobre uma hermenêutica da hermenêutica"(*Sur une herméneutique de l'herméneutique*) – seria capaz de dar indicações para uma leitura profunda e abrangente de *Verdade e método.* Pudemos averiguar que Gadamer estivera junto com De Waelhens no Colóquio de Royaumont sobre Edmund Husserl em 1958. Além disso, Gadamer ministrou, no mesmo ano, um curso sobre *consciência histórica* na cátedra Cardeal Mercier do Instituto Superior de Filosofia de Louvain. Foi, provavelmente, nessa ocasião que os dois filósofos tiveram ocasião de conversas sobre *Verdade e método* que seria publicado dois anos depois. É com todas essas informações que De Waelhens leu a obra sob um ângulo inteiramente diferente das demais análises que apareceriam nos anos seguintes. A expressão 'hermenêutica da hermenêutica' remetia, pela primeira vez, para uma perspectiva inusitada na tradição da hermenêutica. Trata-se de uma visão que apanhou a dimensão metateorética do livro de Gadamer. Era esse tipo de análise que deveria ter sido desenvolvido desde as primeiras críticas do livro. Assim, ter-se-ia aprendido que a percepção metalinguística teria sido mais fiel que outras, no trabalho de interpretação da obra. O que está em jogo não é um novo método de interpretação, mas uma tentativa de apresentar uma metodologia de caráter omni-abrangente pela qual se pudesse apanhar as condições gerais de possibilidade de todas as hermenêuticas particulares. É nesse sentido que deve ser lido esse reveladora interpretação de Alphonse De Waelhens.

SOBRE UMA HERMENÊUTICA DA HERMENÊUTICA[1]

Alphonse De Waelhens
Louvain, Bélgica

I.

Uma metodologia da verdade, eis um título que pode abranger empresas diversas e de alcance desigual. Um tratado de lógica formal, uma análise das condições da indução, um estudo sistemático ou descritivo de procedimentos de conhecimento operados pelas *Geisteswissenschaften*, e mesmo uma epistemologia geral, todos eles estão mais ou menos justificados a fazer uso dessa expressão. Ora, se a proposta do livro de Gadamer toma como sua tarefa boa parte desses objetivos, ela não se confunde com nenhum deles, visando mais longe e ainda mais alto. Na verdade, trata-se de uma teoria geral da hermenêutica e da interpretação. E isto não somente enquanto hermenêutica e interpretação, em diversos graus, categorias necessárias de todo saber científico (matemático, positivo, das ciências humanas e da teologia), mas enquanto mesmo elas aparecem constitutivas de uma existência dedicada à linguagem escrita ou falada, à história, à arte e à fé.

Nesse sentido, se poderia, então, dizer que Gadamer, cujos vínculos fenomenológicos são conhecidos, escreve um comentário das exigências que decorrem do *natürlicher Glaubensboden* husserliano, tais como elas se repercutem nos modos de existência que interessam ao ser-em-comum, a cultura e o saber. Não se poderia ficar de antemão surpreso se esta elucidação da hermenêutica se apresenta como uma operacionalização aplicada aos temas de sua proposta, do *Verstehen* heideggeriano e de seus derivados.

O método desta metodologia é ele mesmo fenomenológico. Evitando o enunciado de teses mais ou menos dogmáticas sobre o que pode ser a compreen-

---

[1] Hans-Georg Gadamer, Wahrheit und Methode, Grundzüge einer philosophischen Hermeneutik. Tübingen, Mohr, 1960.

são de um texto literário, de um acontecimento histórico, de uma obra de arte, de uma regra jurídica, de um autor de escrituras, ou mesmo de atos ou sentimentos do outro, Gadamer prefere interpretar concepções que na história do Ocidente de fato prevaleceram com relação à interpretação de seus diversos "objetos". Ele procura seu sentido, mostra sua evolução necessária, para finalmente nos provar que a história da hermenêutica é o próprio devir disso, e seu acesso à verdade. Como Husserl nos persuadiu há tempo, que a fenomenologia está somente habilitada a explicar e resolver a crise das ciências europeias (mas explicando-nos ao mesmo tempo sua própria aparição), Gadamer se esforça para nos tornar manifesto como as aporias da hermenêutica e de sua história conduzem à hermenêutica tal qual se concebe no pensamento de Husserl e Heidegger. Isso o leva, curiosamente, a defender, ao mesmo tempo, uma concepção hegeliana do saber (pois que a verdade desse se edifica sobre a história de sua fenomenologia, ou a fenomenologia de sua história) e a afirmação radical desse saber como não absoluto.

Essa aparente contradição nos termos leva a uma outra – mas que ela elucida ao mesmo tempo –: as alternâncias que caracterizam a posição explícita de Gadamer com relação a esse mesmo Hegel. Encontram-se aí, mas não é o momento de retornar a isso, as ambiguidades estruturalmente imanentes ao uso hegeliano e contemporâneo dessa mesma palavra fenomenologia.

II.

Não se pode, no entanto, separar a ideia de interpretação, tal qual ela se exerce nas ciências ditas do espírito, dessa mesma noção como, *volens nolens,* nós a exercemos na nossa experiência do pensamento filosófico, da obra de arte, da história, e mesmo, do outro.

Essa irrecusável imbricação torna tanto mais suspeitas as teorias que vieram à luz no século XIX, sobre a metodologia das ciências morais, que prescreviam orientar a essa, conforme os métodos do saber positivo. Pois, afinal, a menor diferença entre umas e outras não é o fato de que estas se liguem à descoberta de uma lei que, em última análise, absorveria o fato individual inteiro, e aquelas, *ao contrário*, que estão primeiro a serviço desse fato concreto e pretendem, antes de tudo, esclarecer sua unidade, não sendo as "generalizações" aceitas, a não ser como um acréscimo que poucos especialistas apreciam.

É preciso, portanto, remontar mais adiante na história e não considerar esta *Gleichschaltung* a não ser como um acidente que as ciências morais terão que explicar antes que ela as explique. E já que as ciências morais são ciências do homem, é evidente que sua tarefa é função do conceito de humanidade, ou de humanismo, que lhes serve de fio condutor. Tal é, portanto, o primeiro elemento a reter.

III.

O homem não é um ser de imediatidade: sua natureza consiste em romper com o imediato da natureza onde ele primeiro apareceu.

Mas como a natureza não poderia, sem contradição, munir-se ela mesma dos recursos dessa cultura, segue-se que o homem é um ser que deve ser educado, que deve educar-se a si mesmo. É isto que é expresso com outros conceitos como humanismo, cultura, *paideia, Bildung.* É exatamente por isso, se o "espírito de geometria" basta para a prática das ciências exatas, reclama-se para cada uma das ciências do homem, ou das experiências às quais elas se reportam, um sentido ou um tato particulares que o simples saber não poderia conferir: o senso artístico, o senso histórico, o senso jurídico, o senso religioso, e outros. No conjunto, eles constituem a tradição humanista à qual a constituição das ciências morais é tributária, e não de modo inverso. A palavra "tradição" não foi escolhida aqui ao azar, pois essas diversas qualidades não são nada, ou pouca coisa, se elas não operam a ligação disto que é julgado possuí-las em continuidade de uma comunidade que já começou a cultura e pretende prossegui-la:[2] é contraditório que somente seja a gente mesmo a ter gosto, a ter um senso histórico, moral ou jurídico.

Não seria difícil mostrar que estes pontos de vista se corrigiram na ética grega, e que a moral kantiana lhes trouxe um golpe aparentemente mortal. Mas as coisas não são tão simples. A *Crítica do juízo,* da qual nunca se terminou de desenovelar as ambiguidades, representa aqui seu jogo duplo habitual: pois se é verdadeiro que o kantismo purifica a ética de tudo que pareceria uma sabedoria de vida, ou uma arte de viver, é verdade, também, que a terceira Crítica faz do gosto uma fonte autônoma de juízo, e que ela remete o conhecimento propriamente dito para a ordem da razão teórica e prática. Isto significa abrir para a tradição da qual falamos um caminho novo, mas diferente.

Poder-se-ia, portanto, dizer que se, de uma parte, a *Crítica do juízo* consagra a ruína de toda a metodologia das ciências do espírito, ela é, também, de outro lado, um esforço sem precedentes para conferir ao gosto um estatuto de universalidade, subjetiva, é verdade. No entanto, este último benefício está por sua vez comprometido, pois as artes que resultam do conceito(isto é, tudo menos a ornamentação, os famosos arabescos e a música "sem tema nem texto") não manifestam a não ser uma beleza que Kant julga não livre. Mas essa linha de pensamento não é, sabe-se, a única.

---

[2] Isso não quer dizer, é evidente, que o indivíduo não possa criar. Isso signica simplesmente que ele não o poderá, a não ser relativamente a ujma tradição, e que ele não conseguirá a não ser fundando uma tradição . Esse aparente paradoxo se marca, por exemplo, no bom gosto. Um homem de gosto se abstém de toda bravata e provocação, assim como de uma submissão servil à última moda. Ter gosto é, antes de tudo, ter medida, ou, o que se torna talvez o mesmo, ser verdadeiramente livre. O que não são nem o snobe nem o conformista. Mas não há, com relação a isto, nos diz Gadamer, regras que se possam aprender e aplicar como o engenheiro aplica leis físicas.

Assunto de gosto, a arte é também assunto da expressividade, o que inverte completamente as perspectivas da estética, ainda que a conciliação de um e de outra pelo *gênio* traz também ele o seu tributo de dificuldades.

Mas essa última orientação, acentuada por Schiller, e consagrada por Hegel, favorece esta vez a arte em detrimento da beleza da natureza (que não é, diz Hegel, a não ser um reflexo do espírito). Sobretudo, e é isso o que nos importa, ela coloca a noção de *interpretação* no coração da obra artística. Ora, acontece que o sucesso dessa estética ultrapassa ainda de muito aquela do idealismo transcendental do qual ela deriva.[3] Ela sobrevive a esse último mas não sem se alterar por causa dessa própria ruptura. A queda do hegelianismo fez da estética hegeliana, ligada originalmente a uma *metafísica do espírito*, uma estética da *Erlebnis* e da subjetividade.

Ora, sabe-se que, com Dilthey, que foi o grande teórico dessa metamorfose(se não foi seu autor), o conceito de *Erlebnis* se torna o conceito fundamental das *Geisteswissenschaften*. É significativo da evolução aqui delineada que, para esse autor como para toda a sua época, a *Erlebnis* estética é o protótipo de toda impressão, de todo estado vivido.[4] Como escreve justamente Gadamer: "A *Erlebnis* estética não é somente uma espécie de *Erlebnis* entre outras, ela representa a essência mesma de toda *Erlebnis*. Como a obra de arte é um mundo por si mesmo, assim, a expressão estética é, enquanto *Erlebnis,* desligada de todas as nossas relações com a realidade (*allem Wirklichkeitszusammenhängen entrückt*)". A *Erlebnis* se encontra no centro do problema entre as impressões do sujeito e sua vida, das relações entre obra de arte e seu mundo, das relações entre obra de arte e sujeito criador ou espectador. E esse problema não é outro que aquele da interpretação e da hermenêutica, de tal modo que ele orienta para Dilthey toda a metodologia teórica das *Geisteswissenschaften*.

Os princípios longamente indiscutidos suscitam mais do que um equívoco, notadamente aquele que, se a arte deriva da *Erlebnis* e visa a exprimi-la, ela não pode ter outro fim que provocar uma *Erlebnis*. Dito de outro modo: a arte se esgota no sentimento estético e, ao mesmo tempo, ele justifica uma concepção estética da vida como é justificada por ela.[5] Para Gadamer, é Goethe que é responsável por essa atitude *epocal*. Que essa época hoje esteja passada, mesmo que ela sobreviva ainda em alguns cenáculos, e que a tenhamos ultrapassado, nos permite melhor apreciar-lhe o sentido e os limites.

---

[3] Esse fenômeno não é único. No começo do século XX, a estética bergsoniana apresentou-se como evidente, como *Selbstverständlichkeit,* para toda uma época, permanecendo, no entanto, reservada, ou reticente, sobre uma metafísica bergsoniana, que jamais foi mais que *uma* metafísica entre outras, e não aquela que orientava decisivamente a filosofia desse tempo.

[4] Pode-se, naturalmente, discutir a tradução que faz da "impressão" ou do "estado vivido" equivalente da *Erlebnis*. Somos conscientes de sua insuficiência. Que nenhum outro termo, parece, alcança preencher.

[5] Este equívoco marca também o duplo sentido ligado às palavras *esteta* e *estético*.

IV.

Sabemos até que ponto Heidegger se rebelou contra essa concepção sobre a obra de arte, que implacável crítica ele fez e como ele a ligou ao processo de "subjetivação" característica da era "metafísica". Gadamer não é menos severo, mesmo que ele use a esse respeito de uma linguagem menos forte. Uma observação decisiva é suficiente para situar a questão: as grandes épocas da história na arte, aquelas em que a arte teve *realmente* uma importância vital, na qual uma multidão de obras de arte exprimia *para todos* o sentido religioso ou profano da existência, foram também aquelas onde a "consciência" e o "gozo" *estéticos* permaneceram ignorados, como também nossa própria ideia de arte. Schiller foi o primeiro a falar de um comportamento estético, a fazer mesmo dele uma exigência moral (p. 77). É evidente que a epistemologia nominalista e o atomismo psicologista do século XIX não estiveram ausentes para aumentar essa dissociação da arte e da realidade. Mas foi necessária, nos diz Gadamer, a fenomenologia para nos fazer compreender exatamente porque e como toda a separação entre arte e experiência da realidade, termina em perverter e falhar todos os conceitos fundamentais da estética. Noções como imitação, aparência, desrealização, ilusão, magia, sonho, tão correntes nas discussões da estética do século XIX para diferenciar ou caracterizar a arte, supõem todas um *ser estético*, distinto de um *ser real*(cognoscível ou não), com o qual, entretanto, ele se relaciona.

A consequência disso é que a obra de arte não tem mais *nem lugar nem mundo* – como também, por outro lado, o artista – de tal modo que ela se reduz a uma possessão da consciência estética. O artista moderno aparece então como um tipo de salvador leigo cujas criações preservam ou curam as almas condenadas, sem elas, à decomposição de um mundo sem esperança. É por isso também que o mundo moderno maldiz o artista. Mas, pensa Gadamer, que a arte se apresenta de saída como a salvação de alguns (pois ela não pode se dirigir a todos voltando-se contra o mundo), a não ser, como se diz, que o artista tenha encontrado o seu público, sua comunidade de eleitos, na massa de beócios, o que é já suficiente para arruinar sua pretensão de ser verdadeiramente: a expressão *consciência* estética torna-se contraditória, desde o momento em que ela significa a qualidade de algumas consciências antes que uma modalidade da consciência. É o que produz, de resto, esta outra consequência que a obra de arte terá, a partir de então, o sentido que cada um lhe atribui, e não terá nada mais que isso. O fim é uma hermenêutica niilista, insustentável (p. 90). Kierkegaard descreveu, aliás, antes mesmo de sua expansão, o movimento de autoaniquilação que anima o imediatismo estético – e , acrescentaremos nós, Hegel antes dele.

Essas críticas, no entanto, implicam uma contrapartida positiva: a arte não é um estado de alma, mas um conhecimento, e é a experiência da obra de arte que nos abre para ele.

A arte, então, é um modo da verdade. Mas que modo? Para sabê-lo, temos que perguntar à própria arte. Não tal como se diz ser, mas tal como é, mesmo que não aconteça de ela tematizar o saber implícito que possui de si, exercendo-se na criação e na experiência da obra. Esta hermenêutica ontológica se orientará, em alguns aspectos essenciais, para a experiência estética, e então, para a experiência do jogo.

Pois se ela não é uma atividade pragmática nem, menos ainda, uma atividade teórica, a arte resulta da atividade lúdica. Para Gadamer, há atividade lúdica desde que haja movimento e um movimento que é ele mesmo seu próprio fim: portanto, um movimento de ir e vir. O sujeito desse jogo não é, desde logo, nem aquele que joga (*a fortiori* aquele que observa o jogo – ainda que se conheçam muitos observadores de jogos que se tomam por jogadores) mas o movimento mesmo: o jogo das cores, o jogo do corpo da dançarina. Isso aparenta o jogo com os movimentos da natureza a qual, por outro lado, muitas vezes ele se esforça em imitar.

Enquanto o jogo é jogado para alguém, enquanto é "representado" ou "executado", nós tocamos no jogo tal qual se manifesta na obra de arte.[6] Há então, no centro da obra de arte, uma colocação em imagem (*Gebilde*) – visual, sonora, verbal, etc. – e uma mediação. Este por em imagem, ou em forma – "esta monumentalidade" – confere ao jogo sua inteligibilidade, sua reiterabilidade – e portanto, uma espécie de permanência – sua natureza de obra (e não mais somente de *fazer,* ou mesmo, de simples dispêndio de energia). Por ela, o jogo se encontra, assim se exprime Gadamer, metamorfoseado no plano da obra e da verdade. Essa metamorfose põe ou transpõe o jogo mudo em obra de arte no mundo, que não é mais simplesmente aquele de nossa experiência costumeira – e a arte não tem, portanto, que *imitar* ou *parecer* – mas também não é simplesmente um outro mundo, exatamente, o novo mundo é aquele do ser e da verdade de *nosso* mundo. "*In der Darstellung der Spieles kommt heraus was ist*" (p. 107). Na arte as coisas se completam por aquilo que são; é isso que impede, no mundo onde vivemos, a multiplicidade de perspectivas e de interesses, a contingência de ações contraditórias, as ações que se batem e se entredestroem. O mundo onde vivemos não está jamais acabado, e é por isso que a verdade de que ele está pleno não pode aí eclodir. Assim pode-se compreender a justeza da definição antiga que atribui à arte a *mimesis*. Trata-se, com efeito, de uma semelhança, mas de uma semelhança *em verdade*, como uma verdade se assemelha àquilo do qual ela é a verdade, de um conhecimento, ou melhor, de um reconhecimento. "Tal como n'Ele-mesmo, enfim, a eternidade o transforma".[7]

---

[6] Assim, por exemplo, se permite diferenciar arte e esporte. Um esporte pode não atrair espectadores, ele não é *feito* para eles. Ao contrário, o jogo que é a arte se endereça a alguém.

[7] Gadamer cita a palavra admirável de um estudioso de estética alemão que chamava A Rendição de Breda, de Velásquez, um sacramento militar.

Vê-se a que ponto uma tal concepção de arte se opõe ao subjetivismo da consciência estética mas também ao plano ontológico, a todo idealismo da representação que a comprometeria irremediavelmente como o prova, sem réplica, a estética, do século XIX. Ela nos explica também porque a estética de Hegel pode ser verdadeira, e como podem ser falsas as estéticas que dela derivam. É que o idealismo hegeliano é uma ontologia do espírito ao qual se seguiu um idealismo da subjetividade e da representação.

Não podemos, naturalmente, passar em revista todas as análises que se poderiam fazer, a partir de tais premissas, da maior parte das categorias estéticas. Gadamer as desenvolve tanto com fineza como com penetração.

V.

Pode-se ver sem esforço que essas considerações importam ao problema da hermenêutica e o transformam. Pois, antes de tudo, se, como já vimos, há uma hermenêutica da obra de arte, o que acabamos de estabelecer quanto à natureza daquilo deve necessariamente ter repercussão sobre aquela. Mas temos mais: as diversas concepções que aconteceram sobre a interpretação de um texto ou de qualquer outra manifestação do espírito objetivo (e, então, a ciência dessas manifestações) estiveram elas mesmas sob a dependência da ontologia implícita da qual resultou a estética subjetivista. E, por conseguinte, o que nós fizemos entrever da reforma desta ontologia deve, de modo igual, repercutir sobre a teoria da hermenêutica. Ou ainda – e inversamente – uma hermenêutica correta deverá poder estender com resultado sua jurisdição sobre uma experiência autêntica da arte.

A ideia expressa de unir a hermenêutica, sob todas as suas formas, à arte – como a arte à hermenêutica – se encontra já em Schleiermacher. Compreender um texto é lê-lo tal como o foi por seu autor. O que supõe, no mínimo, duas condições: que toda parte de um texto seja interpretada em função do conjunto deste,[8] e que este conjunto se compreenda a partir de um conhecimento psicológico do autor. Ora, esta última – onde reside a principal originalidade da hermenêutica romântica – está aparentada com o conhecimento da obra de arte. É aí onde se anuncia claramente o subjetivismo estético tal como o viemos criticando.

Como uma tal interpretação implica uma conaturalidade de gênio – onde há gênio – entre o autor e seu intérprete, como o gênio está livre de toda regra, segue-se que não se pode edificar nenhuma teoria da interpretação se se compreende por ela uma exposição de regras, onde esta teria que se inspirar. A interpretação é divinação. Que não se objete pelas servidões da história: elas estão

---

[8] O que é um círculo, pois, o conjunto de um texto não pode ser conhecido a não ser a partir dos fragmentos deste texto. Schleiermacher tem plena consciência disso, e considera que uma interpretação válida vai de um ao outro.

submetidas aos mesmos princípios. Certamente, não se pode compreender Homero ou Virgílio ou Platão tal como eles se compreenderam a si mesmos, a não ser na compreensão da época, onde sua personalidade se expandiu ou suas obras nasceram. Mas uma época é uma personalidade, ela possui um gênio próprio que pode reconstituir o homem de gênio. Uma nota do *Journal* de Schleiermacher, que Gadamer reproduz, se exprime sem equívocos: "O verdadeiro sentido histórico se ergue acima da história. Os fenômenos históricos são como os milagres do Evangelho: eles estão lá apenas para orientar o intérprete em direção ao espírito que os engendrou pelo jogo de sua espontaneidade" (p. 184).

Compreende-se que mesmo os historiadores românticos não podiam avançar até lá, e que, aplicadas à historiografia, estas ideias deveriam sofrer alguns remanejos, tanto que os textos e documentos estudados pelo historiador são apenas excepcionalmente obras de expressão, *a fortiori* obras de expressão saídas do gênio. Daí as reações dos historiadores românticos contra a "filosofia da história": o historiador não pode ter preconceitos metafísicos, e recusará todas as normas e medidas extra-históricas. Contra o "idealismo": a realidade histórica não é feita de ideias encarnadas. Contra a teleologia: a história não persegue nenhum fim nem perfeição. Contra o que se poderia denominar exemplarismo: o historiador não deve destacar uma época, um regime, uma cultura, instituições, um humanismo, exemplares, que os séculos seguintes teriam que reproduzir de um ou de outro modo. Mas a história é uma totalidade da qual os acontecimentos particulares são elementos. Entretanto, entre estes e aquela, a relação é aquilo que Schleiermacher situa entre a personalidade e a obra que a exprime. Crê-se, assim, dispor de um critério capaz de decidir sobre a importância ou a insignificância, sobre o sucesso ou sobre o fracasso de um acontecimento ou de um personagem histórico. São importantes os fatos que dão um sentido a uma multidão de outros fatos, e assim, antecipam uma imagem da totalidade. Tiveram sucesso em sua obra histórica, os capitães ou os políticos que deram um sentido aos eventos de uma época; fracassaram aqueles que os obscureceram ou tornaram absurdos. Daí decorre que o trabalho do historiador se edifica pela aplicação de uma aplicação da hermenêutica onde se encontra o essencial dos princípios que reivindicava Schleiermacher para a interpretação de uma obra de arte ou de um texto literário.

É isso que parece conciliar a necessidade ou a liberdade , a contingência e a inteligibilidade. É, então, com uma aparente modéstia que Ranke escreve: "Nós devemos conceber que a história não pode ter a unidade de um sistema filosófico, mas isto não significa que ela não tenha coerência interior" (p. 192) ou ainda: "A história procura e descreve as cenas da liberdade".

Imaginar que esses pontos de vista sobre a realidade histórica consagram o descolamento da história com relação a todos os "preconceitos metafísicos" não acontece – a palavra é de Gadamer – sem "ingenuidade". Deve-se atribuir, de resto, a Droysen, o ter reconhecido a ilusão disso. Pois de fato uma tal hermenêutica se refere implicitamente ao postulado do "*intellectus infinitus*". Ranke teve disso uma consciência implícita ("eu me represento a divindade, escreve ele, como o ser que não tendo nenhum tempo diante de si, sobrevoa constantemente a totalidade da humanidade histórica e reconhece sua identidade em cada um de seus momentos".[9] O que significa pensar que, conforme o historicismo, a historiografia só se consegue construir sobre o fundamento último de uma realidade radicalmente a-histórica. E nos espantaremos menos se Ranke comparou a mediação do historiador àquela de um sacerdote, esse historiador ao qual é atribuido, se ele tem o dom da ciência, "*Mitgefühl*", "*Mitwissenschaft des alls*". O anti-hegelianismo se converte num hegelianismo de mau estilo. Ou antes, acontece que o historiador que se quer anti-hegeliano atribui à sua ciência precisamente essa forma de espírito que Hegel atribuía à *Kunstreligion*. A arte que se toma por uma religião.

Mais nuançada é a posição de Droysen. O historiador não pode pretender sondar os rins e os corações. A personalidade psicológica dos indivíduos lhe permanece como a qualquer um, impenetrável. Mas os indivíduos se exprimem numa matéria parcialmente, ou, ao menos, rebelde às suas intenções, o que impede, aliás, que eles sejam diretamente lisíveis nele. O historiador se porá, portanto, em busca de forças morais, e a história será levar à luz o encaminhamento delas. É que a moralidade é universal por natureza, e o historiador a concebe por definição da mesma maneira que aqueles que fazem a história promovendo-lhe esta moralidade. Assim se encontram eliminadas da história, os mistérios e "as diferenças" da subjetividade. Acontece que, para Droysen, essa leitura do progresso das forças morais através das épocas e civilizações, não é imediata, que ela resulta de uma interpretação suscetível de perpétuo aprofundamento. Lá ainda o meio (o instrumento), o método, é a passagem recíproca da parte ao todo e do todo para a parte.

Mas é em Dilthey que o conjunto destes problemas tomará suas verdadeiras dimensões. O historiador de Schleiermacher e de Hegel se dá conta que a escola romântica afundou num dogmatismo ingênuo, pretendendo ao mesmo tempo se inspirar no primeiro desses autores, reformar o segundo, e excluir, em nome da experiência, toda a filosofia da história. É, então, urgente, pensa Dilthey, acrescentar às *Críticas* kantianas, uma *crítica da razão histórica*. Mas esta empresa se diferencia daquela de Kant ao menos num ponto capital. Não há primeiro constituição transcendental do objeto do saber histórico, porque ele não dispõe de conceitos *a priori*. O problema se resume, portanto, na análise descritiva da experiência da historicidade. A questão da legitimidade dessa descrição não se põe: pois o objeto e o sujeito do saber histórico estão, um e outro, do mesmo modo no mundo do espírito, ao contrário do que se passa com as ciências da natureza.

---

[9] "Die ganze historische Menschheit in ihrer Gesamtheit überschaut und überall gleichwert findet"(p.198).

Sabe-se como Dilthey acreditou resolver o problema enxertando a metodologia das ciências morais sobre as categorias da "vida", e em particular, sobre a *Erlebnis*, e como – nós ouvimos acima – ele elucida a relação da *Erlebnis* com o conjunto da vida (ou "das *Erlebnisse*") pela referência da ideia romântica da reciprocidade das partes e do todo. Mas essa resposta é insuficiente, adequada, a rigor, para a experiência individual, ou para o trabalho do biógrafo, ela não o é para a obra do historiador, pois uma época, ou um período histórico, não repousa diretamente sobre a vida de *uma* consciência, não tem por suporte a não ser um sujeito fictício ou lógico, mascarando uma multidão desordenada de consciências individuais, restando como *o* problema saber como delas se pode extrair legitimamente aquela. Dilthey procura, é verdade, escapar-se pelo recurso à intencionalidade e à *Bedeutungslehre* husserlianas (ele considera as *Investigações lógicas* como o livro capital da época). Mas essa solução é ambígua. Pois há uma incompatibilidade entre o logicismo husserliano da significação e o psicologismo diltheyiano da vida. Um não pode servir para sustentar o outro.

Se, pois, a opção se impõe entre eles, a hesitação será de curta duração. Não é absolutamente necessário desenvolver aqui as vantagens consideráveis que, para o objetivo procurado por Gadamer, estão ligadas ao advento da fenomenologia husserliana. Estas vantagens não escapam ao autor, mas de sua exposição iremos reter sobretudo o que do seu ponto de vista permanece, apesar de tudo, contestável ou equívoco, o que reclama revisão ou aprofundamento. Ora, as dificuldades que subsistem se concentram todas sobre o problema da intersubjetividade, ou, o que dá no mesmo, sobre o estatuto da instância constituinte: o ego da redução transcendental.

Estendendo à existência como tal, sob as espécies do cuidado, o conceito de intencionalidade, que é em Husserl apenas uma estrutura da consciência, Heidegger liquida as aporias do transcendentalismo e, com elas, também as aporias relativas à constituição da intersubjetividade. Mas entre os mestres freiburguenses, Gadamer sublinha a obra, durante muito tempo desconhecida porque mal conhecida, de um contemporâneo de Husserl e de Dilthey, o Conde York Von Wartenburg.

É preciso lembrar que no parágrafo 77 de *Sein und Zeit,* o próprio Heidegger havia comentado longamente certas passagens da correspondência dirigida por York a Dilthey (que na época era o único texto publicado de York) e lhe tinha apontado a importância para a sua própria concepção de *Geschichtlichkeit.* Esta importância Gadamer trouxe plenamente à luz, mostrando que York foi o primeiro a realizar com sucesso – ao contrário de Dilthey e o próprio Husserl – a passagem da consciência ou da vida para a realidade histórica: ele o conseguiu, suprimindo o próprio problema desta passagem. E ele o fez, sustentando que o homem só pode ser ao mesmo tempo consciência e natureza porque ele *é,* antes de tudo, história (historicidade), porque sua existência só pode ser descrita como um movimento que é, ao mesmo tempo e num só movimento, exteriorização da interioridade, e interiorização da exterioridade.

Isso significa – diz-nos, justamente, Gadamer – deslocar para o centro do pensamento contemporâneo, ajustando-as a seu clima, as páginas capitais da *Fenomenologia do espírito,* onde Hegel faz aparecer a consciência de si no movimento recíproco da consciência e da vida. Mas o ajustamento – se me permitem a palavra – consiste em mostrar que a reciprocidade perfeita jamais é *adquirida,* que ela sempre deve ser perseguida; dito de outro modo, que uma faticidade sem cessar renascente e definitivamente intransponível, produz o fracasso da reflexão total e do saber absoluto.

É disso que Heidegger fornece a razão(no sentido de *Grund*) decisiva quando identifica(na época de *Sein und Zeit*) ser e tempo. Desse modo se encontra lançada a única base de onde pode ser jogado contra o subjetivismo moderno um ataque radicalmente vitorioso, ao mesmo tempo em que se encontram eliminadas todas as objeções que este subjetivismo ergue tanto contra a realidade do fenômeno histórico como contra a possibilidade de eliminá-lo, de retê-lo e de compreendê-lo. Somente uma renovação da questão do ser pode – mas por um acréscimo e que não é simples azar – conduzir a uma teoria das *Geisteswissenschaften.*[10]

Esse acréscimo é a tarefa de Gadamer.

VI.

Entre os traços essenciais que caracterizam a noção heideggeriana de compreensão(*Verstehen*), o mínimo não é certamente o círculo constitutivo que Heidegger situa entre a existência e a compreensão. Esse círculo deve ser não quebrado mas assumido. E ele não pode sê-lo a não ser que o intérprete elucide exatamente todos os elementos de pré-compreensão a partir dos quais sua interpretação se desenvolve. É somente por esse preço que o desenvolvimento da interpretação poderá mostrar-nos efetivamente se o que deve ser compreendido responde ou não responde ao projeto interpretativo.

Não é difícil ver que as teorias modernas da interpretação estão em falta com relação a este ponto. A força de romper preconceitos e tradições, elas vão dar, todas ou quase todas, num preconceito do qual não têm a mínima consciência, qualquer que seja: é, justamente, o preconceito contra os preconceitos. Isso

---

[10] Assim, por exemplo, não se tratará mais de opor como irredutíveis a explicação própria das ciências da natureza, e a compreensão própria das ciências do espírito, perguntando-se como essa compreensão é legítima. Tratar-se-á, ao contrário, de mostrar que a compreensão é o ser mesmo do homem, sua maneira de ser no mundo, e que a explicação característica das ciências da natureza nada mais é que uma duplicação derivada. Ou ainda, se o ser humano é a compreensão do ser e do tempo, não se perguntará mais como o homem chega a se entregar a essa "operação" particular que seria a presentificação do passado, e se esta operação pode definir uma ciência: a ciência histórica.

desemboca infalivelmente no enfraquecimento de toda a tradição que termina, não menos infalivelmente, por agravar os riscos de mal entendido ou de incompreensão. Isso vale universalmente, quer se trate de um texto, de um evento, de uma obra de arte, de uma personalidade ou de uma doutrina. Pois o fato de que um julgamento não seja ainda fundado, não implica nem que o julgamento seja falso, nem que o fundamento não possa ser apresentado. Em lugar disso, a coloração sistematicamente negativa de todos os preconceitos tende a decretá-los todos falsos.

A isso se acrescentará imediatamente que o fideísmo e o tradicionalismo românticos, destinados a ir contra essas tendências, somente conseguem reforçá-las. Se entre a razão e toda forma de tradição, a oposição é pura e simples, o romantismo tende a escolher a segunda, jamais a ciência poderá ratificar a escolha, e somente lhe restará então formar processo verbal de carência de suas ambições.

É preciso, pois, contra uns e outros, definir o estatuto de uma razão ela mesma histórica e finita. Que essa, nas ciências morais, esteja diante de seus próprios produtos, não resolve de modo algum a questão. Pois os "produtos", uma vez reais, adquirem uma dimensão de faticidade que os subtrai a nosso domínio, de outra maneira, mas do mesmo modo que a realidade e os eventos da natureza. Isso Dilthey já havia visto. Somente não tinha razão em pensar que esta irrecuperabilidade resultava de uma ordem *privada* dos estados de consciência passados. "Antes que a história nos pertença, pertencemos à história. Bem antes que nos compreendamos, pelo retorno reflexivo sobre nós mesmos, nós nos compreendemos espontaneamente, na família, na sociedade, e no Estado em que vivemos. É por isso que os preconceitos (*Vorurteile*) do indivíduo engendram mais que os seus julgamentos(*Urteile*) a realidade histórica de seu ser" (p. 261).

É preciso, portanto, pleitear pelo preconceito legítimo que, longe de aparecer uma construção artificial e obscura como o proclama um realismo intemperante, não é outra coisa que a matéria histórica ela mesma. Mas em que nós o reconhecemos?

O verdadeiro problema, aqui, é integrar exatamente a tradição com a pesquisa histórica. Esta, ao contrário das ciências exatas, não progride linearmente em direção de um reconhecimento em princípio exaustivo de um objeto que ele dominaria cada vez mais de perto, como é o caso da natureza nas ciências positivas. De fato, a história está sempre posta em questão de uma tradição a partir de uma tradição. Esse processo secular é somente capaz de fornecer à história o objeto de suas pesquisas, pois também os problemas históricos não surgem deles mesmos e não existem em si.[11] Pode-se negar, por exemplo, que um conceito como o do classicismo comporta um sentido que não é apenas descritivo, mas normativo?

---

[11] O ponto de vista, a oposição com o saber dito positivo, permanece, também ele, relativo.

Trata-se, para a hermenêutica, de ocupar uma posição intermediária entre a adesão a uma tradição, indispensável para a exata inteligência de uma obra ou de um texto, e sua recusa. Trata-se, poder-se-ia dizer, de uma adesão entre parênteses, que é a única que permite trazer à luz todos os "preconceitos" desta tradição. Ora, a distância temporal – contrariamente ao que se crê – favorece antes que ela entrave a ocupação desse plano intermediário. É nesse sentido que a hermenêutica pode ser dita criadora relativamente aos objetos que ela interpreta.

Também aqui, pela sua concepção de tempo e de temporalidade, a fenomenologia oferece uma contribuição decisiva. O tempo não é mais um fosso, esse fosso que, para Descartes, separa um instante de outro instante, e que é o único a poder preencher a criação contínua idêntica à Providência. O tempo é, na verdade, o fundamento que sustenta tudo o que surge para a existência, e onde todo o presente se enraíza. Ele não deve ser "ultrapassado" (p. 281), mas "reconhecido como a possibilidade positiva e criadora da interpretação" (ibid.). Isso não significa que se pretenda que não se fale bem daquilo que está morto, nem que a história a mais segura é a história dos fósseis. Ao contrário, o distanciamento temporal é também desdobramento e, por ele mesmo, instauração do virtual. É isto que permite o reconhecimento desses "bons preconceitos" dos quais tratamos acima. Isso significa considerar a interpretação, nem mais nem menos, como a inspeção de um "objeto" a ser compreendido, mas como sendo ela mesma um *"Geschehen"*.

VII.

Não podemos mostrar aqui como Gadamer justifica a universalidade dessa ontologia da interpretação, isto é, porque, como ela é suficiente, segundo ele, para fornecer o fio condutor de uma teoria do *Verstehen*, em todos os domínios da ciência e da cultura onde se exerce interpretação.

O que nos importa, entretanto, num primeiro momento, será acentuar até que ponto essa concepção repõe o problema hegeliano da história. Não está claro que a hermenêutica assim entendida não se completa a não ser na infinitude do saber, que deve mediatizar cada momento presente com a inteireza da tradição? Não será que a finitude do homem e, em particular, do historiador, venha a se superar no absoluto de seu saber e onitemporalidade de sua presença?

Ora, como dissemos acima, Gadamer quereria dissociar as duas teses e professar um hegelianismo sem saber absoluto, conforme uma das tendências mais constantes do pensamento heideggeriano. É preciso, portanto, proteger a hermenêutica das consequências híbridas (o adjetivo parece altamente discutível) do idealismo especulativo" (p. 325) e por um freio à potência infinita da reflexão.

Essa dissociação será obtida opondo, ao contrário de Hegel, ciência e experiência(*Erfahrung*). Hegel se vê repreendido por pensar a experiência a partir da ciência, isto é, a partir do que ultrapassa a experiência. Ora, essa ultrapassagem tem por efeito despojar essa última de certos caracteres específicos: particularmente, aquele, para toda a experiência de apelar a uma outra experiência que a prolonga e a confirma. *"Die Wahrheit der Erfahrung erhält stets den Bezug auf neue Erfahrung"* (p. 338). Ou ainda: *"Die Dialektik der Erfahrung hat ihre Vollendung nicht in einem Wissen sondern in jener Offenheit für Erfahrung, die durch die Erfahrung selbst freigespielt wird"* (ibid.).

Vê-se que a tese de Gadamer vem a substituir simplesmente, com a concepção *fenomenológica* da experiência marcada por uma finitude essencial e radical, a concepção hegeliana que identifica a constituição fenomenal de um saber absoluto. Entretanto, essa substituição, por mais que se fique tentado de aprová-la, deixa aberta uma questão capital: como a experiência, se ela não é mais a face fenomenal do saber, se pode relacionar com ele? Problema husserliano clássico que o recurso a uma fenomenologia transcendental não resolveu, e que não é resolvido mesmo em Merleau-Ponty. Mas que o é, talvez, em Heidegger, ainda que seja a um preço que Gadamer visivelmente hesita em pagar. Isso testemunha, conforme à política do *balance of powers* praticado por Gadamer, um novo golpe certeiro em direção da terras hegelianas que, no entanto, tornará a situação ainda mais crítica. Pois, se de fato a essência da experiência torna-se a prova da finitude antes que o saber, é este que muda totalmente de sentido. E com isto, a filosofia, em lugar de ser, como em Hegel, sistema, transforma-se em *explicitação*, em hermenêutica universal de uma existência com a qual ela jamais se confunde. A verdade última da filosofia consiste em recusar todo o domínio, tanto sobre o futuro quanto sobre o passado.

VIII.

É evidente que uma tal concepção de filosofia atribuirá à linguagem uma situação privilegiada. Ela se recusa a pensar em separado da linguagem, do sentido e do conceito. Para exprimir suas relações, ela se recusa toda referência à ideia de signo, ou àquela de uma dualidade de interior e de exterior. A palavra se integra na experiência da coisa que ela diz. E esta não é, de modo algum, um evento particular e ocasional que espera, para tornar-se igual à sua verdade, a subsunção sob a generalidade da palavra. A enunciação da palavra é referência à coisa como a descoberta da coisa é procura da palavra. "Procurar a palavra justa é procurar a palavra que pertence realmente à coisa, de modo que nela a coisa se faça palavra(*zu Worte kommt)*" (p. 393).

Mesmo a palavra interior do espírito que se concerta com ela mesma repugna em ser concebida como o *resultado* de um ato reflexivo e subsequente. Pensar é nomear a coisa e de modo algum mover-se em si mesmo. Gadamer sublinha fortemente até que ponto a noção de Verbo, de *Logos encarnado*, renovou, ou melhor, inaugurou a filosofia da linguagem que, na antiguidade, salvo em Aristóteles, jamais pôde desfazer-se das contradições ligadas à ideia de signo, e que se encontra, pela mesma razão, nos nominalistas, em Condillac. "A Cristologia, escreve ele, abre caminhos para uma nova antropologia que mediatiza, conforme um modo novo, o espírito humano, tomado na sua finitude, com a infinitude divina. Aqui se descobre o verdadeiro fundamento do que nós denominamos experiência hermenêutica" (p. 405).

Segundo uma outra perspectiva, complementar da primeira, se dirá da linguagem que, permitindo ao homem tomar sua distância com relação ao imediatamente dado, é também o que concede ao homem erigir este dado em *ente* que é face a si e consigo, e junto desses entes no mundo. É por isso que todos os modos de relação do homem com a realidade e dos homens entre eles, comportam a palavra e são suscetíveis de entender ou de desenvolver a linguagem. É isso que implica que não se pode cometer o pior erro a respeito dessa última, atribuindo--lhe por natureza e por fim, de nos fazer ascender a qualquer cópia de uma ordem ontológica que existiria antes dela. A linguagem não é um *instrumento* – como se afirma, por exemplo, a justo título, da linguagem matemática, e que não pode ser tal a não ser que remeta a uma metalinguagem, esta despojada de toda a instrumentalidade. A linguagem é *o meio* (em termos hegelianos, o "elemento") da experiência do ser.

IX.

Quando, ao termo dessa longa meditação, onde o mais das vezes ele foi apenas tentado a aprovar, o leitor de Gadamer se interroga sobre o alcance desse livro certamente excepcional, impõe-se também a seu espírito um paradoxo dificilmente superável. Este imenso esforço, em vista de livrar a filosofia, as ciências morais e a experiência humana inteira das hipóteses e dos postulados de um racionalismo desencarnado, conservou deste um otimismo inalterado. Esse por em movimento a continuidade de toda a nossa história ignora a violência, a ruptura, o acidente, a submersão, a noite e o recomeço radical. Em resumo, esta filosofia da finitude elimina para o passado os riscos da contingência, e não faz para o futuro nenhuma menção. Nesse sentido, está muito claro que o núcleo da empresa de Gadamer consiste em interpretar Heidegger para metamorfoseá-lo num Hegel sem sistema. A passagem da dialética hegeliana para a hermenêutica de Gadamer, pelo intermediário da *Welt* e *Seinsoffenheit* heideggeriana, não abandona nada da pretensão da primeira: retomar a seu encargo tudo o que foi e elevar à sua verdade pela verdade do todo.

Mas a verdade do todo não se enrola sobre ela mesma. O círculo não se fecha. O começo não é o fim, nem o fim o começo. A finitude de Gadamer é aquela onde nada termina jamais. A contingência é aquilo que haverá sempre do não dito a dizer, que antes esclarece tudo o que foi dito. Mas esse movimento aparece como infalível, nada lhe escapa, e o Ser somente se desdobra *diante* de nós. É uma opção sobre a história. Menos totalitária que aquela de Hegel, mas mais ambiciosa que aquela de Heidegger. Talvez essa opção tenha que ser feita. Ao contrário daquela de Hegel, ela não tem por caução de ter fechado ou de fechar o ciclo das figuras como quando Hegel escreve, na Introdução da *Fenomenologia do Espírito*: *"Die Vollständigkeit der Formen des nicht realen Bewusstseins wird sich durch die Notwendigkeit des Fortganges und Zusammenhanges selbst ergeben"* (ed. Hoffmeister, p. 68).

Referência

Waelhens, Alphonse De: "Sur une herméneutique de l'herméneutique". Louvain, Bélgica: Revue Philosophique de Louvain, Tomo 60, Nov.1962, p. 573-591.

Introdução, tradução e reorganização do texto por Ernildo Stein, Porto Alegre, 17 de outubro, 2010.

Impressão:
Evangraf
Rua Waldomiro Schapke, 77 - POA/RS
Fone: (51) 3336.2466 - (51) 3336.0422
E-mail: evangraf.adm@terra.com.br